Heinz Weiß: Der Andere in der Übertragung

JAHRBUCH
DER
PSYCHOANALYSE

Beiheft 11

Heinz Weiß

Der Andere in der Übertragung

Untersuchung über die analytische Situation und
die Intersubjektivität in der Psychoanalyse

frommann-holzboog

Als Habilitationsschrift auf Empfehlung der Medizinischen Fakultät der Universität Würzburg gedruckt mit Unterstützung der Deutschen Forschungsgemeinschaft.

CIP-Titelaufnahme der Deutschen Bibliothek

Weiß, Heinz:
Der Andere in der Übertragung : Unters. über d. analyt. Situation
u. d. Intersubjektivität in d. Psychoanalyse / Heinz Weiß. –
Stuttgart-Bad Cannstatt : frommann-holzboog, 1988
(Jahrbuch der Psychoanalyse : Beiheft ; 11)
Zugl.: Würzburg, Univ., Habil.-Schr., 1986
ISBN 3-7728-0969-3

NE: Jahrbuch der Psychoanalyse / Beiheft

© Friedrich Frommann Verlag · Günther Holzboog
Stuttgart-Bad Cannstatt 1988
Satz und Druck: Bosch-Druck, Landshut/Ergolding
Einband: Otto W. Zluhan, Bietigheim

meiner Frau Carina Weiß

Inhalt

1. Einleitung

In der 27. und 28. seiner „Vorlesungen zur Einführung in die Psychoanalyse" gibt Freud (1916 – 17) seinen Hörern eine anschauliche Vorstellung von der Rolle der ‚Übertragung' im therapeutischen Prozeß. Er beschreibt sie als etwas „unerwartet Neues", als ein Schlingern der Gefühle, das mit einem Mal auftaucht und dem anfänglichen Behandlungsplan ganz offensichtlich zuwiderläuft: „Nach einer Weile müssen wir nämlich bemerken, daß diese Kranken sich gegen uns in ganz besonderer Art benehmen. Wir glaubten ja, uns von allen bei der Kur in Betracht kommenden Triebkräften Rechenschaft gegeben zu haben, die Situation zwischen uns und dem Patienten voll rationalisiert zu haben, so daß sie sich übersehen läßt wie ein Rechenexempel, und dann scheint sich doch etwas einzuschleichen, was in dieser Rechnung nicht in Anschlag gebracht worden ist." Und er fügt hinzu: „Dieses unerwartet Neue ist selbst vielgestaltig" (ebd. S. 422).

Was dem therapeutischen Kalkül hier einen Strich durch die Rechnung macht, gleichgültig, in welcher Form es in Erscheinung tritt: Gemeinsam ist allen Äußerungen dieses Neuen, „daß der Patient, der nichts anderes suchen soll als einen Ausweg aus seinen Leidenskonflikten, ein besonderes Interesse für die Person des Arztes entwickelt." (Ebd. S. 423) Dieses Interesse kann sich in zärtlichen oder feindseligen Gefühlen bekunden, in Widerspenstigkeit, Verliebtheit oder Schwärmerei. Es vermag intensive und meist ambivalente Gedankenbildungen anzuregen, die nunmehr die Person des Arztes umranken und welche die Behandlung nicht länger umgehen kann. Doch wie hat sich jene Einstellung herausgebildet? Dazu erklärt Freud:

„Die neue Tatsache, welche wir so widerstrebend anerkennen, heißen wir die *Übertragung.* Wir meinen eine Übertragung von Gefühlen auf die Person des Arztes, weil wir nicht glauben, daß die Situation der Kur eine Entstehung solcher Gefühle rechtfertigen könne. Vielmehr vermuten wir, daß die ganze Gefühlsbereitschaft anderswoher stammt (...) und bei der Gelegenheit der analytischen Behandlung auf die Person des Arztes übertragen wird." (Ebd. S. 425)

Je nach Inhalt und Ausprägung unterscheidet Freud zwischen positiver und negativer, zärtlicher und feindseliger, ‚anstößiger' und ‚unanstößiger' Übertragung, die damit eine „gute Spiegelung der Gefühlsambivalenz" ergibt, „welche in den meisten unserer intimen Beziehungen zu anderen Menschen herrscht." (Ebd. S. 426) Und so wird die Übertragung, welche am Anfang „die stärkste Bedrohung der Kur zu bedeuten schien, zum besten Werkzeug derselben, mit dessen Hilfe sich die verschlossensten Fächer des Seelenlebens eröffnen lassen." Denn sie erweckt die aus dem bewußten Seelenleben abgedrängten und zu Symptomen verfestigten Konflikte des Patienten zu neuem Leben. Die psychoanalytische Kur macht sich dabei den Umstand zunutze, daß alle Symptome des Kranken „ihre ursprüngliche Bedeutung aufgegeben und sich auf einen neuen Sinn eingerichtet" haben, „der in einer Beziehung zur Übertragung besteht." (Ebd. S. 427) Der Arzt braucht jetzt also nur noch die Umarbeitung, welche die auf solche Weise entstandene „künstliche Neurose" („Übertragungsneurose") darstellt, aufzuklären und auf ihren Ursprung in der Vergangenheit des Patienten zurückzuführen: „wir überwinden die Übertragung, indem wir dem Kranken nachweisen, daß seine Gefühle (...) wiederholen, was bei ihm bereits früher einmal vorgefallen ist. Auf solche Weise nötigen wir ihn, seine Wiederholung in Erinnerung zu verwandeln." (Ebd. S. 427) Die „Übertragungskrankheit", welche sich an das „phantastische Objekt der ärztlichen Person" anlehnt, und der „Kampf um dies neue Objekt" (ebd. S. 437), der auf dem „Schlachtfeld" der Übertragung geführt wird (ebd. S. 438), bilden somit das eigentliche Feld der psychoanalytischen Behandlung und das wichtigste „Instrument" (ebd. S. 434) ihrer Einwirkung auf den Kranken. Und hierin sah Freud auch den wesentlichen Unterschied zu den suggestiven Therapien: „Bei jeder anderen suggestiven Behandlung wird die Übertragung sorgfältig geschont, unberührt gelassen; bei der analytischen ist sie selbst Gegenstand der Behandlung und wird in jeder ihrer Erscheinungsformen zersetzt. Zum Schlusse einer analytischen Kur muß die Übertragung selbst abgetragen sein, und wenn der Erfolg jetzt sich einstellt oder erhält, so beruht er nicht auf der Suggestion, sondern auf der mit ihrer Hilfe vollbrachten Leistung der Überwindung innerer Widerstände, auf der in dem Kranken erzielten inneren Veränderung." (Ebd. S. 435)

Wie steht es um die Theorie der ‚Übertragung' 70 Jahre nachdem Freud diese Zeilen niedergeschrieben hat?

Auch wenn wir dem Resumee Peters' (1977, S. 80), demzufolge es nach Freud „kaum noch Veränderungen an diesem Konzept" gegeben hat, nicht in dieser Allgemeinheit zustimmen, so ist doch festzuhalten, daß der wesentliche Rahmen bereits relativ früh abgesteckt war. Wenn es in der Folgezeit auch zahlreiche Ergänzungen, Umarbeitungen und Bedeutungsverlagerungen gegeben hat, so ist die Konzeption der ‚Übertragung' doch das Kernstück der psychoanalytischen Behandlungstheorie geblieben. Als solches war es − an der Nahtstelle zwischen Theorie und Praxis − freilich auch Kontroversen ausgesetzt und Gegenstand zum Teil leidenschaftlich geführter Auseinandersetzungen: Einerseits wurden von einzelnen Richtungen innerhalb der Psychoanalyse unterschiedliche Gewichtungen vorgenommen, die sich wiederum unmittelbar auf die therapeutische Praxis auswirkten. Hier sei nur an die Auseinandersetzung um die von Ferenczi vorgeschlagenen Modifikationen der Behandlungstechnik erinnert oder an das unterschiedliche Vorgehen etwa der von der psychoanalytischen Ichpsychologie beeinflußten Analytiker und der Schule Melanie Kleins (vgl. Greenson 1974). Andererseits haben voneinander abweichende Grundüberzeugungen und Auffassungen der therapeutischen Beziehung dazu geführt, daß die ‚Übertragung' nicht nur zum „Schlachtfeld" der Behandlung, sondern auch des Meinungsstreits zwischen den einzelnen tiefenpsychologischen Schulen wurde. Auf die vieldeutigen und zum Teil paradoxen Aussagen Jungs zur Übertragung hat Jacoby (1973) hingewiesen. In seiner Schrift „Zur Psychologie der Übertragung" vergleicht Jung (1946) die Übertragung mit dem „mysterium conjunctionis" der Alchemisten und sieht in ihr ein symbolisches Individuationsgeschehen. Aber er gesteht auch ein: „Ich persönlich bin jedesmal froh, wenn die Übertragung milde verläuft oder praktisch sich nicht bemerkbar macht. Man ist dann viel weniger persönlich in Anspruch genommen und kann sich mit andern therapeutisch wirksamen Faktoren begnügen." (Ebd. S. 184) Bei anderen Autoren reicht die Skala von pauschaler Ablehnung des Begriffs − so etwa bei Boss (1957, S. 138) −, über Vorbehalte gegenüber seinen theoretischen Implikationen (vgl. Wyss 1982; Condrau 1986, S. 198 ff.), bis hin zu einer extrem weiten Auslegung, die dazu geführt hat, daß der Terminus ‚Übertragung‘ gleichbedeutend mit ‚analytischer Beziehung‘ verwandt wird und damit seiner spezifischen Bedeutung verlustig geht (vgl. hierzu Leites 1979, S. 117 ff.). Diese Divergenzen spiegeln sich auch in zahlreichen ‚Übertragungsdefinitionen‘, denen es jeweils darum geht, das exakte Bedeutungsfeld des Begriffs inner- und außerhalb der analytischen Situation abzugrenzen (vgl. Sandler et al. 1973). Hinzu kommen Unterschiede in der psychodynamischen Interpretation, je nachdem ob die Übertragung mit den Vorgängen der ‚Projektion‘ (Nunberg 1951), der ‚Introjektion‘ (Ferenczi 1909), der ‚Externalisierung‘ (vgl. A. Freud 1936) und ‚Verschiebung‘ oder – im Sinne der neueren Narzißmustheorie (vgl. Kohut 1971) – mit der ‚Idealisierung‘ und ‚Verschmelzung‘ in Zusammenhang gebracht wird. Greifen wir einmal willkürlich zwei solche ‚Definitionen‘ heraus:

In einer Arbeit aus dem Jahr 1936 schreibt Sterba: „Die Übertragung ist (. . .) sowohl unser wichtigstes Erkenntnismittel als auch der gewaltigste Motor der Behandlung einerseits und das stärkste Bollwerk des Widerstandes andererseits“ (S. 458). Er hebt darauf ab, daß zwischen der ‚Übertragung‘ und anderen ‚Objektbeziehungen‘ (etwa einer Verliebtheit) kein prinzipieller Unterschied bestehe. Die Übertragung erscheint dann lediglich als ein „Spezialfall der Verschiebung“ (ebd.). Sterba sieht in ihr eine „Wiederbelebung vergangener Objektbeziehungen und die Verschiebung rezenter Objektbeziehungen derart, daß die Person des Analytikers an Stelle der Objekte rückt, die Beziehung also am Arzt erlebt wird.“ Er präzisiert: „Der Analytiker wird durch die Übertragung im Sinne einer zunächst von seiner Person unabhängigen Objektbeziehung aktuell besetzt. An Triebregungen, Einstellungen zu Objekten, Wünschen und Phantasien wird an Stelle des ihnen zugehörigen ursprünglichen Objektes der Arzt unterschoben, wobei diese Unterschiebung dem Analysanden im typischen Fall unbewußt bleibt“ (ebd. S. 457).

Vergleichen wir diese Auffassung mit der Umschreibung, die Laplanche und Pontalis 1967 in ihrem „Vokabular der Psychoanalyse“ geben. Etwas umständlich heißt es dort, ‚Übertragung‘ bezeichne den Vorgang, „wodurch die unbewußten Wünsche an bestimmten Objekten im Rahmen eines bestimmten Beziehungstypus, der sich mit diesen Objekten ergeben hat, aktualisiert werden." Die Autoren ergänzen: „Es handelt sich dabei um die Wiederholung infantiler Vorbilder, die mit einem besonderen Gefühl von Aktualität erlebt werden." Und was die Behandlungssituation anbelangt: „Die Übertragung wird klassisch als das Feld angesehen, auf dem sich die Problematik einer psychoanalytischen Behandlung abspielt, deren Beginn, deren Modalitäten, die gegebenen Deutungen und die sich daraus ableitenden Folgerungen." (Ebd. S. 550)

Wie man sieht, ergibt sich kein wesentlicher Unterschied zu der 31 Jahre früher von Sterba gegebenen Definition. Wenn wir die ‚technische' Sprache beider Formulierungen für einen Moment beiseite lassen, dann können wir auch sagen: In der Übertragung bildet sich eine besondere Form der Intersubjektivität heraus, eine auf die eine oder andere Weise ‚signifikante' Beziehung, die unbemerkt etwas Vergangenes in Erscheinung treten läßt, und zwar in der doppelten Weise, dieses Vergangene gleichermaßen zu verbergen wie zu enthüllen. Denn darin besteht die Dialektik von ‚Wiederholen' und ‚Erinnern', wie sie Freud (1914g) beschrieben hat und wie sie sich in den Prozeß des ‚Durcharbeitens' hinein fortsetzt.

Nun liegt zweifellos ein beträchtliches Spannungsfeld zwischen dem, was die Existenzialontologie (Heidegger) „Geschichtlichkeit des Daseins" nennt, und der „Wiederholung früherer Objektbeziehungen" im Sinne der Psychoanalyse. Auch macht es einen Unterschied, ob vom ‚Objekt' oder vom ‚Anderen' die Rede ist. Mit dem ‚Anderen' kann ich beispielsweise in einen Dialog eintreten, mit dem ‚Objekt' werde ich nie mehr als eine erweiterte Form des Selbstgesprächs führen können. Diese Differenz ist innerhalb der Psychoanalyse zum Ausgangspunkt neuer Entwicklungen geworden, wie sie uns beispielsweise in Spitz' Spätwerk über den „Dialog" oder in Winnicotts Untersuchungen zu den „Übergangsphänomenen" begegnen. Sie hat aber auch an ihren Rändern (und das sind die Bereiche des Wachstums) eine fruchtbare Debatte mit Hermeneutik, Anthropologie und Sprachphilosophie in Gang gesetzt (vgl. hierzu Schelling 1978; Schöpf 1982). Leider blieb diese Debatte allzuoft auf Grundsatzfragen beschränkt und hat kaum ausreichend auf die therapeutische Praxis zurückgewirkt, sieht man einmal von den wenigen Ausnahmen ab, auf die wir weiter unten eingehen. Bereits jetzt können wir aber ersehen, daß die ‚Übertragung' keineswegs auf die Wahrnehmungen des Patienten beschränkt bleibt (oder auf den „Objekthunger", den man ihm unterstellt), sondern das ganze Problemfeld der Intersubjektivität in der Psychoanalyse umfaßt. Greenacre (1954) spricht von „Urübertragung" („basic transference"; ebd. S. 628) und erwähnt den Umstand, daß überall dort, wo zwei Menschen über längere Zeit alleine miteinander zusammen sind, eine gefühlsmäßige Bindung zwischen ihnen entsteht. Die intersubjektive Dimension der Übertragung ist jedoch von der entstehenden Psychoanalyse nicht ausreichend berücksichtigt worden. Dies gilt insbesondere auch dann, wenn wir die von der Übertragung manchmal etwas künstlich abgelösten Aspekte des ‚Widerstandes' (vgl. hierzu Stoffels 1986) und der ‚Gegenübertragung' miteinbeziehen. Auch hier haben sich in den letzten drei Jahrzehnten bedeutsame Veränderungen angekündigt (vgl. Thomä, Kächele 1985). Um diese Veränderungen aber in ihrer Bedeutung würdigen zu können, darf die Vorgeschichte der ‚Übertragung' nicht außer acht bleiben.

Natürlich ist auch hier das Phänomen älter als der Begriff: Im weitesten Sinn begegnet die ‚Übertragung' bereits im Schamanismus (vgl. Lévi-Strauss 1958), in den heiligen Handlungen der antiken Medizin, im engeren Sinn der Psychoanalyse in den quasi-therapeutischen Beziehungen zwischen Exorzisten und Besessenen (vgl. Peters 1977, S. 12 ff.), sodann vor allem in den Anfängen der dynamischen Psychiatrie und Psychotherapie im späten 18. und beginnenden 19. Jahrhundert. Auf den Einfluß der letzteren haben Chertok (1968) in seiner Übersichtsarbeit „The Discovery of the Transference", Ellenberger (1973) in seinem zweibändigen Werk „Die Entdeckung des Unbewußten" und Peters (1977) hingewiesen, dessen Band „Übertragung – Gegenübertragung" den Untertitel trägt: „Geschichte und Formen der Beziehungen zwischen Psychotherapeut und Patient." In diesem Zusammenhang soll auch Serotas (1973) Studie „The Ego and the Unconscious: 1784-1884" nicht unerwähnt bleiben. Ähnlich wie die bereits genannten Autoren hat auch Neyraut (1974) in seiner eigenen Übersicht die Geschichte der ‚Übertragung' bis hin zum Magnetismus Mesmers und seiner Nachfolger rekonstruiert:

den durch das Sprechen induzierten Somnambulismus des Abbé Faria, den „gegenseitigen Konsultationen" des Marquis de Puységur (die er in seiner Wirkung mit den späteren Thesen Melanie Kleins vergleicht) sowie den philosophischen Reflexionen Maine de Birans über den Somnambulismus und den Traum. War es schon bei Mesmer die persönliche Beziehung des Hilfesuchenden zum Magnetiseur (vgl. den Begriff der *„réciprocité magnétique"),* welche, unterstützt durch dessen magische Praktiken, heilsame Krisen herbeizuführen vermochte, so wurde der hypnotische ‚Rapport' des 19. Jahrhunderts zum Prototyp der ‚Übertragung' (die Bezeichnung ‚Rapport' hatte freilich bereits Mesmer eingeführt). Freud (1925d, S. 68) schreibt später über die Übertragung: „Unschwer erkennt man in ihr denselben dynamischen Faktor, den die Hypnotiker Suggerierbarkeit genannt haben, der der Träger des hypnotischen Rapports ist, über dessen Unberechenbarkeit auch die kathartische Methode zu klagen hatte." Ende des 19. Jahrhunderts gibt Janet eine Beschreibung der Beziehung zwischen Patient und Hypnotiseur, die in ihren Einzelheiten stark an den Verlauf einer psychoanalytischen Behandlung erinnert. Folgen wir den diesbezüglichen Ausführungen Peters' (1977, S. 79):

„Nach Janet folgt einer ersten Phase scheinbarer Besserung eine zweite Phase der ‚somnambulen Leidenschaft' im Banne des Hypnotiseurs, die von Liebe, Eifersucht, abergläubischer Furcht und tiefem Respekt geprägt ist. Sie enthält auch Elemente erotischer Leidenschaft und kindlicher und mütterlicher Liebe. Es besteht ein Bedürfnis, geführt zu werden. In der dritten Phase Janets wird sich der Patient der Gefühle gegenüber dem Therapeuten allmählich bewußt, und es kommt zur Ablösung. Damit sind die Grundelemente einer längerfristigen Beziehung und der Phasen ihrer Entwicklung deutlich erkannt."

Freud selbst hat das Erbe, das die Psychoanalyse vom Hypnotismus übernommen hat, nie verkannt (vgl. hierzu seine historischen und autobiographischen Arbeiten: Freud 1914d; 1924f; 1925d). Durch seinen Aufenthalt bei Charcot (1885/86), vielleicht ebensosehr anläßlich seines späteren Besuchs bei Bernheim und Liébault in Nancy (1889) wurde er mit deren Theorien und den Techniken suggestiver Einwirkung gründlich vertraut. Er übersetzt die Schriften Bernheims ins Deutsche (vgl. Freud

1888-89; 1892a) und verfaßt eine Besprechung zu Forels „Der Hypnotismus" (Freud 1889a). Bei Jones (1960), Chertok (1968) und Ellenberger (1973) ist nachzulesen, wie diese Erfahrungen Freuds eigene Praxis beeinflußten. Den grundlegenden Unterschied zwischen der Hypnose und dem psychoanalytischen Verfahren beschreibt er später wie folgt: „Bernheim konnte nie sagen, was die Suggestion eigentlich ist und wie sie zustande kommt. Sie war für ihn eine Grundtatsache, für deren Herkunft er keinen Nachweis geben konnte. Er hat die Abhängigkeit der ,suggestibilité' von der Sexualität, von der Betätigung der Libido nicht erkannt. Und wir müssen gewahr werden, daß wir in unserer Technik die Hypnose nur aufgegeben haben, um die Suggestion in der Gestalt der Übertragung wiederzuentdecken." (Freud 1916-17, S. 429)

Bereits vor seinen Aufenthalten in Paris und Nancy war Freuds Interesse an der therapeutischen Beziehung durch seinen Freund und Lehrer Josef Breuer geweckt worden, der ihm ab November 1882 regelmäßig von dem ungewöhnlichen Fall seiner Patientin Anna O. (Bertha Pappenheim) berichtete. Die Behandlung selbst hatte von Dezember 1880 bis Juni 1882 gedauert. Obwohl sie grundlegende neue Erkenntnisse erbracht hatte, war sie offensichtlich daran gescheitert, daß sich Breuer die erotische Bindung der Patientin an seine Person nicht eingestehen konnte. Denn unmittelbar nachdem er die Behandlung für beendet erklärt hatte, kam es zu einem Rückfall, und die Patientin geriet in einen schweren Erregungszustand. Sie befand sich jetzt, wie Jones (1960, S. 268) erklärt, „in den Wehen einer hysterischen Geburt (Pseudocyesis), dem logischen Abschluß einer Phantomschwangerschaft, die sich während Breuers Behandlung als deren Folge unsichtbar entwickelt hatte." Breuer war über dieses Vorkommnis offenbar so entsetzt, daß er noch am nächsten Tag mit seiner Frau zu einer zweiten Hochzeitsreise nach Venedig aufbrach. Als Freud seiner Braut – sie war mit Bertha Pappenheim befreundet – brieflich von seinem Wissen Mitteilung machte, gab diese der Hoffnung Ausdruck, sie werde nie in eine ähnliche Lage kommen wie Frau Breuer. Die Art und Weise, in der Freud ihre Sorgen zurückweist, enthält bereits eine implizite Anerkennung der späteren ,Gegenübertragung' (vgl. Freud 1910d). Denn er erwidert: „Um Schicksale zu haben wie Frau Mathilde, muß man die Frau eines Breuer sein." (Jones 1960, S. 268)

Die Behandlung der Anna O. wurde für die spätere Psychoanalyse vor allem dadurch wegbereitend, daß sie gleichbedeutend mit der Entdeckung der ‚kathartischen Methode' war. Die Patientin selbst hatte für dieses Verfahren, das auf ein Sich-frei-Sprechen und ‚Abreagieren' des eingeklemmten Affekts abzielte, die treffenden Bezeichnungen „talking cure" und „chimney sweeping" (Kaminkehren) erfunden. Freud empfing von den Berichten Breuers über diese Krankengeschichte den Eindruck, „hier sei mehr für das Verständnis der Neurose geleistet worden als je zuvor." (1925d, S. 44)

Chertok (1968) verlegt in seiner Studie die eigentliche „Entdeckung" der Übertragung in den Zeitraum zwischen 1891 und 1892. Er bezieht sich dabei auf ein Erlebnis, von dem Freud in seiner „Selbstdarstellung" (1925d) berichtet: Eine seiner „gefügigsten" Patientinnen hatte ihm beim Erwachen aus der Hypnose die Arme um den Hals geschlagen. Er selbst sei aber nüchtern genug gewesen, diesen „Zufall" nicht auf die Rechnung seiner „persönlichen Unwiderstehlichkeit zu setzen, und meinte, jetzt die Natur des mystischen Elements, welches hinter der Hypnose wirkte, erfaßt zu haben." (Ebd. S. 52) Interessanter noch als dieses einzelne Ereignis scheint uns aber die weitere Argumentation Chertoks, das Konzept der Übertragung habe es Freud und Breuer gestattet, zu den Gefühlsäußerungen ihrer Patienten Distanz zu wahren, indem sie nunmehr davon ausgehen durften, daß diese Gefühle gar nicht ihnen galten. So gesehen wäre die Theorie der Übertragung nicht nur aus dem Interesse an der biographischen Rekonstruktion, sondern mindestens ebensosehr aus dem Schutzbedürfnis der ersten Analytiker hervorgegangen. Dieses Argument ist von verschiedenen Autoren (vgl. Szasz 1963; Wyss 1982) in kritischer Absicht gegen die klassische Behandlungstechnik vorgebracht worden. Wir werden später noch darauf zurückkommen.

Soweit es das veröffentlichte Werk Freuds betrifft, enthält bereits die frühe Arbeit über „Psychische Behandlung (Seelenbehandlung)" (1890a, S. 30) den wichtigen Hinweis, die Gläubigkeit des Hypnotisierten finde sich „im wirklichen Leben nur *beim Kinde gegen die geliebten Eltern,* und eine derartige Einstellung des eigenen Seelenlebens auf das einer anderen Person" habe ein „vollwertiges Gegenstück in manchen *Liebesverhältnissen* mit voller Hingebung." In den gemeinsam mit Breuer verfaßten „Studien über Hysterie" (1895d) wird die ‚Übertragung' dann als „falsche Verknüpfung" (ebd. S. 308) eingeführt. Der Terminus „falsche Verknüpfung" erinnert dabei an Breuers Hypnoidtheorie der Hysterie. Denn, wie es in einer Fußnote heißt: „Es ist klar, daß eine vorhandene Spaltung des Bewußtseinsinhaltes solchen *falschen Verknüpfungen'* den größten Vorschub leisten muß." (Ebd. S. 121) Freud beschreibt hier die Übertragung unter dem Titel der „Mésalliance" (ebd. S. 309). Er sieht in ihr ein „Hindernis" und verlangt, daß die Kranken einsehen lernten, „daß es sich bei solchen Übertragungen auf die Person des Arztes um einen Zwang und um eine Täuschung handle" (ebd. S. 310). Gleichwohl hat er das Regelmäßige des Vorgangs deutlich erkannt (vgl. ebd. S. 265, 310). Die Übertragung konnte somit zu der lange gesuchten Bilingue werden, mit deren Hilfe sich die rätselhafte Schrift der Symptome entziffern ließ. Bekanntlich hat Freud später im Traum eine ähnlich wichtige Übersetzungshilfe entdeckt, und es ist interessant, daß er in seiner „Traumdeutung" (1900a, S. 536 f.) die Bedeutungsverschiebung im Traumtext mit der Übertragung in Zusammenhang bringt.

In der weiteren Entwicklung der Psychoanalyse wurde die Übertragung vom größten Hindernis zum wichtigsten Hilfsmittel der Behandlung. Ihre Doppeldeutigkeit (Akutalisierung des Wunsches – Manifestation des ‚Widerstandes') sollte sie aber für immer beibehalten (vgl. hierzu Freud 1940a, S. 100 ff.). Im April des Jahres 1900 schreibt Freud an seinen Freund und Kollegen, den Berliner Arzt Wilhelm Fließ: „Ich fange an zu verstehen, daß die scheinbare Endlosigkeit der Kur etwas Gesetzmäßiges ist und an der Übertragung hängt." (1950a, S. 272 f.) Dieser „asymptotische Abschluß der Kur" (ebd. S. 273) beschäftigt ihn noch einmal – fast 40 Jahre später – in der Schrift „Die endliche und die unendliche Analyse" (Freud 1937c).

In seinem Nachwort zur Krankengeschichte der „Dora" hatte Freud (1905e, S. 177 ff.) erstmals eine ausführliche Darstellung der ‚Übertragung' gegeben. Sie fand ihre Fortsetzung und theoretische Ausarbeitung in den behandlungstechnischen Schriften der Jahre 1910-1915. Bereits 1910 war das Phänomen der ‚Gegenübertragung' hinzugekommen, von der Freud fordert, daß sie der Arzt „in sich erkennen und bewältigen müsse." (1910d, S. 126) In der Folgezeit wurde das Konzept der ‚Übertra-

gung' durch die Fortschritte der klinischen Theorie, den Erkenntniszu-
wachs über die frühkindliche Entwicklung und nicht zuletzt durch die
Ausformulierung und Veränderung der psychoanalytischen ,Metapsy-
chologie' maßgeblich beeinflußt. Umgekehrt wirkte aber auch das klinische Phänomen in die Theoriebildung hinein, was sich sehr gut am Begriff des „Wiederholungszwangs" (vgl. Freud 1914g) aufzeigen läßt. Auf
ihn beruft sich Freud, als er in seiner Arbeit „Jenseits des Lustprinzips"
(1920g) die Todestriebhypothese formuliert.

Wir werden auf einzelne dieser Fragen noch zurückkommen, soweit sie
das Thema unserer Untersuchung berühren. Tatsächlich hat die Übertragungskonzeption Freuds eine Fülle theoretischer wie praktischer Fragen
aufgeworfen, die keineswegs als gelöst betrachtet werden können und die
Gegenstand mittlerweile klassisch gewordener Diskussionen sind. Laplanche und Pontalis (1967, S. 550 f.) nennen in diesem Zusammenhang
folgende Problembereiche: Inwiefern ist das Wiederholungsphänomen
für die psychoanalytische Behandlungssituation als solche typisch? Kann
der Begriff der ,Realität' ein Abgrenzungskriterium gegenüber der
,Übertragung' liefern, dergestalt, daß es sich bei der letzteren gleichsam
um ,unrealistische', imaginäre Verzerrungen der aktuellen Wirklichkeit
handelte? Welchen therapeutischen Wert besitzt das Erinnern, und welche Bedeutung kommt demgegenüber der erlebten Wiederholung zu?
Schließlich: Handelt es sich bei dem, was übertragen wird, „um Verhal-
tensmuster, Objektbeziehungstypen, positive oder negative Gefühle,
Affekte, libidinöse Inhalte, Phantasien, die Gesamtheit einer Imago oder
besondere Züge von ihr, sogar um eine Instanz im Sinne der letzten
Theorie des psychischen Apparates?" (Ebd. S. 551) Gerade der zuletzt
genannte Gesichtspunkt bringt das therapeutische Gespräch in ein Spannungsverhältnis gegenüber den abstrakten Aussagen der ,Metapsycholo-
gie'. Denn es bedeutet offenbar eine erhebliche Uminterpretation des intersubjektiven Sachverhaltes, wenn es beispielsweise heißt, der Patient
übertrage sein „Über-Ich" auf den Analytiker – eine Uminterpretation,
die möglicherweise für andere Bedeutungshorizonte verschließt und beide – Analytiker und Analysand – in ihrer gegenseitigen Wahrnehmung
unfrei machen kann. Wir werden auf dieses Problemfeld im zweiten
Abschnitt dieser Arbeit näher eingehen.

Die von Laplanche und Pontalis gegebene Aufzählung ließe sich indes beliebig erweitern, etwa um den Fragenkreis der Wechselbeziehung zwischen ‚Übertragung' und ‚Widerstand' (vgl. Racker 1954), um den Beziehungsaspekt der Übertragung, wie er vor allem in neueren Arbeiten hervorgehoben wird (vgl. Greenson 1965; Jacoby 1973; Bräutigam 1983), schließlich um den Einfluß der analytischen Situation (vgl. Macalpine 1950; Spitz 1956), der ‚Gegenübertragung' des Therapeuten und seiner Deutungen auf das Erleben des Patienten (vgl. Heimann 1950; A. Reich 1951; Klauber 1972; Beckmann 1974; Gill 1982; Thomä, Kächele 1985). Die meisten Untersuchungen zur Übertragung haben sich dabei entweder mit ihrer Begriffsgeschichte und Definition oder mit behandlungstechnischen Fragen im engeren Sinn auseinandergesetzt, weniger jedoch mit ihrem intersubjektiven Bedeutungsgehalt, der uns hier interessieren soll. Insofern ist auch heute noch der Kritik Lacans aus dem Jahr 1958 zuzustimmen, wonach „es noch jedesmal, wenn im Laufe der Zeit die Problematik der Übertragung einer Revision unterzogen wurde, die antreibenden technischen Divergenzen gewesen (sind; d. Verf.), die eine wirkliche Kritik des Übertragungsbegriffs verhindert haben." (Lacan 1958a, S. 192).

Damit ist bereits angedeutet, daß die Übertragung hier einer umfassenderen Interpretation zugänglich gemacht werden soll. Eine solche Interpretation kann sich entlang der Leitbegriffe Intersubjektivität, Sprache und Wunsch entfalten. Was die Intersubjektivität anbelangt, so ist zunächst festzuhalten, daß die ‚Übertragung' kein ursprüngliches Phänomen (im Sinne der Husserlschen Phänomenologie) darstellt, wohl aber die Deutung eines solchen Phänomens. Wie aber und wo zeigt sich dann das Phänomen selbst, und wie begegnen wir ihm in der analytischen Situation?

Unser Zugang zu dieser Fragestellung wird ein doppelter sein. Einerseits führt sie uns auf den Anderen hin, auf den Anderen in seiner ganzen Vieldeutigkeit. Zuallererst werden wir die ‚Übertragung' also als einen Modus kennenlernen, in dem sich der Andere enthüllt, in dem er sich zeigt und verbirgt vor dem Hintergrund der Geschichtlichkeit des Subjekts oder, wie Freud sagt, vor dem Hintergrund seiner „vergessenen Vergangenheit" (1914g, S. 210). Insofern bewahrt dieser Andere zugleich die Erinnerung und die Spur jenes „prähistorischen unvergeßlichen Anderen", von dem Freud in einem Brief an Fließ schreibt, daß ihn „kein späterer mehr erreicht." (1950a, S. 156) Wie man weiß, hat die Psychoanalyse die Geschichtlichkeit des Menschen von der begehrenden Subjektivität her zu verstehen versucht. In der „Unzerstörbarkeit des Wunsches" (vgl. Ricoeur 1965; Schelling 1985, S. 75 ff.) liegt ihr tiefer anthropologischer Gehalt. Da die Übertragung an die Geschichte des Wunsches anknüpft, da sie im therapeutischen Gespräch eine Kontinuität fortsetzt, die zuvor unterbrochen schien, müssen wir die Begriffe, die Freud auf dem Feld des Begehrens eingeführt hat, erneut befragen: den Begriff des ‚Triebes', der Liebe, der ‚Libido'. Dies geschieht im dritten Kapitel der vorliegenden Untersuchung, wobei wir uns insbesondere auf jenes schicksalhafte Moment beziehen, das Freud (1900a) die „Not des Lebens" genannt hat, welches bei Lacan (1960) in eine „Dialektik des Begehrens" aufgenommen wird und das Wyss (1973; 1976; 1980) in seiner Theorie der Intersubjektivität unter dem Begriff des „Mangels" interpretativ zu erfassen sucht.

Den zweiten Zugangsweg erschließt die Sprache. Denn die Übertragung kann nicht losgelöst vom Verstehenshorizont der kommunikativen Rede betrachtet und in ihrer Bedeutung gewürdigt werden. Wenn bei Buber (1923) das Ich in der Referenz auf das Du geboren wird, wenn bei ihm Subjektivität allererst „im Gewebe der Beziehung" erscheint, nämlich „als Erkennbarwerden dessen, das nach dem Du langt und es nicht ist" (ebd. S. 97), dann ist die Erfahrung der Sprache und des Gesprächs die Voraussetzung dafür, um den Anderen als Bedeutung erleben zu können. Daß dies bereits für die ersten ‚Mitteilungen' des Kleinkindes gilt, welches über einen rudimentären Dialog mit der Mutter die Erfahrung des Anderen und des Symbols gewinnt, dies soll im Anschluß an die Untersuchungen Spitz', Winnicotts und Lacans aufgezeigt werden. Soweit es das therapeutische Gespräch betrifft, müssen wir uns sodann mit dem scheinbar paradoxen Sachverhalt auseinandersetzen, daß die Übertragung – obwohl erst durch Interpretation entstanden – auch ihrerseits schon eine Art Deutung darstellt, und zwar eine Deutung, die durch den Austausch von ‚Zeichen' zustandekommt. Als solche schließt sie die Subjektivität des Interpreten (Therapeuten) notwendigerweise mit ein (vgl. Wyss 1982; Schelling 1985). Eine objektivierende Betrachtungsweise, wie sie in der Literatur nicht selten angetroffen werden kann, läßt demgegenüber unberücksichtigt, daß die ‚Übertragung' wesentlich eine Realität ist, die sich der Evokation durch das Sprechen verdankt. In seiner geläufigsten Anwendung hat man den Begriff der Übertragung auf „die Abfolge (. . .) aller positiven und negativen Gefühle" reduziert, „die der Patient seinem Analytiker zuwendet." (Lacan 1958a, S. 191) Und indem man die Übertragung mit den Gefühlen des Patienten gleichsetzt, indem man sie zu einem affektiven „Instrument der Teilhabe" macht (Barthes 1962, S. 39), wird jene intersubjektive Dialektik entscheidend verkürzt, die schon im Begriff des Unbewußten selbst angelegt ist (insofern ich ihm immer nur im Anderen begegnen kann) und die im dialogischen Vollzug zu ihrer vollen Entfaltung gelangt. Erst wenn wir die Übertragung als eine symbolische Wirklichkeit lesen, wird verständlich werden, warum sich inmitten der Wiederholung zugleich ein „Neubeginn" ankündigt (vgl. Balint 1968). Und dieser Neubeginn ist es ja, von dem die therapeutische Wirkung des Sprechens ausgeht. Aus dem gleichen Grunde erfordert die Interpretation auch einen anderen Ort als den der realen ‚Objekte': den Ort des Anderen, den Ort der Sprache. Wir werden diese Frage im Zusammenhang mit der strukturalistischen Psychoanalysedeutung J. Lacans untersuchen, um von hier aus nach der Zeitstruktur der Übertragung zu fragen. Natürlich wird uns dabei in erster Linie interessieren, wie die Übertragung aus der Wiederholung heraus jenes ‚kommunikative Novum' entstehen läßt, welches Binswanger (1935, S. 142) „Begegnung" genannt hat. Doch zuerst müssen wir auf einige allgemeine Fragen eingehen.

2. Krise der Metapsychologie?

Intersubjektivität, Sprache und Wahrheit im therapeutischen Dialog

Es ist vielleicht nicht übertrieben zu behaupten, daß die Metapsychologie in eine Krise geraten ist. Jener Teilbereich der psychoanalytischen Theorie, dem Freud (1915e, S. 140) die Aufgabe zugewiesen hatte, den „psychischen Vorgang nach seinen *dynamischen, topischen* und *ökonomischen* Beziehungen" zu beschreiben, hat in den letzten Jahrzehnten wesentliche Ergänzungen und Erweiterungen erfahren. Hier sind neben den Weiterentwicklungen der Ich-Psychologie (ausgehend von den Arbeiten der New Yorker Schule) vor allem die Ausarbeitung des Narzißmus-Konzepts um den zentralen Begriff des „Selbst" zu nennen (Kohut 1971; Kernberg 1975), ferner die unter dem Titel „Objektbeziehungspsychologie" zusammengefaßten Neuerungen der Repräsentanzen-, Struktur- und Beziehungstheorie sowie nicht zuletzt die innovativen Beiträge zur Entwicklungspsychologie und zur Deutung des Individuationsprozesses durch die Arbeiten von Spitz, Winnicott, Mahler und anderen Autoren. Dennoch hat es den Anschein, daß die Kluft zwischen klinischer Theorie und Metapsychologie nicht geringer geworden ist.

Bereits 1949 hatte Balint, einen Ausdruck Rickmans aufgreifend, festgestellt, daß die Begriffe der psychoanalytischen Theorie „kaum über die Region einer Einkörper-Psychologie" hinausgingen. Deswegen könne die Theorie „nur eine grobe, annähernde Beschreibung dessen liefern, was in der psychoanalytischen Situation geschieht, die doch im wesentlichen eine Zwei-Personen-Situation ist." (Ebd. S. 271) Schelling versteht die Metapsychologie unter einem anderen Blickwinkel als „,Interpretationsraster' für Lebensgeschichten". Er führt kritisch aus:

„Die ,Metapsychologie' kann nicht losgelöst von der sie konstituierenden Therapeut-Patient-Beziehung betrachtet, kommentiert und in ihrem theoretischen Status bewertet werden. (. . .) In der Darstellung, die Freud selbst seiner Metapsychologie angedeihen läßt, ist diese Sicht unentfaltet, ja verstellt. Freud hat eine ,Quasi-Physik des psychischen Apparates' geschaffen, die der Psychoanalyse im Wissenschaftsverständnis des ausgehenden 19. Jahrhunderts Hausrecht verschaffen sollte. Die Metapsychologie ist in ihrer begrifflichen Darstellung (im Gegensatz zu ihrem Gehalt!) abstrakt und ‚solipsistisch‘. Die Metapsychologie vermag – in der Form, in der sie ausformuliert wurde – nicht Rechenschaft abzulegen vom intersubjektiven Charakter der ‚Dramen‘, die ihr Hauptthema bilden.“ (1985, S. 82)

Damit ist bereits ein wesentlicher Problembereich umrissen, der sich mit den Begriffen ‚Intersubjektivität‘, ‚Kommunikation‘ und ‚Verstehen‘ abgrenzen läßt und der uns im folgenden noch näher beschäftigen wird.

In den letzten Jahren ist schließlich auch die Frage nach dem Wissenschaftsverständnis der Psychoanalyse erneut in Gang gekommen (vgl. Schöpf 1982):

Für Habermas (1968) ist die Psychoanalyse als das einzig greifbare Beispiel einer methodisch Selbstreflexion in Anspruch nehmenden Wissenschaft relevant. Er charakterisiert die psychoanalytische Deutungsarbeit in Abhebung zur philologischen Hermeneutik Diltheys als „Tiefenhermeneutik“. Sie gehe insofern über die Kunst der klassischen Hermeneutik hinaus, „als sie nicht nur den Sinn eines möglicherweise entstellten Textes, sondern *den Sinn der Textentstellung selber*“ herausarbeitet, „also das rekonstruieren muß, was Freud ‚Traumarbeit‘ genannt hat.“ (Ebd. S. 271) Andererseits spricht Habermas vom „szientistischen Selbstmißverständnis der Metapsychologie“ und kennzeichnet damit jenen inneren Widerspruch, dem zufolge „Freud in der Tat eine neue *Humanwissenschaft* begründet, aber in ihr stets eine *Naturwissenschaft* gesehen hat.“ (Ebd. S. 300 f.) Dieser Zwiespalt ist bis in jüngste Zeit von verschiedenen Autoren aufgegriffen und kritisch vermerkt worden. Stellvertretend für diese Diskussion einige Beispiele:

M. M. Gill hat sich mit der provozierenden Feststellung zu Wort gemeldet „Die Metapsychologie ist keine Psychologie“ (1976). Seine Argumentation hebt darauf ab, daß Freud die metatheoretischen Hypothesen auf der Basis der Naturwissenschaft errichtet habe, wohingegen die klinische Theorie aus der analytischen Gesprächssituation heraus entwickelt wurde. Beide Theorien ließen sich nur gebrochen aufeinander beziehen: Die Interpretation klinischer Phänomene in Begriffen der Kraft und der Energie sei letztlich unanalytisch, da sie auf eine Referenzstruktur außerhalb des psychischen Geschehens Bezug nehme.

A. H. Modell (1981) fragt: „Gibt es die Metapsychologie noch?" Auch er plädiert für eine zeitgemäße „Modifikation der Metapsychologie" (ebd. S. 233), hält aber an der wissenschaftstheoretischen Sonderstellung der Psychoanalyse zwischen hermeneutischer Wissenschaft und Naturwissenschaft fest. Modell äußert sich skeptisch gegenüber allen Versuchen, die Metapsychologie ,abzuschaffen' und „durch eine Handlungstheorie oder durch Prinzipien zu ersetzen, die der Sprachstruktur zugrundeliegen" (ebd. S. 232). Er wendet sich damit gegen Revisionsversuche, wie sie neuerdings unter anderem von R. Schafer unternommen worden sind.

R. Schafer (1976) ist mit der Forderung „Eine neue Sprache für die Psychoanalyse" auf den Plan getreten. Er hält dafür, die klassische Metapsychologie in ihrem naturalistischen Gewand und mit ihren ,mechanistischen' Formulierungen durch eine intentionale Theorie der „Handlungssprache" zu ersetzen. Sein Ansatz verknüpft Denkmotive der analytischen Sprachphilosophie (Wittgenstein, Ryle) mit solchen, die sich aus der Tradition der Phänomenologie (Brentano, Husserl) und Existenzialphilosophie (Sartre) herleiten lassen (vgl. Kerz 1985). Schafer erklärt zu seinem Revisionsversuch:

„Die Psychoanalyse ist eine Deutungswissenschaft. Sie strebt Einsicht an und arbeitet mit Einsichten. Es verstellt deshalb nur den Blick auf das eigentlich Psychoanalytische, wenn man eine schon vorhandene Metatheorie übernimmt, deren mechanistische Begriffe der Praxis einigermaßen fremd sind; und genau das gilt für jene Metatheorie, von der die Metapsychologie sich herleitet. (. . .) Die Psychoanalytiker sollten nicht mehr Theorie entwickeln, als sie für ihre Praxis brauchen. Was ansteht, ist nicht eine anspruchsvolle, umfassende Theorie des Psychischen, sondern eine enger gefaßte Theorie der Bezeichnung und Deutung jener Aktivitäten des Menschen, die unter Einhaltung bestimmter Regeln beobachtet und aus ihm erschlossen werden können." (Schafer 1978, S. 962)

Schafers Theorie der „Handlungssprache" orientiert sich an den Leitbegriffen Sprache-Denken-Handeln. Zur Kritik, die seine Konzeption zuletzt erfahren hat, sei auf die in Heft 11 (1985) der „Psyche" publizierten Arbeiten von Ehlert, Löhr und Buchholz sowie auf die Rezension von Kerz im gleichen Band verwiesen (vgl. auch Tress 1986).

Auch A. Lorenzers (1970a; 1973; 1974; 1977) Verständnis der psychoanalytischen Situation bezieht wesentliche Anregungen aus der Spätphilosophie Wittgensteins, insbesondere aus dessen Konzeption der „Sprachspiele" und seiner These von der Unmöglichkeit einer Privatsprache (Wittgenstein 1947–1949; vgl. auch Fischer 1982). Entscheidend für Lorenzers Ansatz wird die Verbindung von Psychoanalyse, Sozialtheorie und analytischer Sprachphilosophie. Die von Lorenzer avisierte Metatheorie der Psychoanalyse überschreitet damit das engere Terrain der psychoanalytischen Theorie in Richtung auf eine, die Dialektik zwischen Individuum und Gesellschaft berücksichtigende, historisch-materialistische Gesellschaftstheorie.

Betrachten wir kurz Lorenzers Auffassung der Symptomgenese und des therapeutischen Prozesses: Das Symptom stellt in dieser Sicht eine aus der gemeinsamen Sprachpraxis herausgefallene Interaktionsfolge dar. Es persistiert wie ein abgestorbenes, weil (sprachlich) nicht symbolisierungsfähiges „Klischee" (vgl. Lorenzer 1970a) im Leben des Patienten. In Gestalt des Symptoms verdichten sich primärprozeßhafte, in der kommunikativen Situation der frühen Kindheit sprach-los gewordene Interaktionssequenzen, die erst unter den spezifischen Bedingungen des therapeutischen Gesprächs wieder erfahrbar und verständlich werden. Der Titel „Sprachzerstörung und Rekonstruktion" (Lorenzer 1970b) umreißt damit einerseits die Bedingungen der Symptomgenese, zum anderen die heilende Kraft des analytischen Dialogs, der im Wechselspiel von „Übertragung" und „Deutung" ein Arrangement entstehen läßt, welches Lorenzer unter dem Begriff des „szenischen Verstehens" zu fassen sucht: Das „szenische Verstehen" ist vom „logischen Verstehen" des Gesprochenen einerseits abzugrenzen, andererseits vom „psychologischen Verstehen" des Sprechers. Es nimmt Elemente beider in sich auf und kann im wesentlichen als ein Beziehungs- und Situationsverstehen charakterisiert werden, wie es in der Übertragungssituation entfaltet wird. Eine wesentliche Voraussetzung dafür ist die *Teilnahme* des Analytikers am Sprachspiel des Patienten (vgl. Lorenzer 1983). Für Lorenzer erweist sich die Psychoanalyse als eine „Hermeneutik des falschen Verständigtseins". Der Dialog zwischen Therapeut und Patient steht im Dienste der Rekonstruktion. Er bildet die einst pathogenen Beziehungsstrukturen wieder ab, macht diese aber zugleich einer kontinuierlichen Erhellung und Neubearbeitung zugänglich: Das in der frühen Kindheit aus der gemeinsamen Sprachpraxis ‚Exkommunizierte' gewinnt in Träumen, Phantasien, Gefühlsregungen und sprachlichen Äußerungen seine Symbolisierungsfähigkeit zurück und kann in der Beziehung zum Analytiker kommunikativ erfahrbar werden.

In seinem Werk „Die Wahrheit der psychoanalytischen Erkenntnis" (1974) macht Lorenzer seine Einwände gegenüber der traditionellen Metapsychologie geltend. Diese beinhalte Mystifizierungen auf verschiedenen Ebenen, von denen Lorenzer den „gesellschaftsblinden Familialismus", den „Biologismus" der Triebtheorie und das „falsche kausalgenetische Verständnis" eines „Psychologismus" hervorhebt, „der die Bildungsetappen der subjektiven Struktur als Ursachenkomplex verkennt oder doch den wirklich objektiven Bedingungszusammenhang verleugnet." (Ebd. S. 305) In Abgrenzung zum positivistischen Modell einer Einheitswissenschaft hält Lorenzer am hermeneutischen Ausgangspunkt der Psychoanalyse fest, die er als „kritisch-hermeneutische Erfahrungswissenschaft" verstanden wissen möchte.

Unter den Autoren, die Krankheit genuin als Kommunikationseinschränkung beschrieben haben, vertritt D. Wyss eine eigenständige Position. Sein Werk „Zwischen Logos und Antilogos" (1980) trägt den Untertitel: „Untersuchungen zur Vermittlung von Hermeneutik und Naturwissenschaft." Die von Wyss erarbeitete „anthropologisch-integrative Psychotherapie" nimmt Denkmotive der Psychoanalyse, der Phänomenologie (Husserl), der Hermeneutik und Existenzialphilosophie (Heidegger) in sich auf. Während die frühen Arbeiten an den Gestaltkreisgedanken V. v. Weizsäckers (1940; vgl. Zacher 1978) anknüpfen, vertiefen die späteren Werke „Beziehung und Gestalt" (1973), „Mitteilung und Antwort" (1976), „Zwischen Logos und Antilogos" (1980) die Subjektivitätsproblematik im Rahmen eines kommunikationstheoretischen Ansatzes. ‚Kommunikation' wird dieser philosophisch fundierten Anthropologie zum Paradigma schlechthin. ‚Kommunikation' vollzieht sich kategorial innerhalb verschiedener Modi und Strukturen („strukturale Reduktion"), die dem Verhältnis von Subjekt und Welt ‚vorgegeben' sind, aber auch ihrerseits durch den kommunikativen Vollzug selbst immer wieder neu perspektivisch entworfen, thematisch bestimmt und verändert werden. Menschliche Existenz wird hier in ihrer permanenten Konfliktbezogenheit zur Sprache gebracht. Sie findet sich bereits gerichtet auf anderes und leidet Mangel daran, nicht das zu sein, was sie sein könnte. Diese notwendige und unaufhebbare Dezentrierung des Subjekts im Hinblick auf die Welt und den Anderen, der ihm darin begegnet, bringt in einem unablässigen Bemühen Kommunikation hervor. Die von Wyss vertretene Anthropologie wird damit zu einer Anthropologie von „Identität und Differenz" (Heidegger 1957). Sie versteht den Menschen aus einer ursprünglichen Gebrochenheit heraus, die ihn dazu nötigt, mit sich und dem Anderen in Beziehung zu treten. Ihr dialektisches Paradoxon liegt darin, daß das Selbst nie bei sich selbst, sondern nur über den Anderen ein Selbst zu sein vermag (vgl. Wyss 1976, S. 181). Denn weder die Fiktion eines biologischen Instinktapparates noch die Einsamkeit des philosophischen *Cogito* vermögen die Einheitserfahrung des Menschen von vornherein zu garantieren. Für das von Wyss thematisierte Subjekt bedeutet dies, daß es nur aus der Differenz zum Anderen, nicht aber aus der reflexiven Identität des Selbst heraus verstanden werden kann. Die kommunikationsstiftende „Unruhe des Mangels" bedingt es, daß Identität als eine immer schon in Wandlung begriffene, also an den Anderen ,verlorene' und damit stets neu zu leistende verbürgt ist.

Interessant ist nun, wie Wyss diese Gesichtspunkte für die therapeutische Praxis fruchtbar gemacht hat. Er kennzeichnet den therapeutischen Prozeß als „emotional erlebte, gedanklich verarbeitete Hermeneutik" (1982, S. 20), die nun aber gerade der Präsenz des Anderen bedarf. Diese Präsenz freilich muß sich für Abwesenheit offenhalten, will sie nicht den kommunikativen Raum zwischen dem Einen und dem Anderen von vornherein verstellen. Dennoch wird die Erlebnissphäre des Therapeuten für die gemeinsame Verständnisleistung konstitutiv: „Nicht ,was' interpretiert wird ist entscheidend für das Gelingen einer Behandlung, sondern das ,Wie' des intersubjektiven Prozesses, der zu Deutungen führt." (1982, S. 101 f.) Die Charakterisierung des therapeutischen Prozesses als Kommunikationserweiterung und die Forderung nach einer systematischen Einbeziehung der Subjektivität des Interpreten sind zwei wesentliche Grundgedanken, die D. Wyss in seinem Werk „Der Kranke als Partner" (1982) dargelegt hat. Wir werden im einzelnen noch darauf zurückkommen.

Immerhin lassen uns die hier aufgeworfenen Fragen bereits ahnen, daß die therapeutische Gesprächssituation ein Problemfeld berührt, von dem die theoretischen Begriffe, die zu ihrem Verständnis entwickelt wurden, oft nur verzerrt und unzureichend Rechenschaft abzulegen vermögen. Der Terminus „Objektbeziehung" beispielsweise suggeriert eine Geschlossenheit, wie sie in einer intersubjektiven Beziehung niemals möglich ist. „Was kann in das geschlossene System der Objektbeziehung die Anerkennung des Anderen einführen?" Diese Frage hat J. Lacan (1953–1954, S. 269) M. Balints (1937; A. Balint 1939) Konzeption der „primären Liebe" kritisch entgegengehalten. Auch Ch. Rycroft (1956) weist darauf hin, daß die theoretischen Formulierungen der Psychoanalyse den kommunikativen Aspekt menschlichen Verhaltens vernachlässigen: Das Wissen um den intersubjektiven Charakter der Therapeut-Patient-Beziehung sei nie ausreichend in die Metapsychologie integriert worden. Deshalb spricht sich Rycroft dafür aus, die Metapsychologie durch eine Theorie der Kommunikation und der Intersubjektivität zu ergänzen. Als R. A. Spitz ein Jahr später sein grundlegendes Werk über die Ursprünge der menschlichen Kommunikation vorlegt, gibt er in der Einführung seinem Erstaunen darüber Ausdruck, „wie wenig von seiten der Psychoanalytiker über ‚Kommunikation' veröffentlicht worden ist" (1957, S. 12).

Immer dann, wenn die abstrakte Sprache der Theorie auf die konkrete Situation des therapeutischen Gesprächs angewandt wird, besteht offenbar die Gefahr, die Eigenart dieser Situation der Kohärenz und der Verführungskraft eines theoretischen Systems zu opfern. Das kann bis hin zu Verformungen der Praxis selbst führen: Sandler (1983, S. 584) hat sehr feinfühlig auf den inneren Konflikt aufmerksam gemacht, der für manche Analytiker aus der „unbewußten Überzeugung" resultiert, ihr Vorgehen stimme nicht mit den offiziell anerkannten Theorien überein, was Hand in Hand gehen kann „mit dem Glauben, daß sie bessere Analytiker seien als die meisten ihrer Kollegen".

Die Gefahr einer solchen Ablösung von der dialogischen Verstehenssituation sieht Schelling (1978) in der technisierenden Begrifflichkeit der Metapsychologie. Ihrer solipsistischen Tendenz könne nur – und darin liegt ein wesentlicher, korrektiver Beitrag der Hermeneutik – entgegengewirkt werden, wenn sie auf die in der Übertragung erschlossene Sinnerfahrung bezogen bleibe. Die *Erfahrung* des Sinns kann aber nicht aus der erkennenden Distanz des Beobachters gewonnen werden; sie ist vorgängig an den kommunikativen Vollzug gebunden, den die beiden Sprechenden miteinander teilen: „Die Sinnwirkungen kommen in der analytischen Praxis, in der Beziehung zwischen Analytiker und Analysand zum Ausdruck, und zwar als eine durch ‚Sprache' vermittelte Geschichte des Patienten." (Ebd. S. 89)

Die Berücksichtigung dieser Zusammenhänge kann vielleicht zu einer angemessenen Diskussion und Neubewertung der Begriffe beitragen, die das Feld der psychoanalytischen Praxis bezeichnen, allen voran das Konzept der ‚Übertragung'. Wenn wir die Einsicht ernstnehmen, „daß der ‚Sinn' der unbewußten Motive und Wünsche des Menschen nicht ‚unabhängig' von der kommunikativen Situation ‚gegeben' ist", in der er erarbeitet wird (Schelling 1985, S. 12 f.), dann relativiert sich jedes objektivierende Verstehen. ‚Übertragung' und ‚Deutung' können dann ebensowenig von der sie fundierenden Beziehungsstruktur abgelöst werden, wie es unmöglich wird, „die Verstehensproblematik aufzugliedern in die ‚Subjektivität' des Interpreten (Therapeuten) einerseits und die Objektivität zu verstehenden Sinnes beim Patienten andererseits." (Ebd. S. 15) P. Ricoeur hat für diesen Sachverhalt die treffende Formulierung gefunden: „Tatsächlich wird ein Interpret nie dem nahekommen, was sein Text aussagt, wenn er nicht in der *Aura* des befragten Sinnes lebt." (1961, S. 175)

Auf einige grundsätzliche Erwägungen der „philosophischen Freud-Interpretation" P. Ricoeurs (1965; 1966a,b; 1969) möchten wir im folgenden kurz eingehen:

Ricoeur gewinnt einen Zugang zur Psychoanalyse über den Versuch, die philosophische Reflexion mit einer Hermeneutik der Symbole zu verschränken. Menschliche Existenz erschließt sich ihm als eine durch ‚Symbole' und ‚Zeichen' ausgelegte Existenz, die er „Interpretiertsein" nennt. Die Reflexion, die an den ‚Zeichen‘ ansetzt, müsse immer wieder zu den ursprünglichen Symbolen zurückkehren und diese erneut befragen. Sie wird damit zu einer existentiellen *Aufgabe,* nämlich zur Aufgabe, „die Setzung des *ich bin* mit meiner konkreten Erfahrung zu füllen.“ (Ricoeur 1962, S. 211) Ricoeurs Kritik der klassischen Erkenntnistheorie ist zugleich ein „Rückgriff auf das Archaische, Nächtliche und Traumhafte“ im Menschen, das auch einen Zugang zum „Ursprungsort der Sprache“ miteinschließt (1961, S. 162). Deshalb muß die Reflexion zur Interpretation werden, „weil ich den Existenzakt nirgendwo sonst zu fassen bekomme als in den verstreuten Zeichen dieser Welt.“ (1962, S. 212)

Ricoeurs Werk „Die Interpretation – ein Versuch über Freud“ (1965) ist der Untersuchung der Frage gewidmet: Was heißt deuten in der Psychoanalyse? Ricoeur wendet sich darin gegen Versuche, die Psychoanalyse in die Beobachtungswissenschaften einzugliedern, wie sie in der Nachfolge H. Hartmanns (1927) und D. Rapaports (1960) vor allem in den USA unternommen wurden: Gegenstand der Psychoanalyse seien keine ‚Tatsachen‘ im Sinne der empirischen Wissenschaften, sondern sprachliche Erzählungen, redende Bilder und Gefühle, Sinneffekte und Verschiebungen –, ganz allgemein: ‚Zeichen‘, die sich in ihrer Gesamtheit als ein zu entziffernder *Text* verstehen lassen. Im Traum ebenso wie im neurotischen Symptom, im Kunstwerk wie im Mythos begegnet Ricoeur jener eigenartigen semantischen Struktur, die er als „Struktur des Doppelsinns“ beschreibt: „Symbol ist dort vorhanden, wo die Sprache Zeichen unterschiedlichen Grades produziert, in denen sich der Sinn nicht damit begnügt, etwas zu bezeichnen, sondern einen anderen Sinn bezeichnet“ (Ricoeur 1965, S. 29). Die Interpretation ist diese Bewegung zum „anderen Sinn“, die sich schon im Symbol selbst ankündigt: die Arbeit der Exegese. Interpretieren bedeute deshalb nicht, „die Ambiguität zu beseitigen“ als vielmehr „sie zu verstehen und ihren Reichtum zu erklären.“ (Ebd. S. 63) Dennoch ist das Unbewußte Freuds für Ricoeur nicht allein der ‚Ort des anderen Sinns‘, sondern fordere die begriffliche Fixierung in einer (metaphorischen) ‚Rede der Kraft‘: Die Sprache der Psychoanalyse lasse sich weder in der kausalen Rede der Naturwissenschaften noch in der motivierenden Rede der Phänomenologie auflösen. Ricoeur charakterisiert den „gemischten Diskurs“ der Psychoanalyse durch ein jenseits der Alternative Ursache-Motiv liegendes Drittes; „diese Rede wird von einem besonderen Seinstypus reguliert, den ich die Semantik des Wunsches nenne; es ist eine gemischte Rede, die aus der Alternative Motiv-Ursache herausfällt" (ebd. S. 372). Die Ambiguität von Wunsch und Sprache bildet für Ricoeur das große anthropologische Thema der Psychoanalyse. Die „Unzerstörbarkeit des Wunsches" werde von ihr in einer „Archäologie des Subjekts" interpretativ aufgenommen.

Ricoeurs Auffassung des therapeutischen Dialogs gibt uns Gelegenheit, unsere eigenen Überlegungen weiterzuführen. Wir hatten bereits angedeutet, daß sich die analytische Erfahrung wesentlich im Bereich des Sprechens und der Sprache abspielt. „Nicht der Wunsch als solcher steht im Mittelpunkt der Analyse", heißt es bei Ricoeur (1965, S. 18), „sondern seine Sprache". Von hier aus gewinnt der Begriff des Unbewußten eine grundsätzlich neue Bedeutungsdimension: Er bezeichnet keine phantastische Realität, die außerhalb der dialogischen Beziehung oder unabhängig von ihr gegeben wäre; das Unbewußte „ist mithin nichts Absolutes, es existiert nur in relativem Verhältnis zur Methode und zum dialogischen Verlauf der hermeneutischen Beziehung." (Ricoeur 1966b, S. 18) Für Ricoeur konstituiert sich das Unbewußte durch die „Gesamtheit der hermeneutischen Regeln und Verfahren, die zu seiner Entzifferung dienen." Und noch in einer zweiten Hinsicht erweist sich das Unbewußte als relativ: „Der Akzent liegt hier auf der Tatsache, daß die Momente, welche die Analyse dem Unbewußten zuschreibt, stets *für einen anderen signifikant* sind. Man kann nie genug die Funktion des Zeugen-Bewußtseins, des Bewußtseins des Analytikers bei der Konstitution der Realität des Unbewußten unterstreichen. (. . .) *Ich habe* mein Unbewußtes zunächst für einen *andern*" (ebd. S. 17 f.). Gemeint ist also die intersubjektive Konstitutionsleistung, die Relativität des Unbewußten im Hinblick auf den Anderen, der der ‚verlorenen' Rede des Subjekts ihren Partner wiedergibt. Lacan hat die dialektische Spannung, die in diesem Verhältnis liegt, auf die Spitze getrieben, wenn er sagt: „Das Unbewußte ist die Rede des Anderen".

Wir müssen uns die ganze Tragweite dieser Aussagen vor Augen führen, daß nämlich das Unbewußte einen Bereich bildet, der nur interpretativ erschlossen werden kann, weil ihn zwei (oder mehrere) Menschen miteinander teilen. Daß es sich dabei dennoch nicht um das beliebige Produkt einer bloß zufälligen Begegnung handelt, sondern um eine historisch gewachsene Erlebnisdimension, dafür hat der Begriff der ‚Übertragung' eine entscheidende Voraussetzung geschaffen. Deshalb ist er auch so prekär und so vieldeutig, was sich allein schon daraus erkennen läßt, wie oft – und wie vergeblich – man versucht hat, ihn ‚exakt' zu definieren. Vergeblich zumindest solange, als die ‚Übertragung' wie ein Fremdkörper innerhalb der ‚realen' Beziehung zwischen Analytiker und Analysand betrachtet und nicht als ihr strukturierendes Moment anerkannt wird.

Unversehens haben wir damit einige grundlegende Aussagen der strukturalistischen Psychoanalysedeutung J. Lacans vorweggenommen. Ricoeurs Interpretation der Psychoanalyse als einer „Hermeneutik des Unbewußten" stellt ihrerseits schon eine Antwort auf die Begegnung von Hermeneutik, Strukturalismus und Psychoanalyse dar und ist in der Gestalt, die Ricoeur ihr gegeben hat, ohne diese nicht denkbar (vgl. Schöpf 1982, S. 182). Wir werden im Verlauf der vorliegenden Untersuchung noch des öfteren auf Lacan zurückkommen, so daß wir uns hier auf einige wenige einleitende Bemerkungen beschränken können.

Mit seinen Thesen: „Das Unbewußte ist wie eine Sprache gebaut" und „Das Unbewußte ist die Rede des Anderen" nimmt Lacan eine genuine Rückkehr zu Freud für sich in Anspruch. Eine Rückkehr, die jedoch auf den ersten Blick eher wie eine „Ent-stellung" (vgl. Weber 1978) anmutet, tritt sie doch mit dem Anspruch auf, nicht *über* die Wahrheit zu sprechen, sondern diese in den Freudschen Texten selbst zu Wort kommen zu lassen. Damit wird dem Leser Lacans ein Stück Interpretationsarbeit aufgebürdet, die er wiederum nur vor dem Hintergrund des Lacanschen Sprachverständnisses zu leisten imstande ist. Für letzteres wird vor allem die strukturale Linguistik F. de Saussures (1916) und seiner Nachfolger mit ihrer synchronistischen Sprachbetrachtung und der Lehre von der Arbitrarität des ‚Zeichens' (Signifikanten) maßgeblich. Saussure selbst verwendet noch nicht den Terminus „Struktur". Er betrachtet die Sprache als ein System von Wertrelationen, das durch die differentiellen Beziehungen seiner Elemente variable Bedeutungen hervorbringt. Von Saussure stammen auch die Unterscheidungen von Signifikant (Bedeutendes) und Signifikat (Bedeutetes), von Syntagmatik und Paradigmatik, von Synchronie und Diachronie sowie die prinzipielle Unterscheidung zwischen der Sprache als ‚objektiver' Struktur (langue), der gesprochenen Sprache (langage) und der individuellen Rede des Sprechers (parole). Saussure lehnt eine substantialistische Sprachauffassung ab und löst sich damit von der historisch-etymologischen Sprachbetrachtung des 19. Jahrhunderts (vgl. Schiwy 1969; Teichmann 1983). Es hieße jedoch den Lacanschen Ansatz entscheidend verkürzen, wollte man ihn allein aus der strukturalen Linguistik herleiten. Zu tief ist die Hegelsche Imprägnation seines Denkens, zu nuanciert seine Auseinandersetzung mit der Existenzialphilosophie (Heidegger, Sartre), mit den Texten der großen Literatur und der antiken Tradition. Darauf hat vor allem auch H. Lang (1973; 1980a, b) hingewiesen.

Anders als Ricoeur geht es Lacan nicht so sehr um die Alternative Hermeneutik-Naturwissenschaft als um den Aufweis einer Entzifferungsleistung, die die Textur von Sprache selbst zum Gegenstand hat: um „einen Text, den das Unbewußte geschrieben hat und den es zu entziffern gilt." (Teichmann 1983, S. 16)

Das Verhältnis des sprechenden Subjekts zu seinem Begehren – und zur Begierde des Anderen –, um diese Fragestellung gruppiert sich das gesamte Werk Lacans. Das Subjekt reicht für ihn „weiter als das, was der Einzelne ‚subjektiv' empfindet" (Lacan 1953, S. 104). Erst in der kommunikativen Rede konstituiert sich der Sprechende als Intersubjektivität: „Was ich im Sprechen suche, ist die Antwort des Anderen. Was mich als Subjekt konstituiert, ist meine Frage." (Ebd. S. 143) Sprache wird hier in ihrer ganzen Vielgestaltigkeit thematisiert, in ihren Sinneffekten: Metapher und Metonymie, in ihren imaginären Verführungs- und Verhaftungswirkungen wie in ihrem Bezug zur symbolischen Wirklichkeit:

„Das Sprechen ist in der Tat eine Gabe aus Sprache, und die Sprache ist nichts Immaterielles. Sie ist ein subtiler Körper, aber ein Körper ist sie. Wörter stecken in allen Körperbildern, die das Subjekt fesseln; sie können eine Hysterikerin schwanger werden lassen, sie können (. . .) das Harnfließen des urethralen Ehrgeizes repräsentieren oder das verhaltene Exkrement der Lust des Geizes.

Darüber hinaus können Wörter selber eine symbolische Beschädigung erfahren und imaginäre Handlungen vollziehen, deren Subjekt der Patient ist." (Ebd. S. 144 f.)

Lacan geht so weit zu behaupten: „Die Psychoanalyse hat nur *ein* Medium: das Sprechen des Patienten." (Ebd. S. 84) Für ihn gibt es kein „psychologisches Jenseits", kein „Jenseits der Sprache", wohl aber ein Sprechen jenseits des Gesprochenen: In der chiffrierten Sprache der Symptome, im Witz der Fehlleistungen, in der Hieroglyphenschrift des Traumes spürt Lacan jener „anderen Rede" des Unbewußten nach, in der sich das Subjekt als Begehren identifiziert. Das „wahre Sprechen" ist für ihn das Sprechen des begehrenden Menschen. Es wird durch die bewußte Intention des Sprechers verdeckt und empfängt seine wahre Bedeutung erst aus dem, was es im Anderen an Wirkungen evoziert. Die unbewußte Subjektivität hat wesentlich mit Artikulation und Zeichenstiftung zu tun. Sie findet sich bereits dezentriert auf den Anderen, „und die Funktion des imaginären Subjekts besteht darin, die Urtrennung, die das Bewußtsein durch die Artikulation erfährt, im Raum der Fiktion zu unterlaufen." (M. Frank 1983, S. 382)

Indem er an der Unberechenbarkeit der Sprachwirkungen festhält, steht Lacan einem Autor wie Wyss näher als etwa Habermas, Lorenzer oder auch Ricoeur, für welche das Unbewußte eher eine Etappe in der Emanzipationsgeschichte des Selbstbewußtseins darstellt. Gegenüber der technisierenden Begrifflichkeit der psychoanalytischen Behandlungstheorie bleibt Lacan skeptisch: „Unsere Aufgabe wird sein zu zeigen, daß diese Begriffe ihren vollen Sinn erst dann gewinnen, wenn sie sich im Feld der Sprache orientieren und sich der Funktion des Sprechens einordnen." (1953, S. 83)

An diesem Punkt scheint eine Begriffsklärung sinnvoll: Für unsere eigenen Zwecke wollen wir ‚Sprache' im erweiterten Sinn von ‚Kommunikation' fassen. Unter ‚Sprache' soll deshalb im folgenden nicht nur die gesprochene oder geschriebene Rede verstanden werden, sondern alle verbalen und nicht-verbalen Äußerungen, ‚Texte' und ‚Zeichen', sofern sie in ihrer Gesamtheit für einen Anderen signifikant sind. Dazu gehören auch der Blick, die Stimme (vgl. Zutt 1957), die Welt der Gefühle und der Phantasie. Denn wir haben es im therapeutischen Dialog niemals allein mit unbewußten Wünschen, Motiven oder Phantasien als solchen zu tun. Wir begegnen immer schon sprechenden Symptomen, erzählenden Phantasien und redenden Gefühlen.

Susanne K. Langer (1942) sah die historische Leistung Freuds darin, daß er die symbolische Dimension erkannt hat, in der sich menschliches Bedürfen artikuliert: „Freuds großer Beitrag zur Philosophie des menschlichen Geistes besteht in der Erkenntnis, daß das menschliche Verhalten nicht bloß Strategie der Nahrungssuche ist, sondern auch eine Sprache; daß jede Bewegung zugleich auch Geste ist." (Ebd. S. 59) Langer spricht von einem Grundbedürfnis des Symbolisierens, „das ohne Zweifel nur beim Menschen in Erscheinung tritt" (ebd. S. 49): „Symbolschöpfung" ist für sie „Mittel und Zweck ineins." (Ebd. S. 59)

Freud selbst hat sich an zahlreichen Stellen seines Werkes mit ‚Symbol' und ‚Sprache' auseinandergesetzt (vgl. Lorenzer 1970a; Jappe 1971; Peller 1974). Bereits in seiner frühen – durch die Vorstellungen H. Jacksons beeinflußten – Monographie über die Aphasien (1891b) entwirft er einen „Sprachapparat". Auf dieses Modell kommt er später, in der metapsychologischen Schrift über „Das Unbewußte" (1915e), noch einmal zurück: Freud unterscheidet nun zwischen „Wortvorstellungen" und „Sachvorstellungen", deren Verbindung und assoziativer Verkehr untereinander auf vielfältige Weise behindert sein kann. Doch auch hier bleibt seine Sprachtheorie sensualistisch und am Modell der Assoziationspsychologie orientiert. Scheint sie doch geradewegs darauf hinauszulaufen, „daß die für das unbewußte Denken geforderte Differenzierung nur physikalischer Natur sein könnte. (. . .)

Läßt sich indessen ein Denken, vor das die hermeneutische Arbeit der Analyse bringt, in quantitative Prozesse differenter Bahnungen auflösen?"

Diese, von H. Lang (1976, S. 158) aufgeworfene Frage läßt keine einfache Antwort zu. Wir hatten eingangs bereits erwähnt, daß Freud dem Wissenschaftsverständnis des ausgehenden 19. Jahrhunderts verpflichtet blieb. Die erste Montage eines ‚psychischen Apparates' mittels Bahnungen, Differenzen und Spuren verstand er selbst als den Versuch, „eine naturwissenschaftliche Psychologie zu liefern, d.h. psychische Vorgänge darzustellen als quantitativ bestimmte Zustände aufzeigbarer materieller Teile" (1950a, S. 305). Und noch in seinem Spätwerk „Abriß der Psychoanalyse" (1940a, S. 126) heißt es: „Unsere Annahme eines (. . .) psychischen Apparates (. . .) hat uns in den Stand gesetzt, die Psychologie auf einer ähnlichen Grundlage aufzurichten wie jede andere Naturwissenschaft, z.B. wie die Physik."

Einerseits begegnen wir in Freud also dem Konstrukteur von Maschinen, von quasi-physikalischen Apparaten, Modellen und Systemen, die er unermüdlich erprobt, die er zerlegt und wieder zusammensetzt. Die Geschichte der psychoanalytischen Theorie vom frühen „Entwurf einer Psychologie" (1950a) bis hin zur metaphorischen zweiten Topik von 1923 (b) legt hiervon ein beredtes Zeugnis ab.

Andererseits entpuppen sich die von Freud konstruierten Maschinen schon bald als Symbolisierungs-Maschinen. Bereits in einem Brief aus dem Jahre 1896 ist von differenten Niederschriften die Rede, von Zeichen, die durch sprachanaloge Beziehungen miteinander verbunden sind. Darin äußert Freud die Vermutung, „daß unser psychischer Mechanismus durch *Aufeinanderschichtung* entstanden ist, indem von Zeit zu Zeit das vorhandene Material von Erinnerungsspuren eine *Umordnung* nach neuen Beziehungen, eine *Umschrift* erfährt. Das wesentlich Neue an meiner Theorie ist also die Behauptung, daß das Gedächtnis nicht einfach, sondern mehrfach vorhanden ist, *in verschiedenen Arten von Zeichen niedergelegt.* (. . .) *Die Versagung der Übersetzung,* das ist das, was klinisch ‚Verdrängung' heißt." (1950a, S. 151 f.; Hervorhebung d. Verf.)

Die Interpretation psychischen Geschehens in Metaphern der Sprache und der Schrift: eine solche Sichtweise entfaltet Freud in seinen Behandlungsberichten, in der Interpretation von Dichtung und Kunst und vor allem in der Traumdeutung. Diese Argumentationslinie erfährt eine Fortsetzung und spekulative Bearbeitung in der „Notiz über den ‚Wunderblock' " aus dem Jahre 1925 (a), von der wir an anderer Stelle zu zeigen versuchten, daß sie im Ansatz bereits eine Theorie der Intersubjektivität enthält (Weiß, Pagel 1984).

Doch bleiben wir noch einen Augenblick beim Beispiel des Traumes: Freud übersieht nicht, daß der Traum auch als Bild den Charakter einer

Rede nie ganz verliert. Die einzelnen Stücke des Traumgemäldes stehen, wie er uns versichert, „in den mannigfaltigsten (. . .) Relationen zueinander. Sie bilden Vorder- und Hintergrund, Abschweifungen und Erläuterungen, Bedingungen, Beweisgänge und Einsprüche." (1900a, S. 310) Die Rede wird „gleichsam wie die Erläuterungen in den Cartoons in den Traum eingefügt (. . .). Wie in den Hieroglyphen oder im Rebus ist die Stimme umgarnt." (Derrida 1967, S. 332) Nicht von ungefähr stammt der Vergleich mit einem Bilderrätsel (Rebus): „Man würde (. . .) in die Irre geführt, wenn man die Zeichen nach ihrem Bilderwert anstatt nach ihrer Zeichenbeziehung lesen wollte. (. . .) Die richtige Beurteilung des Rebus ergibt sich offenbar erst dann, wenn ich (. . .) jedes Bild durch eine Silbe oder ein Wort ersetze, das nach irgendwelcher Beziehung durch das Bild darstellbar ist." (Freud 1900a, S. 280 f.)

Bindeglied zwischen Bild und Sprache ist die Schrift: „In der Tat ist die Deutung des Traumes analog der Entzifferung einer alten Bilderschrift, wie der ägyptischen Hieroglyphen. (. . .) Die Vieldeutigkeit verschiedener Traumelemente findet ihr Gegenstück in diesen alten Schriftsystemen." (Freud 1913j, S. 404) So gesehen bezeugen noch die krudesten Traumsymbole – „wie die ‚Sigel' der Stenographie" (1900a, S. 346) – die ursprüngliche Verschwisterung mit der Sprache: „Was heute symbolisch verbunden ist, war wahrscheinlich in Urzeiten durch begriffliche und sprachliche Identität vereint. Die Symbolbildung scheint ein Rest und Merkzeichen einstiger Identität. (. . .) Eine Anzahl von Symbolen ist so alt wie die Sprachbildung überhaupt." (Ebd. S. 347) Älter jedenfalls als die Relation zum sprechenden Ich, denn die Verknüpfung von Symbol und Sprache wird durch die psychotische Fragmentierung nicht außer Kraft gesetzt. Freud ruft den paranoiden Senatspräsidenten Schreber in den Zeugenstand: „Ich muß hier der Phantasie eines interessanten Geisteskranken gedenken, welcher eine ‚*Grundsprache*' imaginiert hatte, von welcher all diese Symbolbeziehungen Überreste wären." (1916–1917, S. 175) Das hat Folgen: Traum und Witz als Anagramme des Unbewußten; in der anarchischen Bilderproduktion des Traumes entdeckt Freud eine „wahre Silbenchemie" (1900a, S. 298). Und auch von der hysterischen Symptomatologie heißt es, sie gleiche „einer Bilderschrift, die wir nach Entdeckung einiger bilinguer Fälle zu lesen verstünden." (1895d, S. 189)

Wir haben diese Äußerungen ausführlicher zitiert, weil sie von einer Sprachauffassung zeugen, die vielleicht nie ausreichend in die Metapsychologie einbezogen wurde. Gleichwohl beeinflußte sie Freuds Verständnis des therapeutischen Prozesses, den er gerne mit der Rekonstruktionsarbeit eines Archäologen vergleicht (vgl. H. und C. Weiß 1984):

„Lohnt der Erfolg (. . .), so erläutern die Funde sich selbst, (. . .) die zahlreich gefundenen, im glücklichen Falle bilinguen Inschriften enthüllen ein Alphabet und eine Sprache, und deren Entzifferung und Übersetzung ergibt markante Aufschlüsse über die Ereignisse der Vorzeit, zu deren Gedächtnis jene Monumente erbaut worden sind." Der Vergleich schließt mit den Worten: „*Saxa loquuntur.*" (Freud 1896c, S. 54)

Das Wieder-zum-Sprechen-Bringen der verschütteten Vergangenheit wird bei Freud zum Paradigma der therapeutischen Arbeit schlechthin. Daraus ergibt sich die Charakterisierung der seelischen Behandlung als ‚*talking cure*‘ und die lapidare Feststellung Freuds: „In der analytischen Behandlung geht nichts anderes vor als ein Austausch von Worten zwischen dem Analysierten und dem Arzt." (1916–1917, S. 43)

Auf welche Weise kann nun aber das therapeutische Sprechen heilend wirken, und von welcher Beschaffenheit ist die Wahrheit, die es begründet?

Wir spüren schon, daß es sich hierbei nicht um die historisch-objektive Wahrheit der Geschichtsschreibung handeln kann. Die Sprache als Instrument der Vergangenheitsbewältigung – dies wäre freilich eine sehr verkürzte Sicht des therapeutischen Gesprächs. Denn Sprache ist nur möglich, weil „der Andere in der Sprache gemeint ist." (Wyss 1976, S. 381) Noch in ihren gröbsten Verzerrungen und selbst dort, wo der Gesprächspartner nicht mehr kenntlich ist, erweist sich die menschliche Rede als Fragment eines Dialogs. Die Psychoanalyse hat sich diese Erkenntnis zunutze gemacht: Ihr Anliegen ist es, in den stillgelegten, symptomgewordenen Diskursen die „Spur des Anderen" (Lévinas 1963) wiederaufzufinden.

Auch die zeitgenössische Philosophie hat sich mit der intersubjektiven Dimension der menschlichen Rede auseinandergesetzt (vgl. Buber 1954; Gadamer 1960; Theunissen 1965; Waldenfels 1971; Bollnow 1975; Lévinas 1983): „Das Mitsein", schreibt Heidegger (1927, S. 162), „wird in der Rede ‚ausdrücklich' *geteilt,* das heißt es ist schon, nur ungeteilt als nicht ergriffenes und zugeeignetes." In einer der bekanntesten Passagen seines philosophischen Hauptwerkes „Das Sein und das Nichts" (1943) begegnet Sartre dem Anderen im Phänomen des Blickes. Für eine Intersubjektivität, die sich für ihn nicht auf die Beziehung des autonomen Ego zu einem bloßen Objekt-Anderen reduzieren läßt, wird bei Sartre Sprache maßgeblich: „Das Auftauchen des Anderen als Blick mir gegenüber läßt die Sprache als Bedingung meines Seins auftauchen." (Ebd. S. 478) Und in seiner Flaubert-Biographie formuliert Sartre: „Der Andere in mir macht meine Sprache, die meine Seinsweise im Anderen ist." (1971, S. 20)

Es gehört zur Grundverfassung der kommunikativen Rede, daß jedes Sprechen immer auch Anrede, Frage ist oder versteckter Appell an den Anderen, das heißt, daß es irgendeine Form von Mitteilung über die Beziehung der Sprechenden schon in sich trägt. Was hier ins Spiel kommt, ist nicht die „Unverbindlichkeit der Information" (Wyss 1976, S. 18), wie es das geläufige positivistische (Miß-)Verständnis von Kommunikation nahezulegen scheint. Denn: „Die Funktion der Sprache besteht ja hier nicht darin zu informieren, sondern zu evozieren." (Lacan 1953, S. 143) Erst wenn eine instrumentalistisch verstellte Sprachauffassung überwunden ist, zeigt sich, daß Sprache mehr ist als lediglich „Bereitung eines Werkzeuges zum Zwecke der Verständigung (. . .), sondern mit dem Vollzug des Verstehens und der Verständigung zusammenfällt." (Gadamer 1960, S. 365)

Über das Gespräch und die Sprache als „Medium der hermeneutischen Erfahrung" heißt es bei Gadamer (ebd. S. 361):

„Wir sagen zwar, daß wir ein Gespräch ‚führen', aber je eigentlicher ein Gespräch ist, desto weniger liegt die Führung desselben in dem Willen des einen oder anderen Partners. (. . .) Wie da ein Wort das andere gibt, wie das Gespräch seine Wendungen nimmt, seinen Fortgang und seinen Ausgang findet, das mag sehr wohl eine Art Führung haben, aber in dieser Führung sind die Partner des Gesprächs weit weniger die Führenden als die Geführten. Was bei einem Gespräch ‚herauskommt', weiß keiner vorher. Die Verständigung oder ihr Mißlingen ist wie ein Geschehen, das sich an uns vollzogen hat. So können wir sagen, daß etwas ein gutes Gespräch war, oder auch, daß es unter keinem günstigen Stern stand. All das bekundet, daß das Gespräch seinen eigenen Geist hat, und daß die Sprache, die in ihm geführt wird, ihre eigene Wahrheit in sich trägt, d.h. etwas ‚entbirgt‘ und heraustreten läßt, was fortan ist.“

Damit ist gesagt, daß der ‚Sinn‘, der in einem Gespräch zutage tritt, nicht der Verfügungsgewalt des einen oder anderen Gesprächspartners untersteht. Vielmehr offenbart er sich als Wirkung des Sprechens selbst, das heißt in der Überschreitung manifester Sinnbeziehungen, über die der Sprechende zu verfügen glaubt. Was die analytische Sitzung anbelangt, hat Lacan (1960, S. 175) daraus den Schluß gezogen, daß in ihr der Diskurs „nur Geltung hat, sofern er strauchelt oder sogar unterbrochen wird. Möglicherweise ist die Sitzung selbst als Bruch in einem falschen Diskurs zu verstehen“.

In der Tat gilt, daß der ‚Sinn‘ eines Symptoms, eines Traumberichts oder einer Biographie nicht vom Verstehenshorizont der kommunikativen Rede ablösbar ist. Die analytische Erfahrung zeigt, welche Bedeutung den Übertragungswirkungen schon im Erstgespräch zukommt, oder, auf das Problem der Deutung angewandt, daß der „Ikonoklasmus des Intimen“ eine „Technik des Nokturnen“ verlangt (vgl. Ricoeur 1964). Mit anderen Worten: Es wäre eine Illusion zu glauben, daß etwa die Erhebung einer biographischen Anamnese nur mit der Faktizität einer *realen* Vergangenheit zu tun hätte. Ein Verstehen, das linear an den Ereignissen der Lebensgeschichte festgemacht ist und nicht die Verstehenssituation selbst thematisch werden läßt, liefert zwar Erkenntnisse, aber letztlich doch nur Gewißheiten ohne Wahrheit. Biographische Anamnese „ist immer auch intersubjektives Produkt von Zuhörendem und Berichtendem (. . .). Die Wahrheit der Biographie wird im Prozeß der Narration durch den Erzähler widergespiegelt“ (Bühler 1984, S. 223). Mehr noch: Als zu Sprache gewordene Geschichte wird sie nicht bloß erzählt, in verschiedenen perspektivischen Abwandlungen ‚referiert‘, sondern dem Anderen gegenüber als *mögliche* überhaupt erst konstituiert.

Die Wahrheit von der die Rede ist, liegt demnach nicht in der Kongruenz von Aussage und Ausgesagtem, nicht in der Entsprechung von Sache und Begriff: Sie ist, wie Heidegger sagt, „kein Merkmal des richtigen Satzes, der durch ein menschliches ‚Subjekt' von einem ‚Objekt' ausgesagt wird und dann irgendwo, man weiß nicht in welchem Bereich, ‚gilt'" (1943, S. 18). Gegen ein solches, auf die bloße Richtigkeit eines Satzes eingeschränktes Verständnis von ‚Wahrheit' hatte bereits Hegel in der Vorrede zu seiner „Phänomenologie des Geistes" (1807) geltend gemacht, „daß die Wahrheit nicht eine ausgeprägte Münze ist, die fertig gegeben und eingestrichen werden kann." (Ebd. S. 40)

Daß die Wahrheit keine abgegriffene Münze sei – dies gilt insbesondere für die therapeutische Gesprächssituation. Die in ihr erschlossene Sinnerfahrung läßt sich nicht auf einen bloßen Erkenntnisakt reduzieren, der durch die formale oder inhaltliche ‚Richtigkeit' einer Deutung garantiert wäre: ‚Deutung', ‚Übertragung', ‚Widerstand' – alle diese Begriffe gewinnen ihre volle Gültigkeit erst dann, wenn sie als strukturierende Momente des kommunikativen Raumes zwischen Analytiker und Analysand verstanden werden. Dieser Raum wird interpretativ entfaltet durch einen wechselseitigen Prozeß der Entäußerung und der Wiederaneignung. Er setzt ein Geflecht intersubjektiver Sprachbeziehungen voraus, in dem das Subjekt im Anderen teilhat an einem Wortschatz, der das „Ich" seiner Frage auf der Ebene der Äußerung rückwirkend determiniert, das heißt in eine neue Bedeutung verwandelt.

Für Wyss (1980) ist deshalb ‚Wahrheit', noch bevor sie in der thetischen Setzung eingeholt wird, immer schon an die vorgängige Leiderfahrung und an den kommunikativen Vollzug gebunden. Wahrheit wird hier „durch das Maß bestimmt, Antinomien leiderfahren zu bewältigen, Existenz zu vollziehen." (Ebd. S. 543) In einem ähnlichen Sinn spricht Jaspers (1947) von der „Wahrheit der Kommunikation", die erst „als Kommunikation durch sie wirklich wird, in ihr selbst entspringt und für sie sichtbar wird, nicht vorher feststehend da ist und dann mitgeteilt wird." (Ebd. S. 588) Und Bollnow (1975, S. 38) formuliert: „Die Wahrheit, die sich im Gespräch ergibt, liegt dann nicht auf der einen oder andern Seite, sondern gewissermaßen ‚zwischen' den Sprechenden. Sie ist darum auch nicht als ‚Ergebnis' festzuhalten, sondern liegt unablösbar im Gespräch selber enthalten, in dem sich die Tiefen des Lebens auftun."

Als eine wesentlich in Sprache sich gründende Praxis zielt die Psychoanalyse weniger auf den historisch-objektiven Gehalt ihrer rekonstruktiven Deutungen. Wie W. Loch (1976) herausgestellt hat, geht ‚Wahrheit' hier letztlich mit der interpretativen und also (Lebens-)sinnstiftenden Gestalt der therapeutischen Beziehung ineins. Damit sind wir – ohne die „Not des Lebens" (Freud 1900a, S. 538) zu leugnen, als welche die Realität sich darstellt – ganz in die Immanenz des dialogischen Geschehens zurückverwiesen, „welches gleichzeitig ein reziprok bestätigtes Sein in der symbolischen Ordnung der Sprache bedeutet." (Loch 1976, S. 891)

Wenn sich die Dimension der Wahrheit erst dort eröffnet, wo wir dem Anderen in der Sprache begegnen, dann bedeutet dies umgekehrt, daß die Sprache auch alle Register der List, der Tarnung und der imaginären Verführung beinhaltet. Unsere Situation unterscheidet sich daher nicht prinzipiell von derjenigen des gefoppten Reisenden, von dem uns Freud in seiner Arbeit über den Witz berichtet:

„Zwei Juden treffen sich im Eisenbahnwagen einer galizischen Station. ‚Wohin fahrst du?' fragt der eine. ‚Nach Krakau', ist die Antwort. ‚Sieh' her, was du für ein Lügner bist', braust der andere auf. ‚Wenn du sagst, du fahrst nach Krakau, willst du doch, daß ich glauben soll, du fahrst nach Lemberg. Nun weiß ich aber, daß du wirklich fahrst nach Krakau. Also warum lügst du?'" (1905c, S. 109)

Im Gegensatz zur Finte des Tieres sind die Täuschungen der Sprache ungleich komplexer. Denn das Tier „legt keine Spur an, deren Täuschung darin bestehen würde, daß sie sich für die falsche ausgibt und in Wirklichkeit die richtige ist, das heißt die richtige Fährte anzeigt. Auch löscht es seine Spuren nicht, was nämlich für es bereits bedeuten würde, daß es sich zum Subjekt des Signifikanten macht."

Lacan (1960, S. 182) spielt hier auf die Shifterfunktion des „Ich" an, wie sie von der strukturalen Linguistik herausgearbeitet wurde (vgl. Jakobson 1957). Einerseits wird das „Ich" nämlich ganz durch den Kontext der Aussage expliziert, in die es eingebettet ist. Andererseits hat es teil an der Bewegung des Sprechens und verweist auf das Subjekt der Äußerung. Essentiell der sprachlichen Ordnung zugehörig, vereinigt das „Ich" auf diese Weise in sich eine Doppelstruktur, deren radikale Differenz im psychoanalytischen Diskurs wieder aufgebrochen wird („Was willst Du mir jenseits Deiner Aussage mitteilen?"): Als *Ich der Aussage* bestimmt es sich durch die signifikante Kette, deren Kombinatorik durch den sprachlichen Code vorgeschrieben wird. Als *Ich des Aussagens* knüpft es zugleich ein existentielles Band und bezeichnet das *Subjekt der Äußerung*. Beide Ichs sind jedoch nicht dasselbe: Das Bekenntnis „ich lüge" beispielsweise, das auf der Ebene der Aussage erscheint, verwandelt sich in ein „ich täusche dich", sobald wir es von der Bewegung des Sprechens, vom Subjekt der Äußerung her verstehen (vgl. Lacan 1964, S. 145 f.). Denn das Ich, das als Personalpronomen im „ich lüge" auftaucht, ist nur das Si(e)gel des Ich, das darin seine Absicht zu täuschen erklärt. Dieses zweite Ich, das Subjekt der Äußerung kann aber sprachlich nur ‚larviert' bezeichnet werden: „Das, was man ist", heißt es bei Kafka (1966, S. 343), „kann man nicht ausdrücken, denn dieses ist man eben; mitteilen kann man nur das, was man nicht ist, also die Lüge."

Im therapeutischen Sprechen geht es nun in einer besonderen Weise um jenen verborgenen Mitteilungscharakter der Sprache (vgl. Weiß 1985). Muß sich das Subjekt in den sprachlichen Zeichen entäußern, verliert es sich in seine Rede, „dann ermangelt es gerade jenes Signans, das es benennen und bedeuten könnte." (Lang 1973, S. 255) In der „Doppelnatur der Sprache" (Wyss 1976, S. 380 ff.) liegt es begründet, daß sie Subjektivität ebenso ermöglicht wie, aus sich selbst heraus, auch schon wieder verfremdet. Schon der Akt der Mitteilung bringt hier eine erste Differenz ins Spiel, die die Frage nach der Subjektivität des Sprechers in einem neuen Licht erscheinen läßt: Denn das Subjekt der Aussage entbirgt und verbirgt zugleich das Subjekt der Äußerung. Während das „ich lüge" vom Standpunkt der Aussagenlogik paradox bleibt – als Lüge setzt es die Wahrheit voraus, als Wahrheit wird es auf das Unwahre zurückgeworfen –, erschließt es im intersubjektiven Feld jenen Bereich möglicher Täuschung, die wir nun ihrerseits als Appell an die Wahrheit verstehen können. Freud wußte um diesen Zusammenhang. Er rückte die Wahrheit in den Horizont des Begehrens, wenn er von der *„Wahrheitsliebe"* spricht, auf die die Beziehung der Sprechenden sich gründet. Von ihr fordert er, daß sie „jeden Schein und Trug ausschließt" (1937c, S. 387). In manchen Fällen gewinnt er allerdings den Eindruck, „als hätte man, mit Polonius zu reden (Shakespeare, Hamlet; d. Verf.), den Wahrheitskarpfen gerade mit Hilfe des Lügenköders gefangen" (1937d, S. 399).

Sobald wir uns in ein Gespräch einlassen, sofern wir uns in der Sprache bewegen, befinden wir uns offenbar nicht mehr in der glücklichen Lage des Kleistschen Bären, der die Streiche seines Gegenüber souverän pariert und auf dessen Finten nicht einzugehen braucht, weil ihm dafür der Sinn abgeht: „auf Finten (was ihm kein Fechter der Welt nachmacht) ging er gar nicht einmal ein: Aug in Auge, als ob er meine Seele darin lesen könnte, stand er, (. . .) und wenn meine Stöße nicht ernsthaft gemeint waren, so rührte er sich nicht." (Kleist 1810-11, S. 321)

Auch wenn unser Schweigen, sofern es kein bloßer Stupor ist, auf diese Idealposition abzielt: es ist selbst sprachlich verfaßt. Seine möglicherweise entwaffnende Wirkung erzielt es doch nur als Echo auf ein Sprechen, das an eine Antwort appelliert und sei es um den Preis der Täuschung. Deshalb kann Freud dem Witz von den beiden Eisenbahnreisenden hinzufügen: „Der ernstere Gehalt dieses Witzes ist aber die Frage nach den Bedingungen der Wahrheit (. . .). Ist es Wahrheit, wenn man die Dinge so beschreibt, wie sie sind, und sich nicht darum kümmert, wie der Hörer das Gesagte auffassen wird? Oder ist dies nur jesuitische Wahrheit, und besteht die echte Wahrhaftigkeit nicht darin, auf den Zuhörer Rücksicht zu nehmen und ihm ein getreues Abbild seines eigenen Wissens zu vermitteln?" (1905c, S. 109)

Auf diesen Sachverhalt weist auch Gadamer (1957, S. 237) hin, wenn er die Wahrheit jenseits der Aussage in die Fragesituation zurückverlegt, der sie als Anrede entstammt und die sie als Antwort allererst begründet:

„Was wir in allem Bemühen um Wahrheit mit Erstaunen gewahren, ist, daß wir die Wahrheit nicht sagen können ohne Anrede, ohne Antwort (. . .). Das Erstaunlichste am Wesen der Sprache und des Gesprächs aber ist, (. . .) daß keiner von uns die ganze Wahrheit in seinem Meinen umfaßt, daß aber gleichwohl die ganze Wahrheit uns beide in unserem einzelnen Meinen umfassen kann."

Die Einsicht, daß ‚Wahrheit‘ immer aus einer kommunikativen Erfahrung hervorgeht, kann korrigierend wirken gegenüber einer Auffassung von Behandlungs-‚Technik‘, die Gefahr läuft, über den Dialog ein Netz von Regeln und Zwängen auszubreiten. Schließlich ist auch die Sprache der Psychoanalyse nicht davor gefeit, sich zu verfestigen, und das hieße, sich in einen Diskurs der Macht zu verwandeln. In diesem Augenblick aber gäbe sie ihre besten Intentionen preis und begegnete dann nur noch „als ein prekärer Sonderfall jener ‚Kommunikation', die heute im Verbalismus einer gewaltigen wissenschaftstechnischen Objektivation effektiv ist, und die es gerade erlaubt, die je eigene Geschichtlichkeit und den je eigenen Tod zu vergessen." (Lang 1975, S. 281) Dieser Gefahr können wir am ehesten begegnen, wenn wir uns auf die „konstituierende Funktion des Dialogs" (Schelling 1985, S. 62 ff.) zurückbesinnen.

Fassen wir das bisher ausgeführte noch einmal zusammen:

Der Blick auf die Konzeptionen R. Schafers, auf die Psychoanalyse-Interpretation A. Lorenzers, auf die philosophischen Kritiken J. Habermas' und P. Ricoeurs eröffnete eine Vielfalt von Perspektiven, unter denen die gegenwärtige Diskussion geführt wird, die aber darüber hinaus auch für die therapeutische Praxis relevant sind: Wie bewegt sich beispielsweise die Deutung im Spannungsfeld zwischen Einsicht und Veränderung? Wie kann die philosophische Sprachhermeneutik für das Verständnis des therapeutischen Prozesses fruchtbar gemacht werden? Läßt sich weiterhin an einem Bild des Analytikers festhalten, wie es die klassische Abstinenzregel unter Berufung auf die ‚Spiegelhaltung' festgeschrieben hat? Welche Bedeutung kommt der Erlebnissphäre des Therapeuten für die veränderte Selbstwahrnehmung des Patienten zu? Oder ist es gerade eine bestimmte Auffassung von Behandlungstechnik, die die volle Ausschöpfung des kommunikativen Raumes zwischen Analytiker und Analysand erschwert?

All diese Fragen sind in den letzten Jahren zum Teil kontrovers diskutiert worden. Im deutschen Sprachraum seien hier stellvertretend die Arbeiten von Cremerius (1984), Loch (1965a; 1972; 1975; 1986) und Thomä (1981; Thomä, Kächele 1986) genannt.

Als eine wesentlich in Sprache sich gründende Praxis erweist sich die Psychoanalyse als eine „‚Gesprächs'-Therapie eigener Prägung" (Teichmann 1983). Ihr geht es wesentlich darum, in den Bruchlinien und Fugen des Sprechens jene Tiefendimension der Sprache freizulegen, in der sich die Subjektivität des Sprechers als begehrende konstituiert (J. Lacan). Im Anschluß an P. Ricoeur versuchten wir aufzuzeigen, daß die theoretischen Begriffe der Psychoanalyse im Verhältnis zum dialogischen

Verlauf der hermeneutischen Beziehung nur eine relative Gültigkeit beanspruchen können. Denn alle Momente, die die Analyse dem Unbewußten zuschreibt, hängen in ihrer therapeutischen Relevanz letztlich davon ab, daß sie für einen Anderen signifikant sind. Insbesondere haben wir die These formuliert, daß das „Unbewußte" einen Bereich bildet, der nur deshalb interpretativ erschlossen werden kann, weil ihn zwei (oder mehrere) Menschen miteinander teilen. Dieser Sachverhalt relativiert jedes objektivierende Verstehen und bringt den therapeutischen Dialog in ein Spannungsverhältnis gegenüber den abstrakten Aussagen der Metapsychologie, von der Freud (1901b, S. 287 f.) noch gehofft hatte, sie werde eines Tages die Metaphysik ersetzen können.

Bei D. Wyss sind wir einer eigenständigen Konzeption begegnet, die den therapeutischen Prozeß genuin als Kommunikationserweiterung begreift: Der kommunikative Vollzug gewinnt hier Vorrang gegenüber dem erkennenden Verstehen. ‚Kommunikation' setzt aber eine intersubjektive Beziehung voraus, die sich von der Geschlossenheit einer ‚Objektbeziehung' unter anderem dadurch unterscheidet, daß sie die Differenz zum Anderen zu erschließen und zu bearbeiten hat.

Daß die Anerkennung des Anderen nur auf dem Feld des Sprechens und der Sprache geleistet werden kann, darauf haben wir im Anschluß an J. Lacan hingewiesen: Im Lesen der ‚Zeichen' konstituiert der Mensch seine Geschichte, in der symbolischen Ordnung der Sprache gewinnt er einen Zugang zum Anderen – und damit zu sich selbst. Eine solche Interpretation kann in den Texten Freuds sehr wohl eine Legitimation finden, ist es doch ein symptomgewordenes Sprechen, das die Analyse befreien will und ein zerbrochener Dialog, den sie wiederherzustellen trachtet.

Eben deshalb aber unterscheidet sich die Wahrheit, die im therapeutischen Gespräch zutage tritt, von der historisch-objektiven Wahrheit der Geschichtsschreibung. Sie erschöpft sich niemals in der formalen oder inhaltlichen Richtigkeit einer Deutung, sondern zielt auf ein evokatives Moment ab, das in einem Zu-Sprechen-Beginnen sich ankündigt. In gewisser Weise begegnet die Wahrheit deshalb gerade dort, wo sie am wenigsten erwartet wird, wo das Gespräch überraschende Wendungen nimmt, wo es eine eigene Sprache und einen eigenen ‚Sinn' hervortreten läßt, den keiner der Gesprächspartner für sich alleine hervorgebracht hat (H.-G. Gadamer). Der strukturalen Linguistik entlehnten wir den Begriff des „shifter" (R. Jakobson), um diesen verborgenen Mitteilungscharakter der Sprache aufzuzeigen. Er erlaubte uns, zwischen einem Subjekt der Aussage und einem Subjekt der Äußerung (J. Lacan) zu unterscheiden, das in der Aussage zugleich enthüllt und verborgen wird. Die Rhetorik der Äußerung kann durchaus etwas ganz anderes zur Geltung bringen als die Aussage selbst. Sie enthält insbesondere alle jene Sinneffekte, Verführungswirkungen des Sprechens, „Übertragungsanspielungen" (Gill 1982; Sandler und Sandler 1984), in deren Durchquerung das intersubjektive Feld zwischen Analytiker und Analysand sich strukturiert.

Mit dem Begriff der „Übertragung" hat die Psychoanalyse dem Umstand Rechnung getragen, daß die therapeutische Beziehung – wie auch das Leiden selbst – eine geschichtliche Dimension besitzt: „Wir wollen doch nicht vergessen", erklärt Freud (1916–1917, S. 427), „daß die Krankheit des Patienten (...) nichts Abgeschlossenes, Erstarrtes ist, sondern weiterwächst und ihre Entwicklung fortsetzt wie ein lebendes Wesen." In der Übertragung werden die zu Symptomen verfestigten, ehemals konflikthaften Regungen aus ihrer Erstarrung gelöst und in der Beziehung zum Therapeuten wieder kommunikativ erfahrbar. „Die Übertragung", schreibt Freud an anderer Stelle (1914g, S. 214), „schafft so ein Zwischenreich zwischen der Krankheit und dem Leben, durch welches sich der Übergang der ersteren zum letzteren vollzieht. Der neue Zustand hat alle Charaktere der Krankheit übernommen, aber er stellt eine artifizielle Krankheit dar, die überall unseren Eingriffen zugänglich ist. Er ist gleichzeitig ein Stück realen Erlebens, aber durch besonders günstige Bedingungen ermöglicht und von der Natur eines Provisoriums. Von den Wiederholungsreaktionen, die sich in der Übertragung zeigen, führen dann die bekannten Wege zur Erweckung der Erinnerungen, die sich nach Überwindung der Widerstände wie mühelos einstellen."

Dies darf nun aber nicht in einer Sichtweise verstanden werden, die die Übertragung ausschließlich zu einer Art neurotischen Mitgift des Patienten erklärt. Vielmehr handelt es sich von Anfang an um ein intersubjektives Phänomen, gewissermaßen um das strukturierende Prinzip der therapeutischen Beziehung. Benedetti (1980; zit. nach Schelling 1985, S. 68) sprach vom „Resonanzcharakter der Übertragung". Diesen Zusammenhang aufzuklären, wird ein Hauptanliegen der vorliegenden Untersuchung sein. Insbesondere werden wir zu zeigen haben, daß die Übertragung die Subjektivität des Therapeuten miteinschließt und daß sie nicht unabhängig von der kommunikativen Rede erfaßt und in ihrer Bedeutung gewürdigt werden kann.

Dort, wo die Übertragung in den Schriften Freuds auftaucht, begegnet sie in Zusammenhang mit dem Wunsch, der Liebe, den zärtlichen oder feindseligen Regungen des Patienten. Viel zu wenig ist beachtet worden, daß die Übertragung vor allem eine Manifestation der Liebe darstellt, daß sie – selbst in ihren sogenannten „negativen" Erscheinungsformen – im Horizont des Begehrens auftaucht. Ein erster Schritt kann folglich darin bestehen, Freuds Auffassung der Liebe zu befragen, besonders im Verhältnis zu jener Realität, die er den „Trieb" nennt. Dieser Aufgabe wollen wir uns im folgenden Kapitel zuwenden.

3. Objekt des Triebes – Subjekt der Begierde

Über die Dialektik in Freuds Auffassung der Liebe

3.1. *Trieb, Objekt, Not*

Wenn der Trieb für Freud stets als „*Grenzbegriff*" figuriert, dann zeigt dies bereits einen prekären Status an. Denn die Spur des Triebes hat in den Freudschen Texten einen komplizierten Verlauf: Bald verliert sie sich im Dunkel des Soma, um dann unvermittelt auf der psychischen Seite wiederaufzutauchen, bald bewegt sie sich auf eine reine Präsenz hin, die ihrerseits der Repräsentanz durch „Vorstellungen" bedarf; dann wieder läßt sie uns im Trieb dem „psychischen Repräsentanten organischer Mächte" (1911c, S. 196) begegnen. Dieses Schwanken kommt bei Freud (vgl. auch 1905d, S. 76; 1915c, S. 85; 1915e, S. 136) eigentlich nie zu einem Abschluß. Es läßt die Frage offen, ob der Trieb ein psychologisches Jenseits bewohnt, das sich dem Diskurs entzieht.

Zumindest wird uns eine solche Interpretation durch Freud selbst nahegelegt. Die Hauptcharaktere des Triebes, seine „Herkunft von Reizquellen im Innern des Organismus", sein „Auftreten als konstante Kraft", die „Unbezwingbarkeit durch Fluchtaktionen" bedürfen zu ihrer Erklärung offenbar Voraussetzungen „*biologischer* Natur": der Vorstellung vom Nervensystem als einem „Apparat, dem die Funktion erteilt ist, alle anlangenden Reize wieder zu beseitigen, auf möglichst niedriges Niveau herabzusetzen, oder der, wenn es nur möglich wäre, sich überhaupt reizlos erhalten wollte." (1915c, S. 84 f.) Und so wird dann das *Objekt* des Triebes als dasjenige definiert, „an welchem oder durch welches der Trieb sein Ziel erreichen kann." Freud (ebd. S. 86) erklärt hierzu: „Es ist das variabelste am Triebe, nicht ursprünglich mit ihm verknüpft, sondern ihm nur infolge seiner Eignung zur Ermöglichung der Befriedigung zugeordnet." Das *Ziel* des Triebes aber ist „allemal die Befriedigung, die nur durch Aufhebung des Reizzustandes an der Triebquelle erreicht werden kann." (Ebd.)

Ist das alles, was Freud über den Trieb zu sagen hat? Paßt also auf den Trieb das Bild vom wilden Tier, das – „*quaerens quem devoret*" – seine

Höhle verläßt, „wenn es gefunden hat, was es verschlingen kann?" (Lacan 1964, S. 174)

Für Heinz Hartmann jedenfalls galt es als ausgemacht, daß mit „der Betonung der Triebgrundlagen des Seelischen (. . .) gleichzeitig die biologische Richtung der Psychoanalyse" vorgegeben ist: „Triebe entsprechen primitiven biologischen Interessen (Selbsterhaltung, Arterhaltung). Sofern eine Triebpsychologie nicht im Phänomenologischen stecken bleibt, muß sie biologische Gesichtspunkte ihren Erklärungen zugrunde legen; denn der Triebbegriff, seine nähere Bestimmung und Unterteilungen führen immer wieder auf biologische Fragestellungen" (1927, S. 158 f.). Für diese Auffassung kann er bei Freud zahlreiche Belege angeben. Indes: Leistet der Rekurs auf die Biologie auch ein erschöpfendes Verständnis dessen, was Freud in seiner Vielgestaltigkeit „Liebe" nennt? Reicht die Plastizität der „Triebabkömmlinge" nicht über den Bodensatz naturwissenschaftlich gesicherter Erkenntnisse hinaus? Denn der Trieb selbst, daran läßt Freud keinen Zweifel, ist kein Gegenstand naturwissenschaftlicher Beobachtung. Was über ihn überhaupt in Erfahrung gebracht werden kann, muß an seinen Effekten, Äußerungen, an seinen psychischen Repräsentanten abgelesen werden. Da der Zugang zum Trieb also ein mittelbarer ist und eine Entzifferungsleistung erfordert, verschiebt sich die Perspektive: „Die Trieblehre", schreibt Freud (1933a, S. 529), „ist sozusagen unsere Mythologie. Die Triebe sind mythische Wesen, großartig in ihrer Unbestimmtheit." Ob Mythologie oder Utopie: Richten wir uns darauf ein, daß Freuds Anleihen bei der Biologie nur wenig hergeben hinsichtlich seiner Auffassung der Liebe.

Denn der Trieb erscheint bei ihm nie als reine Naturgröße, sondern immer nur in der „Verschlüsselung von Natur und symbolischer Wirklichkeit" (Schöpf 1982, S. 181): Schon allein das Angewiesensein auf „Objekte" (vgl. Loch 1981), die fundamentale „Zielgehemmtheit" der Triebe bewirken eine erste Ablenkung: Sie befähigen die Triebe zu Leistungen, „die weitab von ihren ursprünglichen Zielhandlungen liegen." (Freud 1915c, S. 89).

Wenn Freud an der Zwitterstruktur des Triebes festhält, wenn er ihn in grammatische Formen zerlegt (aktiv, passiv, reflexiv), dann erweist sich bereits, daß die Koordinaten, die er für das Feld des Triebes angegeben hat, auf eine andere Ordnung zielen: Die vier Bestimmungsstücke des Triebes – *Quelle, Drang, Ziel, Objekt* – gewinnen dann gerade nicht jene Objektivität von Naturkonstanten, kraft welcher sie den Trieb als biologische Realität fundieren könnten. Vielmehr erweist sich der Trieb mit seinem Eintritt in das menschliche Leben als bereits von diesem denaturiert (vgl. Pagel 1985, S. 62). Zwar schlägt Freud vor, den Triebreiz „Bedürfnis" zu nennen und „was dieses Bedürfnis aufhebt, (. . .) die ‚Befriedigung'." (1915c, S. 82) Aber bereits in dem Moment, in dem der Trieb an das Reale stößt, findet er sich vom direkten Weg der halluzinatorischen Befriedigung abgeschnitten und auf jenen Umweg gedrängt, der bei Freud (1900a, S. 538 ff.) die „Not des Lebens" heißt. Wenn am Augsgangspunkt der Dialektik des Triebes also die Unterscheidung von *Not* und *Bedürfnis* steht, „so geschieht dies deshalb, weil kein Objekt irgendwelcher Not imstande wäre den Trieb zu befriedigen." (Lacan 1964, S. 176) Denn anders als das *Bedürfnis,* das einsam bleibt und mit der Befriedigung zu seinem Ausgangsort zurückkehrt, ruft die *Not* den ‚hilfreichen Anderen' auf den Plan (vgl. Freud 1950a, S. 325 ff.): Was nach außen hin wie eine Abfuhraktion anmutet – das hilflose Schreien des Säuglings –, gewinnt so „die höchst wichtige Sekundärfunktion der *Verständigung*" (ebd. S. 326). Und wieder verwendet Freud das Wort „*Not*", wenn er schreibt: „Man könnte zur Not von einem Trieb aussagen, daß er das Objekt ‚*liebt*'" (1915c, S. 99; Hervorhebung d. Verf.). Mit dem Übergang vom *Bedürfnis* zur *Liebe* jedoch wird noch eine zweite, entscheidend wichtige Veränderung vollzogen: diejenige vom *bedürfnisbefriedigenden Objekt* zum *signifikanten Anderen.* Dieser erscheint zunächst in der Struktur des Leibes: im Ereignis der Nähe, in der Berührung (vgl. hierzu Merleau-Ponty 1945; Levinas 1967). Wyss (1980, S. 341) spricht deshalb vom „leibhaften Grund der Intersubjektivität".

3.2 *Liebe und Dialektik des Begehrens*

Bekanntlich nimmt die Psychoanalyse Freuds ein doppeltes „Schibboleth" für sich in Anspruch: einmal die Anerkennung der infantilen Sexualität in ihrer vorbildhaften Bedeutung für das gesamte Leben; zum anderen jene „kopernikanische Wende", die Freud selbst herbeiführte, indem er die Illusion eines sich selbst transparenten Bewußtseins zerstörte. An dessen Stelle setzte er jene unbewußten Gedanken, Triebregungen und Vorstellungsrepräsentanzen, die ihm oftmals den Vorwurf einbrachten, die humanspezifischen Werte durch die Konzeption eines *homo natura* zu unterminieren. Einerlei inwiefern eine solche Kritik in den Texten selbst eine Legitimation finden kann, halten wir zunächst die Parallele fest, auf der Freud selbst insistiert: Ebensowenig wie das Psychische mit dem Bewußten identisch ist, ebensowenig fällt die Sexualität mit der rein biologischen Fortpflanzungsfunktion, der Genitalität zusammen. „Ich sehe da eine nicht uninteressante Parallele. Während für die meisten ‚bewußt' und ‚psychisch' dasselbe ist, waren wir genötigt, eine Erweiterung des Begriffes ‚psychisch' vorzunehmen und ein Psychisches anzuerkennen, das nicht bewußt ist. Und ganz ähnlich ist es, wenn die anderen ‚sexuell' und ‚zur Fortpflanzung gehörig' (...) für identisch erklären, während wir nicht umhin können, ein ‚sexuell' gelten zu lassen, das nicht ‚genital' ist, nichts mit der Fortpflanzung zu tun hat." (1916–1917, S. 316 f.)

„Selbst in seinen Launen", schreibt Freud (1921c, S. 104), bleibt der Sprachgebrauch noch „irgendeiner Wirklichkeit treu", und so weiß er sich berechtigt, den Vorwurf des „Pansexualismus" unter Berufung auf eben diesen Sprachgebrauch zurückzuweisen: „Wir gebrauchen das Wort Sexualität in demselben umfassenden Sinne wie die deutsche Sprache das Wort ‚lieben'." (1910k, S. 137) Und an anderer Stelle heißt es: „Wir meinen also, daß die Sprache mit dem Wort ‚Liebe' in seinen vielfältigen Anwendungen eine durchaus berechtigte Zusammenfassung geschaffen hat und daß wir nichts besseres tun können, als dieselbe auch unseren wissenschaftlichen Erörterungen (...) zugrunde zu legen. Durch diesen Entschluß hat die Psychoanalyse einen Sturm von Entrüstung entfesselt, als ob sie sich einer frevelhaften Neuerung schuldig gemacht hätte. Und doch hat die Psychoanalyse mit dieser ‚erweiterten' Auffassung der Liebe nichts Originelles geschaffen. Der ‚Eros' des Philosophen Plato zeigt in seiner Herkunft, Leistung und Beziehung zur Geschlechtsliebe eine vollkommene Deckung mit der Liebeskraft, der Libido der Psychoanalyse (...), und wenn der Apostel Paulus in dem berühmten Brief an die Korinther die Liebe über alles andere preist, hat er sie gewiß im nämlichen ‚erweiterten' Sinn verstanden, woraus nur zu lernen ist, daß die Menschen ihre großen Denker nicht immer ernst nehmen, auch wenn sie sie angeblich sehr bewundern." (1921c, S. 85–86)

Indem Freud den natürlichen Sprachgebrauch wieder in seine Rechte einsetzt, weist er nicht nur das Ideal einer „reinen", asexuellen Liebe zurück, sondern gleichermaßen jede Auffassung, die das Phänomen Liebe in die Reiz-/Reaktionsschemata einer biologischen Instinktmatrix aufzulösen gedenkt. Doch damit nicht genug: „Man sieht sich so genötigt", schreibt Freud, „den Dichtern recht zu geben, die uns mit Vorliebe Personen schildern, welche lieben, ohne es zu wissen, oder die es nicht wissen, ob sie lieben, oder die zu hassen glauben, während sie lieben. Es scheint, daß gerade die Kunde, die unser Bewußtsein von unserem Liebesleben erhält, besonders leicht unvollständig, lückenhaft oder gefälscht sein kann." (1920a, S. 276)

Weit davon entfernt, sich mit dem Erfahrungshorizont unseres Bewußtseins zu decken, gibt sich die Liebe bei Freud zuallererst auf der Ebene einer unbewußten Intersubjektivität kund. Sie artikuliert sich dort als ein Begehren, das immer schon über das bewußte Subjekt verfügt, bevor es sich diesem noch irgendwie verrät. In Anlehnung an Hegel spricht J. Lacan (1960) von einer „Subversion des Subjekts" und einer „Dialektik des Begehrens im Freudschen Unbewußten". Er bringt damit zum Ausdruck, daß das menschliche Begehren seinem Ursprung und seiner Geschichtlichkeit nach auf ein Gegenüber hin verfaßt ist, von dem her es seine eigentliche Bestimmung erst erfährt. Wir werden auf diesen Gesichtspunkt im Zusammenhang mit der „Übertragungsliebe" noch zu sprechen kommen. Denn auch die „Übertragungsliebe" wird dem Therapeuten nicht einfach vom Patienten übergestülpt und nach korrekter Deutung, im Prozeß des „Durcharbeitens", wie eine alte Haut wieder von ihm abgestreift. Schließlich begegnen in ihr die gleichen Gefährdungen, Metamorphosen und Antinomien der Kommunikation wie in der Liebe überhaupt.

Für Freud ist es die biologische Hilflosigkeit des Säuglings, die aus einer elementaren Gefährdung heraus das Bedürfnis schafft, „geliebt zu werden, das den Menschen nicht mehr verlassen wird." (1926d, S. 293) Aber in dem Maße, in dem dieses Liebesverlangen auf die liebevolle Zuwendung des ‚hilfreichen Anderen' angewiesen ist, unterscheidet es sich bereits vom bloßen Bedürfnis eines animalischen Automaten. Während das *Bedürfnis* biologischer Natur ist und auf eine *reale* Befriedigungssituation abzielt, kennt das menschliche Verlangen keine spezifische Sättigung. Die Lücke, die sich hier auftut zwischen dem Bedürfnis einerseits und seiner möglichen Befriedigung andererseits, markiert den *Ort des Anderen*. Sie ist es, die die kommunikative Begegnung stiftet, von der Wyss (1976, S. 42) sagt, daß sie durch die „Unruhe des Mangels" in Bewegung gehalten wird. Sie ist es aber auch, die das Bedürfnis verwandelt in den sprachlich artikulierten Wunsch. Von diesem Augenblick an schlägt das Bedürfnis um in Anspruch auf den Anderen, auf seine Nähe und Zuwendung, auf seine Anwesenheit und Abwesenheit. Und weil der Bezug, den der Liebesanspruch zum Anderen herstellt, einerseits ein Verständigtsein, andererseits aber eben darum auch einen nicht aufhebbaren Abstand zu diesem herstellt, verfehlt er ihn in seiner totalen Präsenz. „So findet sich bei Freud, statt der Skizzierung eines Instinktschematismus, eher die Idee einer Sehnsucht, die den Menschen an ein ursprünglich Verlorenes fesselt." (Lang 1973, S. 224) Auch der absolute Anspruch an die Liebe des Anderen, die kannibalische „Gier der kindlichen Libido" (Freud 1931b, S. 283) vermag diesen Mangel nicht aus der Welt zu schaffen. Denn der Begehrende trifft nicht nur auf ein Objekt, sondern auf ein seinerseits begehrendes Objekt. Anders als das Bedürfnis, das im Befriedigungserlebnis verschwindet, sättigt das Begehrenswerte „nicht das Begehren, sondern vertieft es, es nährt mich in gewisser Weise mit neuem Hunger." (Lévinas 1963, S. 220) Mit dem Aufklaffen des Begehrens tritt das Bedürfnis in jenen Hiatus ein, der die Bewegung von Mangel und Stillung, von Einheit und Spaltung im Subjekt unterhält, dadurch, daß es fortan nicht mehr „bei sich selbst, sondern nur über den Anderen ein Selbst zu sein vermag" (Wyss 1976, S. 181). Deshalb betrifft die Unwissenheit des Menschen in Hinblick auf sein Begehren auch weniger das, was er beansprucht, als vielmehr den exzentrischen Ort, von dem aus er begehrt. Für Lacan (1960, S. 190) folgt daraus, „daß das Begehren des Menschen das Begehren des Andern ist, wobei (...) das ‚des' in dem

Sinn zu nehmen ist, den die Grammatiker subjektiv nennen, d.h. daß der Mensch als Anderer begehrt (worin die wahre Tragweite der menschlichen Leidenschaft liegt)." Diese dialektische Entfaltung des Begehrens unterscheidet sich von einem Liebesanspruch, der dem Anderen komplementär zu erfüllen aufgibt, was man selbst nicht hat. Denn das Begehren ist weder „Appetit auf Befriedigung, noch Anspruch auf Liebe, sondern vielmehr die Differenz, die entsteht aus der Subtraktion des ersten vom zweiten, ja das Phänomen ihrer Spaltung selbst." (Lacan 1958b, S. 127)

Es ist Freud nicht entgangen, daß in der Unbedingtheit des Liebesverlangens selbst etwas liegt, daß der Brechung durch die Begierde des Anderen zu entschlüpfen trachtet. Denn das Streben der Liebenden nach „totaler Kommunikation" (Wyss 1975, S. 41 ff.) legt um den Mangel eine imaginäre Hülle: duale Faszination, die im Liebesanspruch mit dem Anderen verschmelzen möchte und daher ein Stück Wahn gebiert. Insofern die Liebe durch ihren Absolutheitsanspruch den Anderen in seinem Anderssein leugnet, ist sie dem Haß nicht ganz unähnlich, der die ursprüngliche Mangelerfahrung in der Vernichtungsdrohung negativiert. Diese innige Verlötung von Liebe und Haß findet Freud durch die klinische Erfahrung bestätigt. Sie lehrt, „daß der Haß nicht nur der unerwartet regelmäßige Begleiter der Liebe ist (Ambivalenz), nicht nur häufig ihr Vorläufer in menschlichen Beziehungen, sondern auch, daß Haß sich unter mancherlei Verhältnissen in Liebe und Liebe in Haß verwandelt." (1923b, S. 309) Daher kann Freud für seine Trieblehre die Patenschaft des Empedokles in Anspruch nehmen, welcher in Liebe und Streit die beiden gegensätzlichen Prinzipien des Lebens erkannte: „Die beiden Grundprinzipien des Empedokles – φιλία und νεῖκος – sind dem Namen wie der Funktion nach das gleiche wie unsere beiden Urtriebe *Eros* und *Destruktion*, der eine bemüht, das Vorhandene zu immer größeren Einheiten zusammenzufassen, der andere, diese Vereinigungen aufzulösen und die durch sie entstandenen Gebilde zu zerstören." (Freud 1937c, S. 386)

Halten wir also fest, daß Freud für die Wörter „Liebe" und „Sexualität" einen gleich umfassenden Bedeutungsgehalt veranschlagt, daß er in der Liebe ein universales Streben anerkennt, welches sich weder auf ein ideelles Prinzip noch auf einen Instinktmechanismus reduzieren läßt, und daß er das Phänomen Liebe vor jeder Bewußtwerdung in einer intersubjektiven Dialektik des Begehrens situiert. Ein Begehren, das um die gefährdete Einheitserfahrung des Menschen zentriert ist und dessen Persistenz sowohl in der Liebe als auch im Haß bis zu einem gewissen Grad geleugnet wird.

So erscheint die Liebe bei Freud nie in einer ungebrochenen Positivität, da sie den Mangel, den aufzuheben sie angetreten ist, immer wieder neu ins Spiel bringt (vgl. Lang 1973, S. 217 ff.; Wyss 1976). Daher rührt auch Freuds tief verwurzelte Skepsis gegenüber den religiösen Tröstungen und einer zum ethischen Imperativ erhobenen Liebesforderung: „eine so großartige Inflation der Liebe kann nur deren Wert herabsetzen, nicht die Not beseitigen." (1930a, S. 268) Gegenstand der Freudschen Betrachtung ist also weniger die Chance auf eine definitive Befriedigung als vielmehr das beständige Oszillieren des Begehrens zwischen Liebe und Haß, zwischen Lieben und Geliebtwerden, zwischen dem Ich und dem Anderen. Dies sind – etwas verkürzt wiedergegeben – die „drei Polaritäten" des Seelenlebens, die er in seiner Abhandlung über „Triebe und Triebschicksale" (1915c, S. 96 ff.) aufstellt. Sie gehen im Laufe der kindlichen Entwicklung „die bedeutsamsten Verknüpfungen miteinander ein" (ebd. S. 97), von denen der „primäre Narzißmus", das orale „Sicheinverleiben oder Fressen" und der sadistisch gefärbte „Bemächtigungsdrang" nur die ersten, wichtigen Stationen festlegen: „Die Entstehungs- und Beziehungsgeschichte der Liebe macht es uns verständlich, daß sie so häufig ‚ambivalent' (. . .) auftritt." (Ebd. S. 101) Im Gegensatz zum Bedürfnis, das ganz dem Augenblick verhaftet bleibt, spricht Freud von geschichtlichen Gestalten der Liebe, von Trieb-Schicksalen. So weiß er sich berechtigt, den Spuren der Liebe auch dort nachzuforschen, wo sie sich nicht oder nur entstellt zeigt. Über die sexuellen Perversionen heißt es in den „Drei Abhandlungen zur Sexualtheorie": „Die Allgewalt der Liebe zeigt sich vielleicht nirgends deutlicher als in diesen ihren Verirrungen" (1905d, S. 71). Und in seiner Abhandlung über den Fetischismus (1927e) erwähnt Freud den Fall eines jungen Mannes, der uns nebenbei einen interessanten Einblick in das Verhältnis von Sprache und Symptombildung gewährt: Die merkwürdige Liebesbedingung – ein bestimmter Glanz auf der Nase des geliebten Wesens – erwies sich hier als der vergessene Niederschlag des in der Vergangenheit einst Erspähten. Die Analyse verdankte die Aufklärung dieses Zusammenhangs dem besonderen Umstand, „daß der Patient eine englische Kinderstube gehabt hatte, dann aber nach Deutschland gekommen war, wo er seine Muttersprache fast vollkommen vergaß. Der aus den ersten Kinderzeiten stammende Fetisch war nicht deutsch, sondern englisch zu lesen, der ‚Glanz auf der Nase‘ war eigentlich ein ‚Blick auf die Nase‘ (*glance* = Blick), die Nase war also der Fetisch, dem er übrigens nach Belieben jenes besondere Glanzlicht verlieh, das andere nicht wahrnehmen konnten." (Ebd. S. 383)

Beim Zwangskranken wird Freud Zeuge der labyrinthischen Verstrickung, die Liebe und Haß miteinander eingegangen sind (vgl. auch Freud 1909d, S. 53 f., 94 ff; 1915c, S. 95 f.; 1920g, S. 262 f.; 1923b, S. 309 f., 320 f.; 1931b, S. 284). Aber auch in den „Hieroglyphen der Hysterie", den „Wappen der Phobie" (Lacan 1953, S. 122), in der Angstkrankheit und den „Narben des Narzißmus" (Freud 1920g, S. 230) vernimmt er noch den fernen Nachklang eines nicht eingestandenen Liebesverlangens. Schließlich verweist Freud auf ein Ausschlußverhältnis, das für manche seiner neurotisch Kranken geradezu typisch ist: „Wo sie lieben, begehren sie nicht, und wo sie begehren, können sie nicht lieben." (1912d, S. 202)

Wir brauchen hier nicht ausführlicher auf die mannigfaltigen symbolischen Verkleidungen der Liebe einzugehen, die aufgewiesen zu haben, ein wesentliches Verdienst des Freudschen Œuvres ist. Wie wir zu zeigen versuchten, interpretiert Freud die Liebe aus der ursprünglichen Mangelerfahrung des Menschen heraus, die ihm wie ein Stigma anhaftet und die seinem Begehren eine „perverse" Unersättlichkeit verleiht. Von daher bleibt die Liebe für immer eingebettet in eine Dialektik von Anwesenheit und Abwesenheit, die sich auch durch das Befriedigungserlebnis hindurch perpetuiert. Ein Beispiel wäre die Anorexie: „Gerade das Kind, das man mit dem höchsten Maß an Liebe nährt, verweigert die Nahrung und spielt mit seiner Weigerung wie mit einem Begehren" (Lacan 1958a, S. 219). Ein anderes Indiz dafür ist das Schmerzgefühl, das gerade die heftigste Verliebtheit regelmäßig begleitet (vgl. Freud 1921c, S. 106). Hieraus wird aber auch verständlich, warum der Narzißmus letztlich scheitern muß bei dem Versuch, das Begehren auf das eigene Ich zurückzuwenden und im passiven Geliebtwerden den Urzustand einer glücklichen Liebe wiederherzustellen (vgl. Freud 1914c, S. 65 f.). Denn – so heißt es in der Narzißmusstudie Freuds (ebd. S. 52) – „endlich muß man beginnen zu lieben, um nicht krank zu werden, und muß erkranken, wo man infolge Versagung nicht lieben kann."

So bleibt für Freud die Liebe gemeinsam mit der „Not des Lebens" die große Lehrmeisterin unserer Erfahrungen (vgl. Freud 1916d, S. 232): „Niemals sind wir ungeschützter gegen das Leiden, als wenn wir lieben, niemals hilfloser unglücklich, als wenn wir das geliebte Objekt oder seine Liebe verloren haben." (1930a, S. 214) Schließlich verdankt auch die psychoanalytische Therapie einen guten Teil ihres Erfolges der Liebesfähigkeit, die sie gegen die Erkrankung mobilisiert. Ist doch die Behandlungssituation selbst Ausdruck einer Gemeinschaft, welche Liebe bedeuten kann, und bedient sich der Arzt, wie Freud sagt, „bei seinem Erziehungswerk irgendeiner Komponente der Liebe." (1916d, S. 232) Indem er den in der Lebensgeschichte verschütteten und abgebogenen Spuren des Begehrens nachforscht, wird er zu jenem „wirksamen anderen" (ebd.), auf den der Patient seine verlorengegangene Liebesfähigkeit überträgt. In der „Übertragungsliebe" auf den Arzt darf wieder lebendig werden, was durch die Verdrängung bis zur Unkenntlichkeit sedimentiert und entstellt worden ist. „In einem Liebesrezidiv", heißt es bei Freud (1907a, S. 80), „vollzieht sich der Prozeß der Genesung, wenn wir alle die mannigfaltigen Komponenten des Sexualtriebes als ‚Liebe' zusammenfassen, und dieses Rezidiv ist unerläßlich, denn die Symptome, wegen derer die Behandlung unternommen wurde, sind nichts anderes als Niederschläge früherer Verdrängungs- und Wiederkehrkämpfe und können nur von einer Hochflut der nämlichen Leidenschaften gelöst und weggeschwemmt werden. Jede psychoanalytische Behandlung ist ein Versuch, verdrängte Liebe zu befreien, die in einem Symptom einen kümmerlichen Kompromißausweg gefunden hatte."

3.3. *Die Doppelgestalt der Übertragungsliebe*

So wie Freud den therapeutischen Prozeß verstanden hat, umschreibt das Phänomen der „Übertragungsliebe" zunächst den Umstand, daß die in der Behandlung „wiedererweckte Leidenschaft, sei sie Liebe oder Haß, jedesmal die Person des Arztes zu ihrem Objekte wählt." (1907a, S. 81) Die Psychoanalyse sieht in ihr vorrangig eine Neuauflage früherer „Verdrängungs- und Wiederkehrkämpfe", die nun aber einem glücklicheren Ausgang zugeführt werden sollen. Dieser besteht vor allem in der Arbeit der Bewußtwerdung: Gerade weil in der Therapie das verdrängte Begehren in seiner Geschichtlichkeit zur Sprache gebracht werden soll, damit erinnert werden *kann* und nicht nur wiederholt werden *muß*, darf der Analytiker die Übertragungsliebe des Patienten nicht einfach erwidern. Er soll ihr vielmehr Raum lassen, um jene historische Leistung der *Anerkennung* zu vollziehen. Deshalb mahnt Freud, der Analytiker dürfe mit dem Patienten „nicht die Szene des Hundewettrennens (. . .) aufführen, bei dem ein Kranz von Würsten als Preis ausgesetzt ist und das ein Spaßvogel verdirbt, indem er eine einzelne Wurst in die Rennbahn wirft." (1915a, S. 229) Für den Arzt vereinigen sich hier „ethische Motive mit den technischen, um ihn von der Liebesgewährung an die Kranke zurückzuhalten." (Ebd. S. 228) Tut er es dennoch, läßt er sich hineinziehen in einen Strudel imaginärer Identifikationen, dann gerät er leicht in die fatale Lage jenes Pastors, von dem Freud (ebd. S. 225) die folgende Anekdote berichtet: „Zu dem ungläubigen und schwerkranken Versicherungsagenten wird auf Betreiben der Angehörigen ein frommer Mann gebracht, der ihn vor seinem Tode bekehren soll. Die Unterhaltung dauert so lange, daß die Wartenden Hoffnung schöpfen. Endlich öffnet sich die Tür des Krankenzimmers. Der Ungläubige ist nicht bekehrt worden, aber der Pastor geht versichert weg."

Freilich: „Man hat kein Anrecht, der in der analytischen Behandlung zutage tretenden Verliebtheit den Charakter einer ‚echten' Liebe abzustreiten." Die Züge, die sie auszeichnen, die Rücksichtslosigkeit gegenüber der Realität, die Unbekümmertheit um die Konsequenzen und maßlose „Schätzung der geliebten Person", sind es ja gerade, die „das Wesentliche einer Verliebtheit ausmachen." (Ebd. S. 228) Und doch ist es auch ein Stück „Widerstand", das sich so als Liebe drapiert: Auf dem Höhepunkt der Verliebtheit bringt diese den Arzt „in die Situation der sogenannten ‚Zwickmühle‘ (. . .). Denn wenn er ablehne, wozu seine Pflicht und sein Verständnis ihn nötigen, werde sie die Verschmähte spielen können und sich dann aus Rachsucht und Erbitterung der Heilung durch ihn entziehen, wie jetzt infolge der angeblichen Verliebtheit." (Ebd. S. 227)

Den „Widerstand" bezieht Freud auf den therapeutischen Prozeß selbst: Was nach Wiederholung drängt, widerstrebt offenbar der Erinnerung und setzt „sich durchwegs aus Wiederholungen und Abklatschen früherer, auch infantiler Reaktionen" zusammen. Man macht sich also „anheischig, dies durch die detaillierte Analyse des Liebesverhaltens (. . .) zu erweisen", und erhofft sich dadurch, „die schwierige Situation zu überwinden und entweder mit einer ermäßigten oder mit der ‚umgeworfenen‘ Verliebtheit die Arbeit fortzusetzen, deren Ziel dann die Aufdeckung der infantilen Objektwahl und der sie umspinnenden Phantasien ist." (Ebd.) Gelingt dies, dann erweist sich der „Widerstand" in der Behandlungssituation als das dynamische Äquivalent der Abwehr, die zur Verdrängung des einst Peinlichen geführt hat. So gelangt Freud zu dem Schluß, daß die Übertragung gerade deshalb vor allen anderen Einfällen zum Bewußtsein durchdringt, „*weil* sie auch dem Widerstande Genüge tut." (1912b, S. 163) Und trotzdem muß er eingestehen, daß dies nur die halbe Wahrheit ist: Wenn der „Anteil des Widerstandes an der Übertragungsliebe" auch „unbestreitbar und sehr beträchtlich" ist, so hat „der Widerstand (. . .) diese Liebe doch nicht geschaffen, er findet sie vor, bedient sich ihrer und übertreibt ihre Äußerungen. Die Echtheit des Phänomens wird auch durch den Widerstand nicht entkräftet." (1915a, S. 227)

Wir meinen nun, daß sich in diesem Zusammenhang auch die Frage nach der „Echtheit" des Analytikers stellt. Denn er steht nicht außerhalb. Ihm begegnen „Übertragung" und „Widerstand" ja nicht als objektivierbare Verhaltensmerkmale auf seiten des Patienten, sondern als Sinneffekte eines Sprechens, dessen Gegenpart er übernommen hat. Da sich seine Subjektivität nicht grundsätzlich von derjenigen des Patienten unterscheidet, wird der Analytiker in der „Übertragungsliebe" auch mit seinem eigenen Begehren konfrontiert.

Freud selbst hat immer wieder darauf hingewiesen, daß „Übertragung" und „Widerstand" an die kommunikative Erfahrung des Gesprächs geknüpft sind. Er schreibt zum Beispiel: „Es ist doch eine beliebig oft zu machende Erfahrung, daß, wenn die freien Assoziationen eines Patienten versagen, jedesmal die Stockung beseitigt werden kann durch die Versicherung, er stehe jetzt unter der Herrschaft eines Einfalles, der sich mit der Person des Arztes oder etwas zu ihm Gehörigen beschäftigt." (1912b, S. 161) In dieser „Stockung", in diesem Zaudern und Straucheln, können wir ergänzen, gewinnt der Dialog eine neue Dimension. Denn in diesem Moment erscheint das begehrende Subjekt und entdeckt seine Rede umgarnt von Einfällen, „Gedanken" und Gefühlsregungen, die sich auf den signifikanten Anderen beziehen und die auszusprechen es noch zögert. Damit ist aber auch schon gesagt, daß die Übertragung sich nicht in einer „Bedürfniswiederholung" erschöpft, die dann ihrerseits nichts anderes wäre als der Ausdruck eines „Wiederholungsbedürfnisses" (zu dieser Unterscheidung vgl. Lagache 1952). Vielmehr erschließt das Sprechen in der Übertragung zugleich eine symbolische Dimension, die ihm die Reintegration seiner Geschichte erlaubt. Und genau dies ist der erste Sinn, den Freud in seiner „Traumdeutung" (1900a, S. 536 f.) dem Begriff der Übertragung angedeihen läßt: die „Verwebung" des (unbewußten) Wunsches mit einem „rezenten Eindruck", seine „Anheftung" an die „Tagesreste", kurzum die Notwendigkeit, das Indifferente mit Bedeutung aufzuladen, den Traumtext zu strukturieren.

Gehen wir nun noch einmal auf die Unterscheidung zwischen *Anspruch* und *Begehren* zurück und versuchen wir, das Übertragungsphänomen von daher zu verstehen. Die Übertragungsliebe hat als solche ein Doppelgesicht: Sie öffnet die Fensterläden einen Spalt weit und verschließt diesen Spalt schon im nächsten Moment durch den Sog des Liebesanspruchs (Öffnen und Schließen des Unbewußten). Als „Repräsentant des Anderen" (Freud 1950a, S. 256) nimmt der Analytiker in ihr jenen Platz ein, von dem aus das Subjekt begehrt. Er hält jenen Ort besetzt, den das Aufklaffen des Begehrens markiert beim Anderen, und gerät in den Sog des Anspruchs, der das „angesaugte" Objekt benutzt, um die Lücke, die eben noch auf war, wieder zu schließen (vgl. das Bild der *Fischreuse* bei Lacan 1964, S. 150 ff., auf das wir weiter unten noch eingehen werden). Was hier wiederkehrt in der Doppelgestalt der Übertragungsliebe, was sich auftut in der Differenz zwischen dem Bedürfnis einerseits und dem Anspruch auf mögliche Befriedigung andererseits, haben wir eingangs als „Dialektik des Begehrens" beschrieben: So wie das Bedürfnis sich entäußern muß und in den sprachlich artikulierten Wunsch übergeht, wie der Liebesanspruch sich gebrochen erweist durch die Begierde des Anderen, so gewinnt auch die Übertragung einzig Sinn in der Beziehung zum Anderen, durch welchen sich das Subjekt selbst zum Anderen wird (vgl. Wyss 1980, S. 363 ff.). Im Widerstandscharakter der Übertragung begegnet insofern die imaginäre Struktur der Liebe überhaupt, ihr Anspruch auf völlige Identifizierung und Verschmelzung mit dem Anderen. Gerade die von der Narzißmustheorie beschriebenen Formen der „idealisierenden" und „Spiegel-Übertragung" (Kohut 1971) betonen dieses imaginäre Moment. So gesehen besteht der Sinn der „Abstinenzhaltung" und die Leistung der „Deutung" eben darin, die imaginäre Verzauberung wieder aufzulösen und die subjektive Begehrensstruktur herauszuarbeiten. Dem Wunsch seine imaginäre Erfüllung verweigern – das heißt aber nicht, ihn unbeantwortet zu lassen. Vergessen wir auch nicht, daß die Übertragung kein einseitiger Vorgang ist, der dem Analytiker wie etwas Fremdes begegnet und von ihm nach Belieben „gehandhabt" werden kann. Auch auf dieser Seite gibt es wahrscheinlich viel weniger Willkür als wir uns eingestehen möchten. Was sich der Deutung anbietet, ja was die Deutung allererst ermöglicht, ist jeweils die intersubjektive Konstitution der Begierde, das heißt die wechselseitige Verschränkung von „Übertragung" und „Gegenübertragung" (Loch 1985). Hier gewinnt der Satz seinen vollen Sinn, daß das menschliche Begehren auf ein Gegenüber hin verfaßt ist, von dem her es seine eigentliche Bestimmung erst erfährt. Deshalb sind Übertragungsdeutungen in erster Linie Beziehungsdeutungen und erst in zweiter Linie rekonstruktive Vergangenheitsdeutungen (vgl. Sandler und Sandler 1984). Die imaginäre Verdoppelung auflösen, die trunkene Vollkommenheit des geliebten Wesens zu befragen, bedeutet daher zugleich die Übertragung als *historische Phantasie* anzuerkennen und das Subjekt mit seinem Begehren zu versöhnen. Genau an dieser Stelle setzt die Funktion des Sprechens und der Sprache ein, indem es dafür sorgt, daß der „Diskurs der Liebe" nicht lediglich ein „Schwarm von Figuren" (Barthes 1977, S. 50) bleibt, dazu bestimmt, sich im Taumel des Zufalls zu verlieren. In die Betörung der Liebe wirft der erste Signifikant „jetzt Falten wie die Erbse unter den zwanzig Matratzen der Prinzessin; wie der Tagesrest, der in den Traum ausschwärmt, wird er zum Unternehmer des Diskurses der Liebe, der sich dank des Kapitals des Imaginären bereichert." (Ebd. S. 53)

Was R. Barthes hier in poetischen Worten zum Ausdruck bringt, hat D. Wyss (1975) als dialektische Notwendigkeit beschrieben, aus dem „kreativen Wahn" der Liebe, aus der Sehnsucht nach Aufhebung des Mangelleidens erneut in Kommunikation überzugehen. Nicht in der Faszination des (Liebes-) Objekts zu erstarren, bedeutet dann, die Anerkennung des Anderen zu leisten, die Flüchtigkeit des Augenblicks in eine ‚Liebes-Geschichte' zu transponieren. Erinnern wir uns, was Freud (1950a, S. 325 ff.) über „die höchst wichtige Sekundärfunktion der *Verständigung*" gesagt hat: Sie ist es, die den Trieb dazu zwingt, sein Objekt zu „lieben" – und, wie wir jetzt hinzufügen können, es als den Anderen zu erschließen.

Die psychoanalytische Entwicklungspsychologie hat nun zahlreiche Belege dafür gefunden, daß ‚Kommunikation', Symbolbildung und Zeichenstiftung parallel zu den frühkindlichen Trennungserfahrungen entfaltet werden. Die Sprache wird so in einen Raum der signifikanten Abwesenheit hinein geboren, und es ist das Sprechen selbst, das dieser Abwesenheit den Sinn einer *Not* auferlegt. R. A. Spitz (1956) hat das Phänomen der Übertragung in Zusammenhang mit dem frühkindlichen Individuations- und Separationsprozeß zu deuten versucht. Wir werden also gut daran tun, auf diese Interpretationen einzugehen, bevor wir erneut auf die Übertragung zurückkommen. Dies soll in den folgenden Abschnitten am Beispiel der Konzeptionen R. A. Spitz', D. W. Winnicotts und J. Lacans versucht werden.

4. Frühformen des Dialogs (R. A. Spitz)

4.1. Die Ursprünge der menschlichen Kommunikation

In seinen Arbeiten „Die Entstehung der ersten Objektbeziehungen" (1954), „Die Urhöhle" (1955), „Vom Säugling zum Kleinkind" (1965) sowie besonders in seinen Untersuchungen über „Nein und Ja" (1957) und den „Dialog" (1963a,b; 1964) hat R. A. Spitz seine Beobachtungen über die frühe und früheste psychische Entwicklung zu einer Theorie der Mutter-Kind-Beziehung zusammengefaßt. Seine Befunde berühren sich teilweise mit denjenigen Piagets (1947; 1950) zu den Anfängen der sensomotorischen und kognitiven Entwicklung (vgl. hierzu Cobliner 1965). Wir werden uns im folgenden weniger mit den empirischen Belegen befassen, die Spitz zur Stützung seiner Thesen vorlegt als vielmehr mit jener besonderen Reziprozität im Verhältnis zwischen Mutter und Kind, in der der Autor die Ursprünge der menschlichen Kommunikation erkennt. Diese bildet im Sinne Spitz' die Matrix für alle Identifikationsprozesse und späteren sozialen Erfahrungen ebenso wie für die symbolvermittelte Beziehung zum Anderen und zur Welt, für den ‚Gebrauch' der sprachlichen Zeichen und ineins damit für die Entstehung des Selbst. Für den Zeitabschnitt von der Geburt bis zum 18. Lebensmonat unterscheidet Spitz drei Phasen, an deren Ende die „Erwerbung der Symbolfunktion" sowie die Errichtung einer gerichteten, sprachlichen Kommunikation zwischen Mutter und Kind stehen.

In bezug auf eine erste Phase, die er zeitlich bis zum Ende des dritten Lebensmonats ansetzt, spricht Spitz von einem „objektlosen Stadium", in dem Ich und Nicht-Ich noch ungeschieden, Selbst und Nicht-Selbst, Perzepte und Empfindungen noch nicht voneinander zu trennen sind: „Noch scheint nichts von einem Objekt oder einer Objektbeziehung zu existieren." (1956, S. 68) Aber bereits gegen Ende des zweiten Lebensmonats „erhält der Mitmensch eine einzigartige Stellung unter den ‚Dingen' in der Umwelt des Säuglings" (1954, S. 21): Der Säugling vermag nun das Herannahen eines anderen Menschen optisch wahrzunehmen, und schon wenig später antwortet er auf den Anblick des menschlichen Gesichtes mit einem *Lächeln*. Spitz nennt diese Reaktion „*The Smiling Response*" (1946, zit. nach Spitz 1954). Da das Lächeln unabhängig von der Anwesenheit einer *bestimmten* Person beobachtet werden kann, spricht Spitz von einem „*Objekt-Vorläufer*". In Anlehnung an die Embryologie sieht er im Auftreten der „Objekt-Vorläufer" einen „*ersten Organisator*", das heißt ein äußeres Anzeichen dafür, daß ab einem gewissen Zeitpunkt verschiedene Entwicklungstendenzen „bündelartig zusammengefaßt wurden und von nun ab eine neue Organisation auf (...) höherem Niveau bilden." (1954, S. 33) Die Bedeutung der verschiedenen optischen, taktilen und lautlichen „Objekt-Vorläufer" liegt vor allem darin, daß sie aus dem „Chaos sinnloser Dinge", die das Kind umgeben, ein Element heraussondern, „das fortschreitend sinnerfüllt werden wird." (Ebd. S. 26) Wir können auch sagen, daß es sich hierbei um die ersten Konturen des Anderen handelt, die in engem Zusammenhang mit Mangel- und Befriedigungserlebnissen, mit der schützenden Nähe und Geborgenheit der Bezugsperson aufscheinen. Die theoretischen Schlußfolgerungen, die Spitz aus dem Auftreten der „Objekt-Vorläufer" zieht – die Niederlegung bewußter Gedächtnisspuren, die Herausbildung eines „rudimentären Ich", der Übergang vom „primären Narzißmus" zur „Objektlibido" –, brauchen uns hier nicht näher zu beschäftigen. Von Wichtigkeit scheint jedoch, daß schon für die Ausbildung der allerfrühesten kindlichen Verhaltensweisen der Zuwendung der Mutter eine entscheidende Bedeutung zukommt. So spricht Spitz von der „blickerwidernden Reaktion des Lächelns" oder vom „Zärtlichkeitsgefühl" der Mutter, das diese dazu befähigt, „dem Kind eine ganze Erlebniswelt zu eröffnen." (Ebd. S. 27) Er nimmt einen „zirkulären Prozeß" zwischen Mutter und Kind an, der in seiner Virtualität wesentlich unbewußt bleibt und alle weiteren Differenzierungen begleitet.

Diese führen in einem zweiten Schritt zur *Wahrnehmung des Anderen als einer bestimmten Person*, das heißt zur Etablierung der vollgültigen „Objektbeziehung". Sie wird durch die bedeutungskonstituierende, wechselseitige Resonanz der Mutter-Kind-Beziehung allmählich entfaltet. Ihren nach außen hin sichtbarsten Ausdruck findet sie in der von Spitz (1950, zit. nach Spitz 1954) beschriebenen „*Achtmonatsangst*". Die Achtmonatsangst bildet in gewisser Hinsicht das Gegenstück zum sozialen Lächeln am Ende des dritten Lebensmonats: Vor allem in Abwesenheit der Mutter zeigt sich der Säugling jetzt durch die Annäherung eines Fremden beunruhigt, wendet sich ab, beginnt zu weinen oder zeigt andere, charakteristische Angstmanifestationen. Bedeutete das Dreimonatslächeln, „daß das Kind eine menschliche Person erkennt und eine neue Stufe der Entwicklung beschritten hat" (1954, S. 49), dann ist die Achtmonatsangst Anzeige dafür, daß die Mutter „in diesem Alter bereits zu einer wirklichen Person (...) geworden ist." (Ebd. S. 48) Die Unterscheidung von Vertrautem und Fremdem, von Anwesenheit und Abwesenheit, des Einen vom Anderen hat für das Kind nun eine Art bestürzender Aktualität gewonnen. Spitz sieht in der Konstitution des einen, unverwechselbaren ‚Objekts' einen *„zweiten Organisator"* und vermutet hier die Anfänge der kindlichen Urteilsfähigkeit. Wieder lassen wir seine Annahmen in Hinblick auf die parallelen Veränderungen der Ichstruktur (Abgrenzung gegen die Umwelt und das „Es", Organisation der „Abwehrmechanismen") und der Triebdifferenzierung (Integration aggressiver und libidinöser Regungen zu einer konstanten „Objektvorstellung") beiseite und skizzieren kurz die weitere Entwicklung:

Mit der Konstitution des Anderen entwickelt der Säugling zunehmend komplexere Aktivitäten. Sein Wahrnehmungs- und Verhaltensrepertoire weiten sich zu einem Schatz von Kommunikationsmöglichkeiten, die er aktiv einsetzt, seiner Umwelt gegenüber spielerisch erprobt und in der Beziehung zur Mutter zu einer ersten ‚Vorstellung' von *Identität* erweitert. Es kommt zu einem beginnenden Verständnis sozialer Gebärden, zu Nachahmungsversuchen. Bestimmte Vorlieben treten in Erscheinung, und in der affektiven Einstellung bilden sich feinere Nuancen wie Zorn, Eifersucht oder Neid heraus. Auch hier ist es das „affektive Klima der Mutter, welches die Versuche des Kindes, ihre Tätigkeiten, Gesten, Laute und ihren Tonfall nachzuahmen, begünstigt oder hemmt." (Ebd. S. 59) Andererseits entstehen durch Verbote spezifische Versagungssituationen, und die Mutter muß sich ihrerseits darauf einstellen, daß dasselbe „Wesen, das noch vor kurzem ein Teil ihres Selbst war, (...) sich von ihr losreißt, ja womöglich gegen sie stellt." (Ebd. S. 60) In Anbetracht der wachsenden Bewegungsfreiheit des Kindes muß „das mütterliche Eingreifen immer mehr von Wort und Gebärde Gebrauch machen" (1965,

S. 195), so daß „der Hauptteil des Austausches zwischen Mutter und Kind nun in Ausbrüchen kindlicher Aktivität und mütterlichen Geboten und Verboten" (ebd. S. 196) besteht. Die Folge dieser Entwicklung ist die Übernahme des *verneinenden Kopfschüttelns* als erster *semantischer Geste* des Kleinkindes. „Für das Kind wird dieses Kopfschütteln das Symbol und die beständige Erinnerung an die Versagungshandlungen der Mutter." (Ebd. S. 197) Umgekehrt vermag es dadurch nun seinerseits *Bedeutungen* auszudrücken. In der Übernahme des verneinenden Kopfschüttelns und im Gebrauch des Wortes „Nein" sieht Spitz einen *„dritten Organisator"*: „Die Erwerbung des ‚Nein' ist der Indikator für die neu erreichte Stufe der Autonomie, für die Wahrnehmung des ‚Anderen' und die Gewahrung des ‚Selbst'." (1957, S. 111) Zwar kommt bereits im ‚vorsprachlichen' Alter ein akustischer Austausch zustande: Die Mutter begleitet ihre Handlungen mit einem ständigen Monolog. Sie gurrt unzusammenhängende Worte vor sich hin, erfindet neue Wörter, worauf das Kind plappernd, lallend oder mit Einwortsätzen („Mama", „Dada" usw.) antwortet. Spitz nennt diese Art von Gespräch ein „Lust-Gezwitscher" (1965, S. 197). Aber erst das Kopfschütteln mit der Bedeutung „Nein" und das Kopfnicken mit der Bedeutung „Ja" bilden für ihn die „frühesten Repräsentanten abstrakter symbolischer Zeichen" (1957, S. 124). Hier setzt die Verwendung sprachlicher Symbole ein. An die Stelle einfacher Handlungsvollzüge treten zunehmend gegliederte Phantasie- und Denkabläufe. Vor allem aber wird mit dem Spracherwerb die dem Menschen eigentümliche Fähigkeit zur Kommunikation begründet: „Die Errungenschaft der Abstraktion, die notwendig ist, um das ‚Nein' zu formulieren, erhebt die Kommunikation auf die allozentrische Stufe. Damit wird das ‚Nein' zur Matrix der sozialen Beziehungen auf menschlichem Niveau." (Ebd. S. 123)

Die Interpretation Spitz' berührt sich in einigen wichtigen Aussagen mit der eingangs dargestellten Konzeption von Wyss (1973; 1976; 1980): Erkennt Spitz im „Ja und Nein" die elementaren kommunikationsstiftenden Gesten, so hat Wyss die „Nichtung" als Grundphänomen der menschlichen Kommunikation beschrieben: Latente Nichtung ist dieser Auffassung zufolge schon für das Kleinkind in den ersten leibnahen Erfahrungen von Zuwendung und Abwendung gegenwärtig. Sie wird später zum festen Bestandteil der emotional-anteilnehmenden Kommunikation und der noetischen Prozesse. Aber auch in der liebevollen Zuwendung der Mutter liegt bereits ein Moment der möglichen Infragestellung, der Trennung und des Verlustes. Wird in der Bindung das Vertraute dessen sichtbar, an das die Bindung erfolgte, wird der Säugling von ihr „umschlossen, eingehüllt, auch ergriffen und geboren" (Wyss 1976, S. 114), so vermag sie das Andere, Fremde doch nicht dauerhaft zu assimilieren. Denn sie stößt auf die „unaufhebbare Verschlossenheit des Anderen" (Wyss 1980, S. 390). Aus dieser leidvoll erfahrenen Differenz heraus wird die Beziehung zum Anderen erschlossen. Spitz' Beobachtungen an der „Achtmonatsangst" können als Beleg dafür gewertet werden, daß die Fähigkeit, den Anderen wahrzunehmen, und das heißt über das Nicht-Selbst ein Selbst zu konstituieren, ihrerseits schon einen kommunikativen Prozeß voraussetzt: Eindrucksvoll sind seine Nachweise, wie bestimmte kindliche Reifungsschritte in Abhängigkeit von der Qualität der mütterlichen Zuwendung (z.B. Ängstlichkeit, Überbesorgtheit, Feindseligkeit) ausbleiben können, verzögert werden oder auch pathologische Abwandlungen erfahren, unter Umständen bis weit in das spätere Leben hinein. Spitz charakterisiert die Kommunikation in der dyadischen Beziehung zwischen Mutter und Kind als einen „zirkulären Resonanzprozeß" (1954, S. 39), der sich in bestimmten Wahrnehmungsmerkmalen organisiert und durch den Austausch von „Zeichen", „Signalen", später auch von „Symbolen" eine fortlaufende Modellierung erfährt. Auf seiten der Mutter entspricht den anfangs wenig strukturierten ‚Mitteilungen' des Kindes eine „gleichsam magische Sensibilität" (ebd. S. 42). Umgekehrt bewirken die Antworten der Mutter einen für die Umwelt kaum merklichen Einfluß auf die Reifung der kindlichen Psyche. Spitz legt Wert auf die Feststellung, daß das „Kommunikationssystem" zwischen Mutter und Kind bereits von Geburt an besteht.

4.2. Dialog-Vorläufer und dialogische Konstitution des Selbst

In einem erweiterten Sinn können diese Erwägungen auch für das Verständnis der ‚Übertragung' fruchtbar gemacht werden. Denn über ihren

Wiederholungscharakter hinaus läßt sich die Übertragung als das Erscheinen einer *signifikanten Beziehung* interpretieren, die wesentlich durch den Austausch von ‚Zeichen' zustandekommt. Als solche bedarf sie einer dialogischen Resonanz: Erst wenn sich im therapeutischen Gespräch über das jeweils subjektiv Vermeinte, Erfahrene, Gesprochene hinaus eine bestimmte *Sinnpräsenz* herstellt, erst dann kann der Andere als Bedeutung erlebt werden, die zugleich ‚erfunden' und vorgefunden wird, die es aber vor allem erlaubt, das eigene Erleben in einer veränderten Form zurückzugewinnen. Im therapeutischen Sprechen vollzieht sich also etwas der frühkindlichen Beziehungssituation durchaus Vergleichbares, wenn auch vor einem bereits ausgefalteten lebensgeschichtlichen Horizont, der der Interpretation offensteht. Der Begriff „Objektbeziehung" vermag von dem Phänomen der intersubjektiven Bedeutungskonstituierung offenbar nur unzureichend Rechenschaft abzulegen. Deshalb bevorzugt Spitz in seinen späteren Arbeiten die Bezeichnung „Dialog":

„Wenn wir von ‚Objektbeziehung' sprechen, sind wir nicht gezwungen, uns einen zwischen dem Kind und einem lebenden Partner vor sich gehenden Prozeß vorzustellen. Wenn wir aber vom ‚Dialog' sprechen, denken wir unwillkürlich an ein sinnvolles Gespräch zwischen zwei wirklichen Personen, an dem man selbst teilnehmen und dem man zuhören kann" (1963a, S. 25).

Andererseits hält Spitz aber wiederum an einer instrumentalen Auffassung des Dialogs fest, etwa wenn er den Dialog als „eins der Instrumente" bezeichnet, „deren sich die innerseelischen Vorgänge bedienen, um die Triebe im Rahmen der Objektbeziehungen lenkbar zu machen" (1963b, S. 78), oder wenn er formuliert: „Die Objektbeziehungen bedienen sich des Dialogs zu ihrer Ausübung." (Ebd. S. 81)

Fragen wir uns nun, was den Dialog von einer bloßen Reiz-Reaktionsabfolge unterscheidet. Soweit es das *Gespräch* betrifft, wird eine Antwort nicht schwerfallen: Da ist zunächst die Plastizität der menschlichen Sprache, die das Sprechen über die Stereotypie eines Auslöse-Folge-Mechanismus hinaushebt, sodann die Verwendung mehrdeutiger Zeichen, das Angewiesensein auf einen Gesprächspartner, die Ungewißheit hinsichtlich der Antwort, die die Notwendigkeit der Interpretation miteinschließt, schließlich die Möglichkeit, dem Abwesenden einen Namen zu geben, eine Zeitrelation zu erschließen und vieles andere mehr. Spitz hat den Aufbau der kindlichen Sprachwelt von den ersten „Lall-Monologen" über die Verwendung „globaler Wörter" bis hin zur Ausbildung grammatikalischer und syntaktischer Strukturen nachgezeichnet. Die Kommunikation wird dadurch erheblich erweitert: „der Dialog unterscheidet deutlich Menschen von Zuständen und Dingen, die Menschen voneinander und die Menschen von den Dingen. Ferner fügt das Kind seinem Wortschatz auch Wörter für Personen, Dinge und Zustände hinzu, Wörter, die es oft selber schöpft." (1963b, S. 86) Indem es von sich in der dritten Person zu sprechen beginnt und später das Wort „ich" verwendet, begreift es seine Subjektivität als sprachliche. Hier liegen auch die entwicklungspsychologischen Wurzeln für die Unterscheidung zwischen dem individuellen Sprechakt und dem zugrundeliegenden sprachlichen Regelsystem (*parole* und *langue* im Sinne Saussures (1916), *Sprachperformanz* und *Sprachkompetenz* im Sinne Chomskys (1965)), wie es von den Eltern an das Kind weitergegeben wird.

Wie aber verhält es sich mit dem präverbalen Dialog zwischen Mutter und Kind?

Wir geben hier ganz bewußt dem Ausdruck ‚präverbal' den Vorzug gegenüber der Bezeichnung ‚vorsprachlich'. Denn Spitz' Entdeckungen haben den Blick dafür freigemacht, daß auch die frühesten Kommunikationsformen eine sprachanaloge Strukturierung aufweisen. Er spricht von „*Dialog-Vorläufern*" in Gestalt von bedeutungstragenden „Aktionszyklen", „Interaktionsreihen" und „Gesten", von einem „*semiverbalen Gespräch*" oder allgemeiner von einer „*archaischen Form des Gesprächs*", das zwischen Mutter und Kind stattfindet und dessen Ursprünge er bis in die Stillsituation zurückverfolgt. „Die Evolution des Dialogs" (Spitz 1963b) kann durch das Fehlen eines lebendigen Gesprächspartners behindert werden oder auch in autistischen Sprachformen erstarren:

An hospitalisierten Kindern konnte Spitz beobachten, wie diese „stundenlang winkende Bewegungen mit Händen, Fingern, Füßen und Zehen vollführen und sie wie gebannt anstarren." Er fragt sich, „ob solche Kinder die Dialog-Vorläufer, die sie hatten entbehren müssen, durch einen Dialog ersetzen, den sie mit ihren Gliedmaßen führen, besonders mit den Händen und Fingern, die sie auf merkwürdig drehende, windende Weise bewegen." (Ebd. S. 83) Die Parallele zum autistischen Rückzug mancher Psychosekranker, zu den schizophrenen Sprachstörungen, Bewegungsmanierismen und Stereotypien bietet sich hier von selbst an. Im therapeutischen Umgang mit solchen Patienten konnte M. A. Sechehaye (1955) zeigen, daß, während eine verbale Verständigung anfangs oft nicht gelingt, es sehr wohl möglich ist, über die leibliche Nähe den Dialog mit dem Kranken wieder aufzunehmen. Unter Umständen ist es zunächst nur ein einzelner Körperteil, der in die kommunikative Beziehung ‚vorgeschoben' wird und über den ein fragmentarischer Dialog wieder zustandekommt. M. A. Sechehaye (1956) spricht von „Vor-Übertragung", von „Transfert-greffe" („aufgepropfte Übertragung"), die durch die *Annäherung* des Therapeuten induziert wird. Sie betont die Notwendigkeit, eine Kommunikationsform herauszufinden, die es erlaubt, dem Patienten auf dem Niveau der ihm verfügbaren Ausdrucksmöglichkeiten zu begegnen und von hier aus einen Dialog wachsender Komplexität sich entfalten zu lassen. Ähnliche therapeutische Strategien, wie sie vor allem in der Kinderanalyse entwickelt wurden, haben das Verständnis der Übertragungsphänomene in den letzten Jahrzehnten entscheidend erweitert und vertieft.

Bei Spitz stehen die ‚Dialog-Vorläufer' für den kommunikativen Aspekt der zuvor erwähnten ‚Objekt-Vorläufer'. Sie gehen der Wahrnehmung des einen, unvergeßlichen Anderen voraus und können weder durch die Garantie einer Bedürfnisbefriedigung noch durch die kunstvolle Mechanik einer Surrogat-Mutter ersetzt werden. Denn damit ein Dialog entsteht, ist es unerläßlich, daß das Andere auf die ‚Mitteilungen' des kleinen Menschen ‚antwortet' und sich damit als bedeutungsvolles zu erkennen gibt. Bleibt diese Antwort aus, versiegt der Dialog, dann „kann wohl die Reifung, nicht aber die Entwicklung voranschreiten. (. . .) Der Mensch, dem man als Säugling den Dialog vorenthält, wird zu einer leeren Hülle, geistig tot, ein Anwärter auf Anstaltsbetreuung. Leben im menschlichen Sinne kann nicht asozial, es muß sozial sein. Leben in unserem Sinne wird durch den Dialog geschaffen." (Spitz 1963a, S. 26)

Die dialogische Konstitution des Selbst in den Mittelpunkt der frühkindlichen Beziehungssituation zu rücken, heißt ein Gespräch anerkennen, das dem eigentlichen Sprechen vorausgeht: ein Gespräch, das auf die eine oder andere Weise immer schon stattgefunden hat, ein Gespräch, das die Person des Sprechers erst in seinem Verlauf kenntlich werden läßt und welches Subjektivität allererst ermöglicht, indem es dem Anderen ‚Antworten‘ entlockt. Die Gesprächspartner schöpfen in ihm aus einem gemeinsamen Vorrat von ‚Zeichen‘, deren Gesamtheit ein elementares Sprachsystem ergibt:. Die Blicke, die zwischen Mutter und Kind ausgetauscht werden, die Annäherungen und Berührungen, Gefühle und Laute, die zwischen ihnen hin- und herwechseln, entfalten sich zirkulär über Umwege und Rückwege. Sie stiften Bedeutung, indem sie im Anderen Echowirkungen auslösen, die wiederum ein antwortendes Verhalten im Kind erzeugen. Spitz (1963b, S. 72) charakterisiert den Dialog als „stochastisches Netz“, in welchem jede vorausgegangene „Spur“ den nächsten Kreisprozeß modifiziert. Die „Geburt des Anderen“ (vgl. R. u. R. Lefort 1980) und die „Geburt des Selbst“ (vgl. Mahler, Pine, Bergman 1975) sind im dialogischen Geschehen unauflösbar miteinander verknüpft.

Eine solche Sichtweise, wie sie von Spitz vertreten wird, führt in eine Reihe weiterer Fragestellungen hinein: Wenn die archaischen Formen des Gesprächs bereits die Elemente aller späteren Dialoge erkennen lassen – „Aussage und Erwiderung, Erläuterung, Streitgespräch, Zustimmung, Synthese“ (Spitz 1963a, S. 25) –, worin besteht dann das Einzigartige des Dialogs und wodurch unterscheidet er sich von dem, was nicht antwortet? Unter welchen Bedingungen entwickelt sich nur scheinbar ein Dialog, und wie schlägt sich ein solcher „Pseudo-Dialog“, der aus „einem Austausch sinnloser Akte und falscher Reaktionen“ (1964, S. 96) besteht, in der Persönlichkeitsentwicklung nieder?

Spitz hat sich mit der zweiten Frage unter dem Titel „Der Dialog entgleist“ (1964) auseinandergesetzt. Er beschreibt in dieser Studie die spezifischen ‚Mißverständnisse‘, die sich schon auf einer sehr frühen Entwicklungsstufe des Dialogs zwischen Mutter und Kind ergeben können: Gerade dann, wenn die Mutter das Verhalten ihres Kindes „nur im Hinblick auf ihre eigenen Bedürfnisse, Mängel, ihre Verwirrung und ihre Schuldgefühle“ (ebd. S. 105) auszulegen vermag, kann eine Überlastung, die

Unterbrechung oder auch der Zusammenbruch des Dialogs die Folge sein.

In unserem Zusammenhang interessiert vor allem die besondere Funktion des ‚Zeichens‘ in jener kindlichen Plauderei mit der Welt, die Spitz den ‚Dialog‘ nennt. Obwohl er eine Vielfalt variabler Bedeutungen hervorbringt, ist dieser Dialog noch frei von jeder Zentralität des ‚Sinns‘, wie sie dem Diskurs des Erwachsenen etwas Berechnendes verleiht. Geschwätzig und unbefangen breitet das Kind seinen Text vor dem Anderen aus. Vielleicht betrachtet es sich noch nicht einmal als Schöpfer seines Sprechens. Der Sinn wird hier in einer Art Schwebezustand gehalten. Spitz hat die Grundstrukturen des Dialogs in Zusammenhang mit der Unterscheidung zwischen dem Belebten und dem Unbelebten untersucht, wie sie in der zweiten Hälfte des ersten Lebensjahres beobachtet werden kann. „Unerwarteterweise“ führt ihn die Beschäftigung mit diesem Thema zu der „Frage nach dem Ursprung der Sprache, denn die Sprache ist – trotz des Computers – das, was den leblosen ‚Dingen‘ fehlt.“ (1963b, S. 66) Dabei wollen wir im Auge behalten, daß auch die ‚Übertragung‘ im therapeutischen Gespräch nicht nur an frühere Dialogfragmente anknüpft, sondern eine veränderte Gesprächssituation herstellt. Erst dadurch wird es möglich, neue Gespräche zu führen, überraschende Antworten zu finden und die von der intersubjektiven Bedeutung abgeschnittene Sprache der Symptome wieder in lebendige Rede zu übersetzen. Nicht umsonst nennt Lacan die ‚Deutung‘ ein „verwegenes Geschäft“ (1958a, S. 186) und vergleicht sie mit dem kindlichen Würfelspiel.

4.3. Die Unterscheidung zwischen dem Lebendigen und dem Toten

Das Tote in der Gestalt des Lebendigen übt eine seltsame Faszination auf den Menschen aus. Ebenso das Lebendige in der Maske des Toten. Der Totenkult der frühen Völker (die Huldigungen an den Toten), die unheimliche Region des Scheintoten, das Kinderspiel, wo das Sich-Totstellen als Schreckmittel eingesetzt werden kann, die Vielfalt der klinischen Erscheinungen, die sich um das Phantasma des toten Körpers gruppieren: Alle diese Phänomene legen Zeugnis ab von einem Übergangsbereich zwischen Leben und Tod, der die menschliche Phantasietätigkeit seit jeher inspiriert (vgl. Fuchs 1969; Wyss 1980; Condrau 1984). Zuweilen findet er Eingang in die künstlerische Produktion oder in spektakuläre Darbietungen, wo er die Beobachter in eine Reihe imaginärer Identifizierungen hineinzieht: Unter den Wachsfiguren der Madame Tussaud sind gerade diejenigen die täuschendsten, „die sich mittels eines Mechanismus bewegen können und die Illusion erwecken sollen, sie seien lebendig. Am aufregendsten ist immer eine Figur, die hier und da in den Weg eines gaffenden Zuschauers geschmuggelt und von ihm für einen der Besucher gehalten wird, bis er an sie anstößt. Und unweigerlich fühlt sich dann einer der Zuschauer, gewöhnlich ein unbeweibter Herr zwischen zwanzig und vierzig Jahren, davon inspiriert, sich seinerseits irgendwo in starrer Pose aufzustellen und Wachsfigur zu spielen; wenn ihn dann die Kinder berühren, ,wird er wieder lebendig' und erschreckt sie so, daß ihnen für eine Woche das Wachsen vergeht."

Spitz (1963a, S. 9) setzt hier an einem Erlebnisbereich an, in dem die Unterscheidung zwischen dem Belebten und dem Unbelebten nicht gelingt, für kurze Zeit schwankend wird oder auch zu Verwechslungen Anlaß gibt. Ähnlich wie bei den déjà-vu-Erlebnissen entsteht in solchen Augenblicken das Gefühl des Unheimlichen, der Faszination und der Angst. Er wirft die Frage auf, „wie wir es fertigbringen, das Lebendige vom Nichtlebendigen zu unterscheiden", genauer: „durch welchen Prozeß und in welchen Schritten das Kind diese hochspezialisierte Unterscheidungsfähigkeit erwirbt, und warum das Kind schon sehr früh das Belebte dem Unbelebten vorzieht." (Ebd. S. 10)

Denn es ist eine Erfahrungstatsache, daß das Kind ab einem gewissen Alter an einem lebendigen Gefährten ungleich mehr interessiert ist „als an dem ingeniösesten mechanischen Spielzeug, viel mehr an einem lebendigen Baby (wenn wir ihm nur erlauben würden, es anzufassen) als an der schönsten Puppe, selbst wenn diese weinen, Mama sagen, schlafen und sogar die Windeln naßmachen kann" (ebd. S. 10).

Da es unwahrscheinlich ist, daß diese Unterscheidungsfähigkeit bereits von Geburt an besteht, stellt sich die Frage, wie sie im Laufe der frühkindlichen Entwicklung ausgebildet wird. Unzweifelhaft handelt es sich bei der Differenzierung zwischen dem Lebendigen und dem Toten um eine „Errungenschaft von höchster Bedeutung". Als solche ist sie zugleich konfliktbelastet, „was sich gelegentlich als Angst manifestiert." (Ebd. S. 14)

In unterschiedlichem Ausmaß begegnen solche Angstäußerungen gegen Ende des ersten Lebensjahres. Ob es sich dabei um eine Puppe handelt, um ein Spielzeug oder um andere unbelebte ‚Dinge': Nicht selten reagiert das Kind auf diese besondere Art von Fremdem mit Wut oder Angst, die von leichter Abneigung bis hin zu panischem Schreien reichen kann. Folgen wir Spitz' Beschreibung einer solchen Begegnung:

Ein 11 Monate altes Mädchen „blickt eine Puppe von der Größe eines Babys forschend an, neigt den Kopf, als ob sie die Puppe aus einem anderen Blickwinkel betrachten wollte, sieht sie dann wieder von vorn an und mustert sie. Sie kann zu keiner Entscheidung kommen. Nach einigen Sekunden rückt sie näher an die Puppe heran, streckt den Kopf vor und berührt sie mit dem Gesicht. Dann richtet sie sich wieder auf und beobachtet die bewegungslose Puppe unentwegt. Einige Augenblicke später beginnt sie, Unlust zu zeigen, wird unruhig und beginnt zu weinen" (ebd. S. 20).

Spitz interpretiert das Verhalten des kleinen Mädchens als den Versuch, in einen Dialog mit dem Unbelebten einzutreten. Erst als dieser Versuch mißlingt, entstehen Wut, Enttäuschung und Verzweiflung. Es ist vielleicht kein Zufall, daß solche Annäherungen an das Unbelebte in einem Alter unternommen werden, in dem wir auch der Fremdenangst erstmals begegnen. In einer Phase also, in deren Verlauf das Kind „nicht nur fähig wird, das Liebesobjekt von Fremden zu unterscheiden, sondern auch das Belebte vom Unbelebten." (Ebd. S. 13 f.)

Das Unbelebte wird an seiner starren Reaktionslosigkeit erkannt. Auch wenn es dem Belebten sehr ähnlich ist und gelegentlich sogar den Bedürfnissen des Kindes entspricht – zum Beispiel Nahrung oder Wärme spendet–, stellt es sich „doch als nichtreagierendes ‚Außen' heraus." (Ebd. S. 17) Eben diese Unfähigkeit, auf die kindliche Berührung in einer flexiblen Weise zu antworten, Bedeutungen anzuzeigen und Gefühle zu vermitteln, läßt die Starre in seinem Inneren als etwas Bedrohliches erscheinen. „Mangelnde Rückkoppelung" ist für Spitz das Hauptkriterium, „an welchem das Kind das Belebte vom Unbelebten unterscheiden lernt." (Ebd. S. 17)

Ebensowenig vermag das Unbelebte die Kontinuität einer Zeiterfahrung zu gewährleisten, welche im Erleben von *Dauer* Vertrauen ermöglicht. Die Dauer des Leblosen hat dagegen – wie Wyss (1980, S. 98 ff.) aufgezeigt hat – etwas Starres, Sprödes, Unverrückbares. Wyss hebt in seiner Interpretation auf den Zusammenhang zwischen der Todeserfahrung und der Konstitution des Zeitbewußtseins ab: Das Tote als Metapher des radikal Anderen bedeutet ursprüngliche ‚Nichtung‘, ‚Destruktion‘. Erst in einer Gegenbewegung zeigt sich das menschliche Subjekt und gewinnt einen Zugang zu seiner Geschichtlichkeit. Denn das Unbelebte allein ‚verschlingt‘ alle Gefühle, die ihm entgegengebracht werden, und nimmt ihnen ihre antizipatorische Wirkung, die den Dialog voranbringt. Anstelle eines sich entwickelnden Gesprächs entsteht dann ein repetitiver Prozeß, der zwar die schier unbegrenzte Abfuhr von Aggression erlaubt, nicht aber wirkliche Auseinandersetzung. Denn das Unbelebte kann keinen Dialog mit dem Kind aufnehmen: „Da das unbelebte Objekt nicht reagiert, sich nicht rächt, eignet es sich dazu, geschlagen, gebissen, zerbrochen und weggeworfen zu werden, gleichgültig wie oft und in welchem Ausmaß das Kind dies tut." Und doch bleibt sich „die wiederholte Zerstörung des unbelebten Objekts (. . .) immer gleich", ist sie „buchstäblich eine Sackgasse." (Spitz 1963a, S. 17)

Jede auf das Unbelebte gerichtete Initiative enthüllt nur von neuem dessen Leblosigkeit. Wie anders wirken dagegen die endlosen Drohreden der homerischen Helden: Es „ist der Konflikt zwischen dem Drang anzugreifen und der Furcht vor dem Gegner", der sie mit ihren Lanzen an die Schilde schlagen läßt. Spitz (1963b, S. 80) unterscheidet hier zwischen der auf den Anderen gerichteten Feindseligkeit – welche die eigene Bedrohung spürbar werden läßt – und der bloßen Aggressionsabfuhr, die, weil sie ohne Antwort bleibt, schon die „Saat der Unlust" (ebd. S. 77) in sich trägt. In der „Erwartung, daß etwas geschieht" (ebd. S. 74), liegt für ihn „das wahre Wesen des Dialogs": „Solange wir noch die Schilde schütteln (. . .), solange wir noch reden, wird noch nicht geschossen; der Dialog ist noch im Gange – und wir sind sicher." (Ebd. S. 80)

Anders als das Unbelebte setzt ein lebendiger Partner den kindlichen Aktionen Grenzen. Er vermag nicht nur, die Initiative des Kindes positiv oder negativ zu erwidern: „er tut viel mehr, er ergreift selbst die Initiative und nimmt das Kind zum Ziel. Und indem wir ihn Partner nennen, haben wir schon angedeutet, daß er im Dialog der Gegenspieler des Kindes ist." (Ebd. S. 77 f.) Das Unbelebte dagegen handelt weder, noch reagiert es, es ist einfach da. „So ist es das Aufnehmen des Dialogs, an dem das Kind das Lebendige vom Unbelebten zu unterscheiden lernt." (Ebd. S. 74)

Diese Schlußfolgerung Spitz' enthält indes eine weitere wichtige Voraussetzung: diejenige nämlich, daß ein Dialog bereits stattgefunden hat. Die Vorgängigkeit des Dialogs – der Sprache – ist das eigentliche Anliegen seiner Interpretation. Denn um überhaupt angstauslösend zu wirken, um den Dialog vermissen zu lassen, müssen bereits vor der Begegnung mit dem Unbelebten rudimentäre Gespräche mit dem Lebendigen geführt worden sein:

„So muß der Dialog-Vorläufer jeder sinnhaltigen Beziehung zum Leben vorausgehen. Noch unerläßlicher ist das für den imaginierten Austausch mit dem Unbelebten. Diese Behauptung bedarf keines Beweises; es versteht sich von selbst, daß das Neugeborene ein breites Band von Beziehungen zu seiner Mutter hat, lange bevor es seine Aufmerksamkeit irgendeinem unbelebten Objekt zuwendet." (Spitz 1963b, S. 82) Und an anderer Stelle formuliert Spitz (1963a, S. 25): „Der Dialog zwischen dem Kind und seinem lebendigen Partner muß nicht nur jeder sinnhaltigen Beziehung mit dem Belebten, sondern auch allen phantasierten Gesprächen mit dem Unbelebten vorhergehen."

In seinem Versuch, die Ergebnisse der Kulturanthropologie und Entwicklungspsychologie philosophisch zu integrieren, hat Wyss darauf hingewiesen, daß die Vermittlung des Todes nicht nur das Zeiterleben erschließt, sondern ebenso die Beziehung zum Anderen, zur Intersubjektivität und zu den kulturellen Leistungen. Oder, wie es Lacan (1953, S. 166) ausgedrückt hat: „Das erste Symbol, in dem wir Humanität in ihren Überresten erkennen, ist das Begräbnis, und die Vermittlung des Todes ist in jeder Beziehung zu erkennen, in der der Mensch zum Leben seiner Geschichte gelangt."

In der Sicht Wyss' wird Subjektivität „am Tode des Anderen gleichsam „geboren". (1980, S. 100) Das Unbelebte im Sinne Spitz' wäre dieser Auffassung zufolge ein Vorläufer der späteren Todeserfahrung. Wenn die Angst vor dem Unbelebten als sporadischer Begleiter der Achtmonatsangst begegnet, dann wird die Interpretation möglich, daß die Konstitution des signifikanten Anderen zugleich auch die Fremdheit des Unbelebten in Erscheinung treten läßt. Es ist deshalb kaum verwunderlich, daß das Unbelebte um so eher angsterzeugend wirkt, je mehr es dem Lebendigen in seiner Beschaffenheit ähnelt. Spitz hat im einzelnen die Bedingungen rekonstruiert, unter denen das Unbelebte als bedrohlich erlebt wird:

„1. Wenn das unbelebte Objekt wie ein menschliches Wesen aussieht, aber nicht die richtige Größe hat; 2. wenn das Unbelebte sich bewegt; 3. wenn das Unbelebte Laute von sich gibt." (1963a, S. 20)

Offenbar ist es der minimale Abstand zum vertrauten Lebendigen, der am Unbelebten etwas Erschreckendes enthüllt: „Der rollende Ball – er dürfte sich als unbelebtes Objekt doch eigentlich nicht bewegen! –, die rasselnde Trommel, der Brummkreisel – sie alle können fremd, unheimlich, potentiell gefährlich werden." (Ebd. S. 19) Die Verschiebung der Größendimension, die nahezu perfekte Imitation des Lebendigen, das bis an die Attrappe angenäherte Bild, die Ausstattung mit den Attributen eines lebendigen Partners: körperliche Ähnlichkeit, Bewegung, sprachähnliche Laute – alle diese Eigenschaften vermögen die Angstwirkung noch zu steigern. Und sie rufen verstärkte Feindseligkeit hervor, da sie der Realität die gesuchte Bedeutung versagen. Im Gleiten der Grenzen zwischen dem Belebten und dem Unbelebten vermutet Spitz die Grundlagen für die Welt der Gespenster, der unheimlichen Geschichten, der Mythen und Legenden: Bedeutet der Eifer, mit dem wir für gewöhnlich die Nichtexistenz dieser Welten zu beweisen trachten, „daß wir im Dunkeln pfeifen wie der Wanderer im nächtlichen Wald?" (Ebd. S. 23)

Spitz hat in einigen Randbemerkungen die Beziehungen zu verschiedenen psychopathologischen Erscheinungen angedeutet: zur Angstbereitschaft und Abwehr der Angst in Form von magischen Ritualen, zu destruktiven Formen der Wut sowie zur Affektarmut des Zwangskranken.

Einen wichtigen Beitrag zu diesem Problem hat M. S. Mahler (1960) vorgelegt: Sie konnte bei schizophrenen Kindern Wahrnehmungs-Entdifferenzierungen beobachten, in denen die bereits ausgebildete Unterscheidung zwischen dem Belebten und dem Unbelebten wieder verlorengeht. Mahler, die an V. Tausks (1919) Arbeit über den „schizophrenen Beeinflussungsapparat" erinnert, spricht von einer „Dehumanisierung" der Lebenswelt und einer „Re-animation" der unbelebten Objektwelt im psychotischen Erleben.

Der Zusammenhang dieser Phänomene mit der therapeutischen ‚Übertragung' wird unmittelbar deutlich, wenn wir uns noch einmal vergegenwärtigen, daß angesichts des Leblosen der ‚Dialog' durch einen repetitiven Prozeß ersetzt werden kann. Bekanntlich hat Freud (1914g, S. 210; 1923c, S. 267) die Übertragung als Manifestation eines „Wiederholungszwanges" gesehen, den er seinerseits als Abkömmling des „Todestriebs" (Freud 1920g) interpretiert. Sollte sich am Ende herausstellen, daß die Persistenz gewisser Übertragungsstereotypien begünstigt wird, wenn der Partner im Gespräch nur die Illusion des Lebendigen zu bieten vermag?

4.4. Übertragung und Dialog: Gegenübertragung, Wiederholung, ‚Neubeginn' (M. Balint)

Auf das zuletzt erwähnte Problem haben verschiedene Autoren hingewiesen: Eine starre unflexible ‚Handhabung' der analytischen ‚Technik' kann nicht nur dem Schutz des Therapeuten vor der Emotionalität des Patienten dienen, was nicht selten auf eine Vermeidung von Auseinandersetzung hinausläuft. Sie vermag auch die Entfaltung des Dialogs an seinen entscheidenden Stellen zu behindern. Thomä (1984a, S. 55) fordert aus diesem Grund, „das Ideal der reinen Spiegelung (. . .) aufzugeben, weil es unerreichbar ist und es zur psychoanalytischen Wahrheitsliebe gehört, die Realität anzuerkennen." Er fährt fort: „Das Zurückspiegeln wird (vom Patienten; d. Verf.) als Ausweichen erlebt. (. . .) Bei hierfür disponierten Patienten kommt es zu malignen Regressionen, bei denen auch die historischen Wahrheiten deformiert werden, weil die gegenwärtigen realistischen Wahrnehmungen verstellt wurden. Es scheint zwar, als sage der Patient alles, was ihm einfällt, aber unbewußt gesteuert, vermeidet er gerade die (...) empfindlichen Stellen des Analytikers." (Ebd.)

Thomä führt deshalb die Unterscheidung zwischen der „Übertragungsneurose" und der sogenannten „realen Beziehung" ein. Er spricht sich entschieden dafür aus, die „realistischen Wahrnehmungen" des Patienten als „aktuelle Wahrheiten" anzuerkennen. Der psychoanalytische Prozeß bewege sich auf beiden Ebenen, derjenigen der „Übertragung" und derjenigen der „realen Beziehung", wobei der letzteren eine grundlegende Bedeutung für die Errichtung des „therapeutischen Arbeitsbündnisses" zukomme. Thomä knüpft damit an ähnlich gelagerte Überlegungen Zetzels (1958), Stones (1961), Greensons (1965) und einer Reihe anderer Autoren an. Er kommt zu dem Schluß: „Die Anerkennung realistischer Wahrnehmungen durch den Analytiker ermöglicht es dem Patienten, seelische Akte zu Ende zu bringen und mit dem Subjekt/Objekt eine Übereinstimmung zu erreichen, die eine der wichtigsten Voraussetzungen für die Bildung von Objektkonstanz und Selbstfindung darstellt." (Ebd. S. 56) Insbesondere dürfe die Rede von den ‚Objekten' nicht vergessen machen, „daß wir es mit lebenden Wesen, mit Subjekten zu tun haben, die aufeinander einwirken." (Ebd. S. 49)

So berechtigt diese Kritik an der klassischen ‚Spiegelhaltung' erscheinen mag, ihre Schwäche liegt in der Tendenz, dem Begriff des Realen eine beinahe unhinterfragbare Evidenz zu unterstellen; überspitzt ausgedrückt: in der „Illusion, einen direkten Zugang zur Realität im Rohzustand zu haben" (Cramer 1984, S. 53). Dies führt – wie wir später zeigen werden – zu sehr konkreten und kaum lösbaren Schwierigkeiten in der therapeutischen Situation. Gerade in Definitionsansätzen, die die Übertragung durch das ‚Irreale', ‚Unangemessene' in den Gefühlsäußerungen des Patienten kenntlich machen, „wird die intersubjektive Konstituierung, die die tiefenhermeneutische Arbeit charakterisiert, zu wenig beachtet." (Schelling 1985, S. 66) Die Auffassung vom ‚Dialog' als einer vollgültigen menschlichen Beziehung verträgt es eben schlecht, aus dem Ereignis der Intersubjektivität nachträglich einen Bereich imaginärer Wiederholungen und einen Sektor realistischer Wahrnehmungen auszugrenzen. Dies ist vor allem dann zu beachten, wenn die Feststellung des Realen übersehen läßt, was sich in der Wahrnehmung der Realität an Begehren artikuliert, wenn mit dieser Unterscheidung eine Sichtweise verbunden wird, die den Schlüssel zum „Realitätsprinzip" in die Hand des Analytikers legt. Wird dann nicht das Reale selbst zur Illusion? Nicht zufällig und aus guten Gründen ist die „Realität" bis heute ein weithin noch zu bearbeitendes Problemfeld der psychoanalytischen Erkenntnistheorie geblieben (vgl. Cramer 1984).

Auch die Interpretation, die Spitz (1956) der ‚Übertragung' angedeihen läßt, setzt am „Unangemessenen", „Unangebrachten" der Übertragungserscheinungen an, die diese als „Faksimile" früherer Beziehungsgestalten und der sie umgebenden Phantasien ausweisen. Der einseitig objektivierende Ansatz seiner Interpretation wird an der folgenden Formulierung besonders deutlich:

„Das Phänomen der Übertragung besteht aus drei Elementen: erstens dem *manifesten Schlüsselreiz;* dieser ruft eine *latente, strukturierte Gefühlstönung* hervor. Die Kombination dieser beiden Auslöser provoziert dann das dritte Element, das eigentliche Übertragungsverhalten." (Ebd. S. 71)

In der „Geringfügigkeit des manifesten Schlüsselreizes" (ebd.) – meist einer Wahrnehmung in Zusammenhang mit der Person des Analytikers oder der analytischen Situation – und der Unverhältnismäßigkeit der durch diesen „Schlüsselreiz" ausgelösten, manchmal dramatischen „Verhaltensreaktionen" sieht Spitz ein wesentliches Merkmal der Übertragung. Denn diese Konstellation entspreche „in ganz besonders eindrucksvoller Weise einem spezifisch kindlichen Integrationsniveau." (Ebd. S. 71)

Wie I. Macalpine (1950) hat auch Spitz die Parallelen zwischen der frühkindlichen Beziehungssituation und den durch die ‚Regeln' der analytischen Situation auferlegten Versagungen gesehen und pointiert herausgestellt:

„Der Patient kommt zum Analytiker als *Hilfesuchender;* (. . .) er hört den Analytiker wohl, sieht ihn aber nicht; er richtet seine Appelle und Ausdrucksmanifestationen wie ein Säugling in den leeren Raum hinein;

genau wie der Säugling ist er auch eines Wesens schattenhaft gewahr. Diesem Wesen schreibt er gemäß der sich verändernden analytischen Situation wechselnde Rollen, ja Identitäten zu." Durch die ‚Grundregel' werde die Wahrnehmung des Patienten zusätzlich „auf die Vorgänge in seinem *Innern*" dirigiert. „Und gleich dem Säugling kann auch der Patient nicht aktiv werden", ist er „auf sein Couch-Kinderbett beschränkt." Nicht selten werde das Liegen auf der Couch als weitere Demütigung erlebt, „während der Analytiker schon allein dadurch als Erwachsener empfunden wird, weil er sitzt und sich damit auf dem höheren Niveau der Eltern befindet." (Spitz 1956, S. 67 f.) Die Quasi-Unsichtbarkeit des Therapeuten, das Verbot handelnden Eingreifens und gesellschaftlicher Kontakte mit ihm trage zusätzlich dazu bei, „daß das Privatleben des Analytikers dem Patienten genau so mysteriös erscheinen muß wie dem Kinde das der Eltern; und wir können hinzufügen: es provoziert eine ähnliche Phantasietätigkeit in ihm." (Ebd. S. 70)

Diese besonderen Umstände fördern die „Regression zu einem Lebensabschnitt, aus welchem wenige oder gar keine Erinnerungen vorhanden sind." (Ebd.) Alles ist also darauf angelegt, den Analytiker zur „Zielscheibe der auf ihn gerichteten Affekte" zu machen. „Der Patient versieht ihn jeweils, den Bedürfnissen seiner augenblicklichen Lage entsprechend, mit dem Gesichte des Liebesobjekts oder dem des Feindes, des Beschützers oder des Verfolgers." (Ebd. S. 72) Die therapeutische Kommunikation gewinnt dadurch Zugang zu einer Tiefendimension, die in der alltäglichen Erfahrung verborgen bleibt. Als Stellvertreter des ‚primären Anderen' kommen an der Person des Therapeuten die Ursprünge der „emotionalen Objektwelt" (Loch 1981) des Patienten noch einmal zur Entfaltung, brechen sich an ihm verborgene Selbstbilder, bedrohliche Erfahrungen, Wünsche und Ängste. Die Fähigkeit, „eine Übertragungsbeziehung zu schaffen", beruht hierbei für Spitz „auf der Bildung der frühesten Objektbeziehungen." (1956, S. 66) Damit diese Erfahrung strukturierend wirken kann, bedarf sie der Reintegration auf einer symbolischen Ebene, das heißt der Neuaufnahme im therapeutischen Dialog, die den ‚Sinn' früherer Erlebnisse verändert in bezug auf das, was erinnert wird (vgl. Morgenthaler 1978; Schelling 1985).

Interessant ist nun, welche Bedeutung Spitz der ‚Gegenübertragung' im therapeutischen Prozeß zuerkennt:

Während die Gegenübertragung einer kodifizierten Form von ‚Behandlungstechnik' als „blinder Fleck" des Therapeuten galt – also vorwiegend in ihren Widerstandsaspekten thematisiert wurde –, hatte sich hier durch die Arbeiten P. Heimanns (1950; 1960), A. Reichs (1951), M. Littles (1951), M. Gitelsons (1952) und anderer eine allmähliche Aktzentverschiebung ergeben. Thomä und Kächele (1985) geben ihrer Übersicht zu diesem Thema den bezeichnenden Untertitel: „Die Gegenübertragung als Aschenputtel und die Geschichte seiner Verwandlung." Jene, von Thomä und Kächele ausführlich dargestellte Entwicklung führte dahin, die ‚Gegenübertragung' als Konstitutiv des intersubjektiven Prozesses anzuerkennen und in ihrem Resonanzcharakter für die therapeutische Verständnisleistung zu erschließen (vgl. hierzu auch Nerenz 1985). Dem Analytiker wurde damit auferlegt, das – dem positivistischen Wissenschaftsideal korrelative – Selbstbild des „neutralen Beobachters" aufzugeben und seine je schon in die Äußerungen des Patienten „verstrickte" Subjektivität zum Ausgangspunkt eines vertieften Beziehungsverstehens werden zu lassen.

Spitz' Bemerkungen zur ‚Gegenübertragung' stehen an der Schwelle zu einer solchen Auffassung, wie er sie in seinen späteren Veröffentlichungen über den ‚Dialog' ausgearbeitet hat. Erinnern wir uns noch einmal, worin er den Unterschied zwischen dem Dialog mit einem lebendigen Partner und der Kommunikation mit dem Unbelebten sah: in der Situation eines reziproken Verständigtseins, die er als „zirkulären Resonanzprozeß" zwischen Mutter und Kind begreift. Erst dort, wo die kindlichen Mitteilungen auf eine Antwort treffen, wo die Gefühlsäußerungen im Anderen „Echowirkungen" auslösen, können ‚Bedeutungen' erlebt werden, kann Kommunikation wirklich stattfinden. ‚Zeichenstiftung', hatten wir eingangs formuliert, setzt wesentlich einen Prozeß unbewußter Artikulation voraus, der die Subjektivität beider Gesprächspartner in einer veränderten Weise ins Spiel bringt.

Es ist daher nur konsequent, wenn Spitz die Gegenübertragung als intersubjektives Phänomen begreift, als „etwas (...), was zwischen zwei Personen stattfindet, dem Analytiker und seinem Patienten." (1956,

S. 73) Spitz übersieht nicht die möglichen Gefahren der ‚Gegenübertragung' für die therapeutische Kommunikation. Er übernimmt H. Rackers (1953) Unterscheidung zwischen der Gegenübertragung und der „Gegenübertragungs-Neurose" zur Bezeichnung der ungelösten Konflikthaftigkeit des Therapeuten. Es besteht für ihn kein Zweifel, daß die „Gegenübertragungs-Neurose (. . .) im Laufe der Behandlung nicht nur störend, sondern höchst unerwünscht ist" (Spitz 1956, S. 76), denn sie trage zur Unfreiheit beider Gesprächspartner (Analytiker und Patient) bei. Dies bedeute nun aber gerade nicht, „daß im Analytiker als Reaktion auf die Produktionen seines Partners überhaupt keine Affekte entstehen dürften oder daß er etwa starr, unbeugsam oder nicht veränderbar sein müßte." (Ebd. S. 75) Die Folge eines solchen Kommunikationsstiles wäre ein Pseudo-Dialog, der zwar Erkenntnisse liefert, aber keine Entwicklung ermöglicht. Spitz weist deshalb vor allem auf die konstruktive Aufgabe der Gegenübertragung hin. Er sieht in ihr eine wichtige „Determinante" der analytischen Beziehung, die wiederum verändernd auf den Analysanden zurückwirkt: Die „Haltung des Analytikers bewirkt Veränderungen im Wesen der Übertragung des Patienten. Auf diese Weise kommt ein zirkulärer Prozeß zwischen Analytiker und Patient in Gang, der das analytische Klima bestimmt." (Ebd. S. 73 f.)

Verfolgen wir die Parallele zwischen der frühkindlichen Beziehung und der analytischen Situation noch ein Stück weiter: So wie sich der hilflose Säugling an den primären Anderen anlehnt – Freud (1914c, S. 54–55) sprach von einer „Objektwahl nach dem Anlehnungstypus" –, so entspricht der mütterlichen Geborgenheit die *diatrophische* Haltung des Therapeuten. „Im Idealfall", fordert Spitz (1956, S. 77), „müssen nun in der analytischen Situation sowohl die anaclitische (anlehnende; der Verf.) wie die diatrophische Beziehung auf der Ebene bewußter und unbewußter Phantasien wirksam werden, und zwar ausgelöst durch die Bedingungen der analytischen Situation selbst." Die diatrophische Einstellung ihrerseits gehe auf „sekundäre Identifizierungen mit den Elternfiguren" (ebd.) zurück, wie sie bereits im Kinderspiel beobachtet werden können. Auch wenn Spitz vor einem „Ausagieren" der diatrophischen Haltung durch den Therapeuten warnt, so bildet für ihn die anaklitisch-diatrophische Gleichung doch die Matrix für das Wechselspiel von Übertragung und Gegenübertragung. Denn solche „vorübergehende Identifizierungen mit dem Elternideal machen es dem Analytiker möglich, sich in die infantilen Aspekte im Verhalten des Patienten einzufühlen und sie in Begriffen des kindlichen Erlebens zu deuten." (Ebd. S. 79) In diesem erweiterten Sinne ist die ‚Gegenübertragung' für Spitz „eine notwendige Voraussetzung der psychoanalytischen Therapie." (Ebd. S. 80)

Eine sehr ähnliche Auffassung vertritt A. Reich (1951): Sie unterscheidet auf seiten des Therapeuten zwischen mehr situativen, durch das Verhalten des Patienten hervorgerufenen Gefühlsreaktionen, die bis zu einem gewissen Grad dessen eigene Konflikthaftigkeit widerspiegeln, und relativ dauerhaften, fixierten Haltungen, die die Atmosphäre der analytischen Situation nachhaltig beeinflussen. Letztere können zum Beispiel als überstarkes Bestreben des Therapeuten, alle Äußerungen des Patienten deutend zu verstehen, der Abwehr von Ängsten dienen, Zweifel und Selbstzweifel verdecken helfen oder auch als „magische Geschenke" an den Patienten im Dienste eigener Bestätigungs- und Machtbedürfnisse stehen. Ein starres Festhalten an einer, wie auch immer begründeten ‚Abstinenzregel' vermag unter Umständen Zurückweisung oder sogar Feindseligkeit in Szene zu setzen. Umgekehrt kann die Überbesorgtheit des Therapeuten als Ausdruck des Wunsches, dem Patienten ein besserer Elternteil zu sein, dessen Entfaltung entscheidend behindern. Im Prinzip begegnen wir hier also ähnlichen Konstellationen, wie sie Spitz unter dem Titel „Der Dialog entgleist" beschrieben hat.

Dies ist aber nur die eine Seite des Vorganges: A. Reich betont, daß die emotionale Resonanz des Analytikers eine unverzichtbare – und wie wir hinzufügen: eine letztlich nicht „technisch" manipulierbare – Voraussetzung für das Zustandekommen der therapeutischen Beziehung darstellt:

„Counter-transference is a necessary prerequisite of analysis. If it does not exist, the necessary talent and interest is lacking. But it has to remain shadowy and in the background." (Reich 1951, S. 31)

Wenn sich diese Resonanz nicht einstellt, wenn sich eine sterile Atmosphäre ausbildet, die durch die emotionale Steifigkeit des Patienten auf der einen Seite und einen starren, formalen Kommunikationsstil des

Therapeuten andererseits gekennzeichnet ist, dann kreist die Übertragung gewissermaßen um einen Leichnam. Dann entstehen dieselben endlosen Wiederholungen von Faszination, Aggressivität und Angst, wie sie Spitz anläßlich der Kommunikationsversuche mit jenen attrappenhaften, toten Objekten geschildert hat, die um so unheimlicher wirken, je mehr sie einem wirklichen Gegenüber ähneln.

Überzeugend gelingt A. Reich der Nachweis, daß gerade die entscheidenden Verstehensleistungen des Analytikers oft ganz unvermittelt und aus einer passiven Haltung heraus erfolgen, also nicht das Ergebnis aktiven Nachdenkens sind. In solchen Augenblicken fügen sich die bis dahin disparaten und unverständlichen Äußerungen des Patienten zu einer *Gestalt,* die ein Moment der Überraschung und des Staunens ins Spiel bringt. Reich interpretiert diesen Vorgang als vorübergehende Identifikation des Therapeuten mit dem Unbewußten des Patienten, welche ihm eine stimmige Deutung erlaubt:

„It seems obvious that this kind of insight into the patient's problem is achieved *via* the analyst's own unconscious." (Ebd. S. 25)

Sie fordert, daß diese Identifizierung nur von kurzer Dauer bleiben dürfe, damit der Analytiker wieder in die „äußere Verstehensposition" („outside position"; ebd. S. 25) zurückkehren könne. Dennoch hält sie daran fest, daß das wichtigste „Verstehensinstrument" des Therapeuten sein eigenes Unbewußtes ist.

Wenn wir diese Auffassung verallgemeinern, dann können wir sagen, daß ‚Übertragung' und ‚Gegenübertragung' Strukturierungseffekte des gleichen intersubjektiven Prozesses sind. Hier findet die eingangs zitierte Bemerkung Wyss' ihre Berechtigung, wonach das „Was" des Gedeuteten jeweils hinter dem „Wie" des intersubjektiven Geschehens zurückstehen müsse, das zu dieser oder jener Deutung geführt hat. Entscheidend dafür, ob therapeutische Veränderungen erreichbar sind, wird dann die Frage, inwiefern die ‚Übertragung' durch die Kette der Wiederholungen hindurch zugleich eine neue Beziehungsgestalt entstehen läßt. „Die Objektfindung", schreibt Freud (1905d, S. 126), „ist eigentlich eine Wiederfindung." Aber wir können ergänzen: Jedes Finden ist auch ein Neu-Erfinden. Wir werden uns mit diesem Punkt – der Konstitution eines „neuen Objekts" (vgl. Loewald 1960) – noch eingehender zu beschäftigen haben. Denn sie kann nur auf einer symbolischen Ebene erreicht werden, die letztlich die sprachlich vermittelte Anerkennung des Anderen bedeutet.

Daß die therapeutische Kommunikation an die Ursprünge der Konstitution von Selbst und Anderem heranreicht (vgl. auch Bion 1962; 1963), ja eigentlich den Prozeß der intersubjektiven Konstitution des Anderen immer wieder neu leistet – dafür haben Arbeiten über die „Präobjekt-Welt" in der Übertragung (vgl. Nacht, Viderman 1960) und die „magische Dimension" der Übertragung (Whitmont 1959) wichtige Hinweise erbracht. M. Little (1958) sprach von „wahnhafter Übertragung" und führte als eine der ersten den Begriff der „Übertragungspsychose" in die psychoanalytische Literatur ein (vgl. auch Rosenfeld 1952; Reider 1957; Romm 1957).

Kernberg (1975) beschrieb die „überstürzte Übertragungsentwicklung" und das Nebeneinander scheinbar „chaotischer" Übertragungsphänomene bei Patienten mit sogenannter „Borderline-Struktur": Das rasche Alternieren von paranoiden Verzerrungen, destruktiver Wut, Allmachtsphantasien und passageren Wahnbildungen stelle den Therapeuten vor besondere Aufgaben. Mitunter komme es im Erleben dieser Patienten zu einer „Konfusion zwischen ‚Innen' und ‚Außen'", zu Vertauschungen der Selbst- und Objektimagines: „Der Patient scheint zwar immer zu wissen, daß er ein anderer ist als der Therapeut, aber zugleich erlebt er es so, als tauschten er und der Therapeut immer wieder ihre Rollen gegeneinander aus." (Ebd. S. 105)

In der Begegnung mit psychotischen Patienten konnte Benedetti (1985) zeigen, daß der Analytiker hier mit einer gewissen Notwendigkeit zum Träger eines Diskurses wird, dessen Undurchdringlichkeit bis dahin durch Abspaltungen und bizarre Symptombildungen geschützt war. Es ist „die Selbstversetzung (. . .) in die Horizonte des Traumes und des Wahnes" (ebd. S. 76), die den Therapeuten immer wieder Erlebnissen der Vereinsamung, der Aggressivität, der Grandiosität und der Affizierung durch die Psychose aussetzt. Mit der Metapher des *„Transplantats"* hat Benedetti eine Vorstellung davon gegeben, daß sich die signifikante Beziehung zuerst – stellvertretend für den Patienten – im Therapeuten herstellt:

„Wenn die negative Gegenübertragung sozusagen ein Transplantat der Aggressivität des Patienten in uns ist, so ist sie auch deren entgiftende Verwandlung, deren Vermenschlichung; es ist, als ob der Patient sich nicht nur durch unsere Worte, sondern auch als unser Introjekt verwandeln muß, auch dann, wenn er sich nicht verändern will, weil *wir* der veränderte Patient sind." (Ebd. S. 74 f.)

Solche Interpretationen sind geeignet, das klassische Verständnis von ‚Übertragung' und ‚Gegenübertragung' zu erweitern. Denn der Analytiker wird hier nicht nur zum Repräsentanten der früheren Beziehungspersonen, der ihnen geltenden Regungen und Phantasien, sondern darüber hinaus auch zum Statthalter der unbewußten Subjektivität des Patienten, die er als Anderes-in-sich-selbst verspürt (vgl. hierzu auch McDougall 1978, S. 208 ff. und S. 241 ff.). Diese Erfahrung dürfte wohl kaum auf die Behandlung psychotischer Patienten beschränkt sein. Nur erhält sie hier vielleicht ein besonderes Gewicht.

Neuerdings hat M. Ermann (1986) versucht, die sogenannten „Gegenübertragungswiderstände" unter dem Gesichtspunkt der „antwortenden Emotionalität" des Therapeuten zu verstehen: „Ich halte es für wichtig", sagt Ermann (ebd. S. 9), „alles Material, auch wenn es – wie zum Beispiel eine Symptombildung des Analytikers – ausgeprägt neurotisch ist, unter dem Aspekt zu betrachten, was es über die gemeinsame Beziehung sagt." Dies ändere nichts an der grundsätzlichen Feststellung Freuds, wonach der Psychoanalytiker in seiner Arbeit jeweils nur so weit vorankomme, „als seine eigenen Komplexe und inneren Widerstände es gestatten" (1910d, S. 126). Aber „je intensiver sich die Dynamik des Behandlungsprozesses verdichtet" (Ermann 1986, S. 9), um so bedeutsamer werde das Erleben des Therapeuten für das Verständnis des gemeinsamen kommunikativen Vollzuges. Hören wir noch einmal Ermann (ebd. S.12):

„Ich glaube, daß in Behandlungen, die wirklich die Grundstruktur solcher Patienten berühren, sehr oft nachhaltige Krisen in der Gegenübertragung zu bewältigen sind: Phasen, in denen sich die Dynamik des Behandlungsprozesses am Widerstand des Analytikers bricht. Meine positive Einstellung gegenüber solchen Gegenübertragungskrisen beruht auf der Erfahrung, daß ich (. . .) die schönsten, wirklichen Veränderungen dort gesehen habe, wo der Analytiker in einem inneren Integrationsprozeß dazu gelangt ist, sein abgewehrtes Gegenübertragungs-Erleben anzunehmen und für seine Deutungsarbeit zur Verfügung zu haben."

Die geläufige Unterscheidung von ‚Übertragung' und ‚Gegenübertragung' darf indes nicht dazu verführen, in ihnen gleichsam feststehende Erlebnisdispositionen des Patienten oder des Therapeuten zu sehen. Eine solche Betrachtungsweise könnte den Blick dafür verstellen, daß es sich um kommunikative Strukturen von variablem Bedeutungsgehalt handelt, die nur in der Intersubjektivität erfahrbar sind (vgl. Schelling 1985).

Mit dem Konzept der „Grundstörung" hat M. Balint (1968) eine besondere Struktur der therapeutischen Beziehung angesprochen, die in wesentlichen Merkmalen Spitz' „Ja und Nein" entspricht: Der Patient entwickelt hier eine magische Sensibilität für das Erleben des Therapeuten, er nimmt die Deutungen des Analytikers weniger ihrem Inhalt nach zur Kenntnis als in dem Maß an Zuwendung oder Abwendung, das er durch sie erfährt. Es ist ein Bereich, in dem Worte, die bis dahin eine feststehende Bedeutung besaßen, „plötzlich unendlich bedeutungsschwanger und schwerwiegend im guten oder schlechten Sinn werden" (ebd. S. 28), in dem alles Reden und Sagen den Anderen in einer unmittelbaren Weise betroffen macht. Es ist „eine Art Mangel (...), eine Not, die entweder aktuell besteht oder schon fast das ganze Leben des Patienten hindurch bestanden hat" (ebd. S. 32). Von der übrigen Konflikthaftigkeit des Patienten unterscheidet sich das Erleben im Bereich der „Grundstörung" vor allem dadurch, daß es wesentlich um die Erfahrung des „Zueinander-Passens" zentriert ist, die eine eigene Sprache und eine eigene Aura von Assoziationen erzeugt. Und genau aus diesem Taumel der Bedeutungen heraus kann sich jene andere Erfahrung strukturieren, die Balint (1932) „Neubeginn" genannt hat (vgl. auch Thomä 1984b). „Aller Neubeginn", schreibt Balint (1968, S. 161), „ereignet sich in der Übertragung (...) und führt zu einer gewandelten Beziehung des Patienten zu seinen Liebes- und Haßobjekten (...). Der Neubeginn bedeutet a) die Rückkehr zu etwas ‚Primitivem', (...) und das könnte man als eine Regression beschreiben; b) gleichzeitig aber kommt es zur Entdeckung eines neuen, besseren Weges, und das bedeutet doch eine Progression."

Balint spricht in Zusammenhang mit dem „Neubeginn" von einer „Regression mit dem Ziele des Erkanntwerdens" (ebd. S. 176), wie sie nur in einer gegenseitig vertrauenden, arglosen Beziehung (ebd. S. 178) zur Entfaltung kommen kann. In diese Erfahrung findet sich der Analytiker zutiefst „hineinverstrickt" (ebd. S. 173). Auch in der Sicht Balints kommt der emotionalen Präsenz des Analytikers somit eine entscheidende Bedeutung dafür zu, inwieweit wirkliche therapeutische Veränderungen (und nicht nur Anpassungen) erreichbar sind.

Wir haben uns bislang vorwiegend mit solchen Autoren auseinandergesetzt, die den therapeutischen Prozeß als reziprokes Geschehen zwischen Analytiker und Analysand zu verstehen suchten. Dies bedeutete vor allem eine Neubewertung der ‚Gegenübertragung' und des Wiederholungsbegriffes. Versuchen wir nun, diese Überlegungen in die Sprache des ‚Dialogs' zu übersetzen. Denn während die Übertragung als affektives Instrument der Teilhabe in der Psychoanalyse ein beinahe „mythisches Prestige" (Barthes 1962, S. 38) genießt, so ist doch häufig übersehen worden, daß sie wesentlich eine Realität darstellt, die sich der Evokation durch das Sprechen verdankt. Das sprachliche Zeichen aber vermittelt die Geschichte des Subjekts nur symbolisch. Es erfordert einen anderen Ort als den der realen Objekte: den Ort des Anderen. Dieser Umstand verändert alles, was in bezug auf die Wiederholung gesagt worden ist. Denn wer wollte den Kern von Wahrheit leugnen, der sich in der Formulierung Lacans (1958a, S. 215) verbirgt:

„Man wird (. . .) nicht gesund, weil man sich erinnert. Man erinnert sich, weil man gesund wird."

Die Rekonstruktion bezieht sich demnach auf etwas anderes als auf die reale Vergangenheit: Die Worte, die zwischen Analytiker und Analysand ausgetauscht werden, ihre Wanderungen in die Vergangenheit, bringen sie in die Nähe des einen, unvergeßlichen Anderen. Aber sie erzeugen auch eine neue, symbolische Wirklichkeit. Die Wörter werden so zu Tauschobjekten, an denen man sich erkennt. Als entscheidendes Merkmal des Lebendigen hatte Spitz herausgestellt, daß es über die Sprache verfügt, daß es mit sich reden läßt und daß es der Realität die gesuchte Bedeutung nicht versagt. Es wird also nicht gleichgültig sein, in welcher Sprache der Analytiker seine ‚Deutungen' gibt, ob er in der Lage ist, sein Sprechen in einer elastischen Weise auf das einzustellen, was ihm in der

Übertragung zuspricht, schließlich ob es beiden Gesprächspartnern gelingt, spielerisch mit der Sprache umzugehen, neue Bedeutungen zu kreieren, unter Umständen sogar neue Wörter zu erfinden. Denn der Übertragungs-Dialog knüpft nicht nur an die frühen „Objekt-Vorläufer", an die „archaischen Gespräche" zwischen Mutter und Kind an. Weil er je schon in der Sprache geschieht, legt er auch neue Spuren an, bildet er den primären Anderen in einer veränderten Weise ab und erlaubt es dem Subjekt, aus dem Schatten des (ursprünglichen) Objekts herauszutreten.

Das Sprechen in der Übertragung wird so im eigentlichen Sinne zur Entfaltung eines Diskurses: „Dis-cursus", schreibt R. Barthes (1977, S. 15), „– das meint ursprünglich die Bewegung des Hin-und-Her-Laufens, das ist Kommen und Gehen, das sind ‚Schritte', ‚Verwicklungen'." Dieser Diskurs suspendiert für eine Weile jedes Fragen nach seinem möglichen ‚Sinn'. Dem Kinderspiel vergleichbar verliert er sich in Bereiche des Nicht-Sinns, zerlegt er bereits vorhandene Bedeutungen und konstruiert neue, überraschende, vieldeutige ‚Zeichen' von ungewissem Statut. Nach Spitz kann ein solcher Diskurs nur mit einem lebendigen Partner geführt werden. Gleichwohl setzt er eine signifikante Abwesenheit voraus, die die Geburt des Anderen – und der Sprache – überhaupt erst ermöglicht. Um diese Dialektik besser zu verstehen, bietet es sich an, Symbolbildung und Sprache in ihrem Verhältnis zum kindlichen Spiel noch näher zu untersuchen. Hier ist es Winnicott (1953), der mit seiner Konzeption der „Übergangsphänomene" einen wichtigen Beitrag geleistet hat. Denn die Unterscheidung zwischen dem Belebten und dem Unbelebten fällt längst nicht so eindeutig aus, wie es vielleicht den Anschein hat. Gerade unter den ‚toten Objekten' greift das Kind einige wenige heraus, die es mit den Attributen des Lebendigen belegt und zu denen es eine besonders innige Beziehung entwickelt. Diese Objekte nennt Winnicott „Übergangsobjekte".

5. Übergangsphänomene und intermediärer Raum bei D. W. Winnicott

5.1. Das Spiel und das Phänomen

Mit seiner Arbeit „Übergangsobjekte und Übergangsphänomene" erschließt Winnicott (1953) ein Feld, das innerhalb der Psychoanalyse zwar nicht unbeachtet geblieben war, aber in seiner schöpferischen Bedeutung für die frühkindliche Entwicklung nie eigens thematisiert wurde. Es geht Winnicott um den Bereich des kindlichen Spiels und seiner Vorläufer, der ersten kreativen Verwendung von Fähigkeiten und Gegenständen, um jenen Erfahrungsraum also, der ab einem gewissen Alter von Lutscher, Teddybär oder auch nur einem Kissenzipfel bevölkert wird: „Diese Objekte und Phänomene", vermutet Winnicott (ebd. S. 679), „bieten dem Kind ein Etwas, das von da an seine Bedeutung für den Menschen nicht mehr verlieren wird."

Die Welt der Übergangsphänomene besitzt eine eigenartige Struktur: Weder äußere Wirklichkeit noch Phantasie des Subjekts, sind sie auf eine gewisse Weise doch beides zugleich. Vielleicht ähneln die Übergangsphänomene noch am ehesten einer verspielten Träumerei, in der alles Geträumte ein Eigenleben entwickelt – ein Eigenleben, das wiederum in einer bestimmten Relation zum träumenden Subjekt steht (und das nie ganz der Verführung erliegt, sich seinerseits für die Realität auszugeben). Ebenso schwankend ist die zeitliche Erstreckung: Ein „Übergangsobjekt" kann zum Gefährten für einen ganzen Lebensabschnitt werden. Es kann aber auch nur für kurze Augenblicke eine außerordentliche Bedeutung erlangen. Aber selbst in seiner flüchtigsten Erscheinung bewahrt es eine besondere Nähe zu demjenigen, der es für sich erfunden hat. Von einer solchen Begegnung berichtet uns eine italienische Freundin:

„Ich war vier oder fünf Jahre alt. Damals war ich sehr einsam und meine Phantasie half mir, mir selbst ein bißchen Gesellschaft zu leisten. Zum Beispiel hatte ich eine neue, imaginäre Familie geschaffen: Die Mitglieder

waren zahlreich, trotzdem alle mit demselben Namen (Valerio oder Valeria). Ich sprach mit ihnen und erfand ihre Lebensgeschichte . . .
Der ‚Fall der Fahne' geschah nachmittags, als ich allein zu Hause war. An einer Wand meines Zimmers hingen drei dänische Fahnen, ein Geschenk meines Vaters. Es handelte sich um lange und bunte, von zwei hölzernen Stäbchen gespannte Stoffstreifen. An den anderen Tagen pflegte ich von den Mustern der Stoffstreifen zu phantasieren. An jenem Tag aber bemerkte ich plötzlich das unterste Stäbchen. Es schien mir so einsam und so traurig, daß ich mich es zu trösten entschloß. Ich zog es heraus, wusch und trocknete es. Dann dachte ich, es wäre sicher hungrig. So deckte ich den Tisch und bereitete ein Tellerchen mit in Essig eingelegtem Gemüse (ein Leckerbissen für mich!) vor. Damit speiste ich das Stäbchen. Nachher hatte ich es eine Weile lang in den Armen gewogen. Die Behandlung war nun fertig, und ich setzte das Stäbchen wieder an seine Stelle. An mehr erinnere ich mich nicht. Ich kann nur hinzufügen, daß ich die ganze Zeit über laut mit dem Stäbchen gesprochen habe."

Wir sehen in dieser Kinderszene sehr schön die Verdoppelung, die das Übergangsobjekt in die Beziehung zum spielenden Kind einführt: Indem es das Subjekt in seiner Not symbolisiert, erlöst es unsere kleine Träumerin aus ihrer Einsamkeit. Denn das Spiel mit dem Stäbchen, die ihm gewährten Liebkosungen, die Möglichkeit, es zu trösten, ihm Geschichten zu erzählen und ihm als der Andere zu begegnen, den man ja eigentlich selbst vermißt – diese Mannigfaltigkeit ist etwas anderes als eine halluzinierte Präsenz. So erschließt das Spiel einen Übergangsbereich zwischen der realen Abwesenheit und jeder bloß phantasierten Anwesenheit (wie im ersten Teil der Geschichte). Dieser Zwischenraum bildet die Bühne für erfundene Handlungen, für spielerische Verwicklungen, für eigentlich unsinnige und doch sehr wichtige Erfahrungen. Winnicotts Untersuchungen haben diesen „intermediären Raum" zum Gegenstand, der zwischen Phantasie und Realität, zwischen Wachen und Schlafen, zwischen subjektivem Erleben und objektiver Wahrnehmung liegt. Im Gegensatz zur klassisch psychoanalytischen Auffassung stellt er für Winnicott etwas durchaus Eigenständiges dar, das sich weder auf das Innen der Triebbedürfnisse noch auf das Außen der Objektwelt reduzieren läßt. In diesem neutralen Erfahrungsbereich sieht er die Wurzeln von Spiel und Phantasie, von Sprache, Kunst und Religion: „Ich glaube, daß es für die psychoanalytische Theorie an der Zeit ist, die Aufmerksamkeit auf diesen *dritten Bereich* zu lenken, den Bereich der kulturellen Erfahrung, die ein Abkömmling des Spiels ist." (Winnicott 1967a, S. 268)

5.2. Übergangsobjekte und intermediärer Raum

Daß Dichtung und Kunst ihre Wurzeln im kindlichen Spiel haben, deutete Freud bereits an: „Sollten wir die ersten Spuren dichterischer Betätigung nicht schon beim Kinde suchen? Die liebste und intensivste Beschäftigung des Kindes ist das Spiel. Vielleicht dürfen wir sagen: Jedes spielende Kind benimmt sich wie ein Dichter, indem es sich eine eigene Welt erschafft oder, richtiger gesagt, die Dinge seiner Welt in eine neue, ihm gefällige Ordnung versetzt." (1908e, S. 171) Nur scheinbar hört der Erwachsene zu spielen auf: Dichtung und Tagträume sind für Freud „Fortsetzung und Ersatz des kindlichen Spieles" (ebd. S. 178). In den künstlerischen Produktionen überlebt ein Teil jener „Allmacht der Gedanken" (heute heißt es weniger poetisch: Omnipotenzphantasien), die den magischen Weltbezug des Kindes ausmacht: „Mit Recht spricht man vom Zauber der Kunst und vergleicht den Künstler mit einem Zauberer." (Freud 1912–13, S. 378)

K. Hartmann hat in seiner Arbeit „Über psychoanalytische ‚Funktionstheorien' des Spiels" (1961/62) aufgezeigt, daß Freud die präanalytischen Auffassungen des Spiels in wesentlichen Punkten vertieft und erweitert hat (vgl. auch Alexander 1956). Dies betrifft vor allem die symbolische Darstellung aggressiver und libidinöser Regungen sowie die Bedeutung des Spiels für die Bewältigung von Angst. Nach Peller (1954) spiegelt sich die frühkindliche Entwicklung in charakteristischen Spiel- und Phantasiemustern, denen allen gemeinsam ist, daß in ihnen phasentypische Befriedigungsmöglichkeiten, Angst- und Konfliktsituationen wiederholt, neu inszeniert oder auch antizipiert werden. Erikson (1957) hat insbesondere auf die schöpferische und identitätsbildende Dimension des Spiels aufmerksam gemacht.

Freud sah das Spiel im Gegensatz zur Wirklichkeit. Er hielt aber daran fest, daß im Spiel ein Bezug zur Realität gegeben ist. Nach Winnicott (1967a, S. 260) rückte Freud zwar „die innere, psychische Realität in ein neues Licht (. . .). Mit dem Ausdruck ,Sublimierung' hat er den Weg zu jenem seelischen Bereich gewiesen, darin kulturelle Erlebnisse bedeutungsvoll werden, doch ist Freud wohl nicht weit genug vorgedrungen, um uns sagen zu können, wo das kulturelle Erleben im Seelischen nun eigentlich lokalisiert ist."

Für Winnicott stellt sich dieser von Freud nicht eigens angesprochene Bereich als „potentieller Raum" dar, der nicht von vornherein gegeben ist, sondern im Spannungsfeld zwischen Mutter und Kind erst entdeckt werden muß und sich durch schöpferische Leistungen allmählich mit Bedeutung auflädt. Er gehört weder der äußeren Wirklichkeit noch der inneren Realität an. Mehr noch: Nur wenn in diesem Übergangsbereich Vertrauen spielerisch Gestalt gewinnen kann, wird es möglich, „die Trennung von Objektwelt und Selbst" zu vollziehen (Winnicott 1971, S. 125).

Man sieht bereits, wie eng die Parallelen zur analytischen Situation sind: Auch hier geht es schließlich nicht um Urteile, die Realität oder Nicht-Realität von Erzählungen betreffend, als um ein Feld von Bedeutungen, das fächerartig erst durch den kommunikativen Vollzug selbst aufgespannt wird. Damit der Diskurs nicht berechnend bleibt, damit er sich von einer kontrollierten Oberflächlichkeit wegbewegt, ist es notwendig, daß sich das Subjekt in sein Sprechen verlieren kann wie ein Kind, wenn es spielt.

Denn ein wesentliches Merkmal der Spielsituation, vielleicht ihr wichtigstes Charakteristikum überhaupt, besteht darin, daß der Spielende sich in sein Spiel verlieren darf, mit anderen Worten, daß ihm – während er spielt – kein Realitätsurteil abverlangt wird. Hinsichtlich des Spielgegenstandes – des Übergangsobjekts – „herrscht sozusagen eine Art Übereinkunft zwischen uns und dem Kleinkind". Wir werden es niemals fragen: „,Hast du dir das ausgedacht, oder ist es von außen an dich herangebracht worden?' Wichtig ist, daß eine Entscheidung in dieser Angelegenheit nicht erwartet wird. Die Frage taucht gar nicht erst auf." (Winnicott 1953, S. 23) Für das Spiel ist die Art des Übergangsobjekts nur von zweitrangiger Bedeutung. Gleich ob es sich dabei „um eine Handvoll Wolle, den Zipfel der Decke oder des Kissens, um ein Wort oder eine Melodie" handelt (ebd. S. 13), mit der sich der Säugling in den Schlaf singt. Das Übergangsobjekt steht zwar bereits für ein anderes – „für das Objekt der ersten Beziehung" (ebd. S. 19) –, es bildet aber doch erst die Matrix, in der sich spielerisch ein Transfer vollzieht.

Worin besteht dieser Transfer? Gemeint ist der Übergang von einem Stadium des primären Autoerotismus (der „objektlosen" Vorstufe bei Spitz) zur ersten Beziehungsaufnahme mit der Welt, zwischen einem Phantasieren, das noch nicht von der Halluzination geschieden ist und dem handelnden Umgang mit den Dingen. Vor allem aber repräsentiert das Übergangsobjekt „den Übergang des Kindes aus einer Phase der engsten Verbundenheit mit der Mutter in eine andere, in der es mit der Mutter als einem Phänomen außerhalb seines Selbst in Beziehung steht." (Ebd. S. 25) Das Kind zeigt gegenüber ‚seinem' Teddy eine besondere Anhänglichkeit, die Mutter gestattet ihm, „zu diesem Objekt eine sozusagen suchthafte Beziehung zu entwickeln." (Ebd. S. 10) Später entdecken die Eltern, „wie wertvoll es für das Kind geworden ist, und nehmen es auf Reisen mit. Die Mutter läßt zu, daß es schmutzig wird (. . .), denn sie weiß, daß sie mit einer Reinigung die Kontinuität der Erfahrung des Kindes unterbrechen und damit die Bedeutung und den Wert des Objektes für das Kind zerstören würde." (Ebd. S. 13)

Mit dem Einsetzen der „gesicherten Realitätsprüfung" wird die „Besetzung des Übergangsobjektes (. . .) im Laufe der Zeit geringer": Der Bär hat seine Schuldigkeit getan. Gleichwohl bleibt der intermediäre Erfahrungsraum, in dem die Übergangsobjekte auftauchten, „das ganze Leben lang für außergewöhnliche Erfahrungen im Bereich der Kunst, der Religion, der Imagination und der schöpferischen wissenschaftlichen Arbeit erhalten." (Ebd. S. 25) Die Übergangsobjekte haben hier nur eine initiierende Wirkung. Sie stellen den ersten „Nicht-Ich-Besitz" des Kindes dar, sie geben seiner Fähigkeit Gestalt, „ein Objekt zu erschaffen: es sich vorzustellen, zu erdenken, erfinden, hervorzubringen"; sie dienen zur Zeit des Schlafengehens als nie versagende Abwehrmittel gegen Ängste, sie markieren den „Beginn einer zärtlichen Objektbeziehung." (Ebd. S. 11; vgl. auch Flew 1978; Isaacs Elmhirst 1980)

Genau besehen steckt Winnicotts Beschreibung voller Paradoxien: Lutscher, Daumen, Teddybär, ein melodisches Summen, der geliebte Fetzen Stoff sind nicht als eine besondere Klasse von Objekten bedeutsam. Was sie aus der Umwelt des Kindes heraushebt, ist vielmehr ihr Gebrauch. Deshalb ist die Bezeichnung ‚Phänomene' auch zutreffender als die Klassifizierung ‚Objekte'. Vielleicht ist Winnicotts Analyse überhaupt mehr phänomenologisch als psychoanalytisch. Denn diese ‚Objekte' sind als solche noch gar nicht vorhanden, sie werden erst durch eine bestimmte Intimität des Umgangs in ihrer subjektiven Bedeutung erzeugt. Zwar bedient sich Winnicott der Sprache der Objektbeziehungspsychologie, aber sein ‚Objekt' schwankt eben noch zwischen Innen und Außen, zwischen Substantialität und phantastischer Konstruktion, zwischen Spiel und Realität. Es wird zwar vorgefunden, aber doch erst kreiert, es bannt das Subjekt und überlebt dennoch die eigene Destruktion: Magie des ersten Besitzes, der noch Besessenheit ist, ‚Spiel' und ‚Zeug' in einem. Wer hätte nicht die Spannung bemerkt, die in dem Ausdruck „zärtliche Objektbeziehung" liegt?

Wenn das Übergangsobjekt nicht selbst das Entscheidende ist, sondern die *Beziehung,* die es vermittelt, dann setzt dies einen ersten Abstand voraus: den intermediären Raum. Doch als ‚potentieller' Raum hat der intermediäre Raum mit dem geometrischen Raum des Erwachsenen vorerst nur wenig gemeinsam. „Der potentielle Raum", schreibt G. Pankow, „liegt *vor* den Toren' der klassischen Psychoanalyse und ihren Objektbeziehungen." (1982, S. 107) Seine Räumlichkeit wird erst durch das Spiel mit jenem kleinen fetischartigen Gegenstand der Kindheit aufgespannt. Als Spielbereich besitzt der intermediäre Raum eine Doppelstruktur, er ist *Rand* und *Überlappungszone* in einem. Die gleiche Mehrdeutigkeit spiegelt sich in der Beziehung zum Übergangsobjekt. Winnicott grenzt es ausdrücklich vom „inneren Objekt" Melanie Kleins (1934) ab: „Das Übergangsobjekt *ist kein inneres Objekt* (womit ja etwas Psychisches gemeint ist) – es ist ein Besitz, und trotzdem (. . .) kein äußeres Objekt. Wir müssen die folgende komplexe Feststellung treffen: Das Kind kann sich eines Übergangsobjektes bedienen, wenn das innere Objekt lebendig, real und gut genug (nicht allzu sehr ‚verfolgend') ist." (Winnicott 1953, S. 19; vgl. auch Eigen 1980, S. 416 f.)

In gewisser Weise bedeutet der Gebrauch des Übergangsobjekts demnach eine zärtliche Berührung des Realen. Das Übergangsobjekt scheint „eben das zu sein, was wir von diesem Prozeß der Annäherung an objektive Erfahrung zu sehen bekommen." (Winnicott 1953, S. 15) Seine Funktion reicht über den imaginären Spielplatz der Kindheit hinaus. Der intermediäre Raum, wie er im Singsang der ersten Laute, im spielerischen Umgang mit den Dingen aufgefaltet wird, dient bei Winnicott vor allem als *Fühler zum Realen*: An einem Stück Windel, einem Wollknäuel, dem ausgerissenen Bein einer Puppe ergreift das Kleinkind die ersten Zipfel der Realität. Das Übergangsobjekt selbst ist nur als animistischer Vorläufer der „gesicherten Realitätsprüfung" bedeutsam. Es geht der „echten Objektbeziehung" voraus: eine ephemere Gestalt, dazu bestimmt, in der Rumpelkammer des Lebens zu verschwinden. „Es wird weder vergessen noch betrauert. Es verliert im Laufe der Zeit Bedeutung, weil die Übergangsphänomene unschärfer werden und sich über den gesamten intermediären Bereich zwischen ‚innerer psychischer Realität' und ‚äußerer Welt, die von zwei Menschen gemeinsam wahrgenommen wird', ausbreiten – das heißt über den gesamten kulturellen Bereich." (Ebd. S. 15)

Das Beibehalten, die Verinnerlichung des Übergangsobjekts, ein gewisses Delirieren in seinem Gebrauch zeigen dagegen, daß es seine Mittlerfunktion (als „Beschwichtiger") eingebüßt hat: Als „Tröster" klammert es sich an ein Verlorenes, das Trennung, Verlust oder den Zusammenbruch einer Beziehung bedeuten kann, aber auch die verhängnisvolle Verlötung mit dem primären Anderen. Wenn das Kind nicht mehr in der Lage ist, sich in sein Spiel zu verlieren, dann verliert das Spiel seinen spielerischen Charakter und wird seinerseits zur endlosen Beschwörung des Verlorenen. Eine Psychopathologie der Übergangsphänomene erweist diese als erstarrte Spiele, die in den Ritualen des Zwangs, im Hunger der Sucht oder in der geheimnisvollen Gestalt des Fetisch ein Eigenleben führen (vgl. Hoppe 1964; Khan 1983). An diese erstarrten Spiele kann das therapeutische Gespräch wieder anknüpfen, insofern es die Möglichkeit in sich birgt, das Spiel wieder aufzunehmen und das scheinbar Verspielte in einer veränderten Weise zurückzugewinnen.

In seiner Studie über den „Bindfaden" (1960a) schildert Winnicott, wie sich Kommunikation unter bestimmten Bedingungen in die Verleugnung von Trennung verwandeln kann. In diesem Prozeß kommt der Qualität der frühen Mutter-Kind-Beziehung eine entscheidende Bedeutung zu. Im Idealfall soll sie „sowohl die Möglichkeit für Illusionsbildung als auch für schrittweise Desillusionierung" gewähren (Winnicott 1953, S. 23). Wie haben wir uns dieses Sowohl-Als-auch vorzustellen?

An diesem Punkt setzt Winnicotts „Illusions-Desillusionierungs-Theorie" an.

5.3. Winnicotts „Illusions-Desillusionierungs-Theorie"

Ob der Übergang von der Illusion zur Realität vollzogen werden kann, hängt Winnicott zufolge wesentlich von der Fähigkeit der Mutter ab, sich den Bedürfnissen des Kindes in einer flexiblen Weise anzupassen. In einem frühen Stadium soll diese Anpassung eine fast vollkommene sein, indem sich das Angebot der Mutter komplementär zu den elementaren Bedürfnissen des Säuglings verhält. Auf den Stillvorgang bezogen gewährt sie dem Säugling die Illusion, daß die Brust ein Teil seiner selbst ist, daß sie unter seiner magischen Kontrolle gleichsam auftaucht und wieder verschwindet. „Omnipotenz", schreibt Winnicott (1953, S. 21), „ist für den Säugling fast eine Erfahrungstatsache."

Paradoxerweise ist deshalb die Illusion die erste Figur des Realen. In der Illusion kommt das Reale dem Bedürfnis als Angebot entgegen. Denn mit dem Gewähren der Brust wird nicht nur allein Nahrung gespendet, sondern der reale Kern dessen bereitgestellt, woran die kindliche Illusion anknüpfen kann. Diese Illusion ist insofern bereits eine schöpferische Leistung, als „der Säugling zu einem theoretischen Zeitpunkt in seiner frühen Entwicklung (. . .) fähig ist, sich eine Vorstellung von einem Objekt zu bilden, welches das wachsende Bedürfnis zu stillen vermag". Gelingt die Anpassung der Mutter an die kindlichen Bedürfnisse „genügend gut", dann wird sie dem Kind die Illusion geben, „daß es eine äußere Realität gibt, die mit seiner eigenen schöpferischen Fähigkeit korrespondiert. Mit anderen Worten: Das Angebot der Mutter deckt sich mit der

Vorstellung des Kindes." Doch in dem Maße, als diese Szene durch die Illusion zugleich verhüllt wird, findet in ihr kein wirklicher Austausch statt: „Das Kind nimmt die Brust nur insofern wahr, als es sie jetzt und hier für sich erschaffen kann. (. . .) Psychologisch gesehen trinkt das Kind von einer Brust, die zu seinem Selbst gehört, und die Mutter nährt einen zu ihrem Selbst gehörenden Säugling." (Ebd. S. 22)

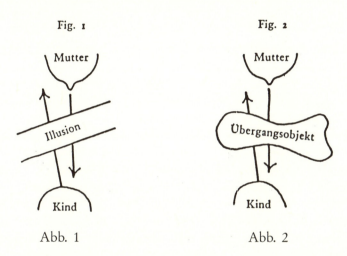

Abb. 1   Abb. 2

Mit den beiden Abbildungen illustriert Winnicott (1953, S. 22) den Übergang zu einer zweiten Phase, *in der das Übergangsobjekt an die Stelle der Illusion tritt*. Sie repräsentiert jenen langsam voranschreitenden Prozeß, bei dem die nachlassende Anpassungsleistung der Mutter der zunehmenden Fähigkeit des Kindes entspricht, „die Folgen von Frustrationen zu ertragen." (Ebd. S. 20) In dieser Phase gewinnen die Übergangsphänomene an Bedeutung: Erzeugt die „hinlänglich gute mütterliche Betreuung" (ebd. S. 24) einen Raum des Vertrauens, dann können Möglichkeiten und Grenzen erkundet, Widersprüche akzeptiert und Verlusterlebnisse in das Selbsterleben integriert werden. Allmähliche Versagung wird hier ebenso wichtig wie zuvor die Möglichkeit zur Illusionsbildung. Denn erst die „unvollständige Anpassung an Bedürfnisse macht Objekte zu etwas Realem, das heißt zu geliebten und zugleich gehaßten Objekten." (Ebd.

S. 21) Winnicott legt Wert auf die Feststellung, daß *Entwöhnung* in diesem Zusammenhang mehr bedeutet als das bloße Einstellen der Brusternährung. Er nimmt einen „verborgenen Prozeß" an, in dem „sowohl die Möglichkeit für Illusionsbildung als auch für schrittweise Desillusionierung" (ebd. S. 23) ineinandergreifen. Hierfür die notwendige Erfahrung emotionaler Kontinuität zu gewähren, obliegt der ‚hinreichend guten' Mutter.

Kann man Ähnliches auch von der therapeutischen Beziehung sagen? Liegt nicht im Wechselspiel von Illusionsbildung, Desillusionierung und Symbolschöpfung der Kern auch der analytischen Erfahrung? Und welche Bedeutung kommt in diesem Prozeß den Übergangsphänomenen zu, die das Versprechen der kindlichen Illusion erneuern und es doch nicht mehr als die alleinige Schöpfung des Subjekts erscheinen lassen? Es ist naheliegend, Übergangsphänomene und Übertragung auf diese Weise miteinander zu verknüpfen. Bereits Freud (1914g, S. 214) nannte ja die Übertragung ein „Zwischenreich zwischen der Krankheit und dem Leben". Und wie das melodische Summen des Kleinkindes erzeugt auch das Sprechen in der Übertragung einen intermediären Raum zwischen Illusion und Wirklichkeit, zwischen Gegenwart und Vergangenheit, zwischen dem Einen und dem Anderen. Wenn dem so ist, dann träte der Analytiker an die Stelle des Übergangsobjekts, so wie dieses dereinst an die Stelle des primären Anderen getreten war und ihn dadurch in den Rang des signifikanten Anderen erhoben hatte. Signifikant, weil er weder mit der Spiegelung der Illusion zusammenfällt, noch die Realität als solche abbildet, sondern je schon durch Worte – durch ‚Zeichen' – hindurchgegangen ist.

Eine solche Interpretation bliebe nicht ohne Konsequenzen für das therapeutische Gespräch: Erinnern wir uns der Forderung Winnicotts, daß dem spielenden Kind hinsichtlich seines Spielgegenstandes kein Realitätsurteil abverlangt werden darf. Für die Dauer des Spiels bleibt also die Frage außer Betracht: „Hast Du Dir das ausgedacht, oder ist es von außen an Dich herangetragen worden?" Genau auf diese Frage zielen aber die meisten der sogenannten ‚klassischen' Übertragungsdeutungen. Was bedeutet es dann, wenn eine Interpretation zwar zutrifft, aber das Spiel zerstört? Sind die ‚richtigen' Deutungen nicht eigentlich diejenigen, die das Spiel bereichern, statt es zu unterbrechen? Und hängt die Wirksamkeit einer Deutung nicht letztlich davon ab, ob sie sich geschmeidig dem Sprechen des Anderen anpaßt, ob sie in der Lage ist, dem „Sprachspiel" (Wittgenstein) unerwartete, überraschende Wendungen zu geben? Winnicott (1969) hat das Verständnis des therapeutischen Prozesses erweitert, indem er den Begriff der „Objektverwendung" einführte.

5.4. Übergangsphänomene in der Übertragung: Anmerkungen zu Winnicotts Begriff der „Objektverwendung"

Ein 20jähriger Patient hat ein Spiel erfunden, in dem er sich mit der für ihn schmerzhaften Erfahrung der Trennung am Ende einer jeden Behandlungsstunde auseinandersetzt: Abends, wenn er im Bett liegt und die Augen schließt, sieht er das Bild eines zärtlichen Freundes vor sich auftauchen. Sobald er aber die Augen öffnet, ist das Bild wieder verschwunden. Dieser Vorgang kann beliebig oft wiederholt werden und wird von ihm manchmal bis zur Ermüdung fortgeführt: Augen zu – er ist da! Augen auf – er ist wieder weg! Mit Kommen und Gehen, Auftauchen- und Verschwindenlassen wiegt er sich in den Schlaf. Mitunter holt er sogar den Teddy aus seinen Kindertagen wieder hervor und erzählt ihm, bis er müde wird. Oder er übernimmt das Lächeln des Therapeuten, so wie er es am Ende der Sitzung bei der Verabschiedung wahrgenommen hat: „Ich nehme Ihren Blick mit hinaus und versuche, andere Leute genauso anzuschauen, wie Sie mich angeschaut haben." Der gleiche Patient hat es sich zur Gewohnheit gemacht, meinen Namen mitsamt Telephonnummer auf einem Zettel in seinem Portemonnaie aufzubewahren und wie einen Talisman immer bei sich zu tragen: „Dann fühle ich mich sicher, und Sie sind irgendwie bei mir." Andererseits gibt er mir die Schuld daran, wenn seine Beschwerden ihm wieder zusetzen – als wäre ich derjenige, der es ihm gut oder schlecht ergehen lassen könnte!

Eine andere Patientin erlebt den Umstand, daß eine Pflanze vorübergehend aus dem Behandlungszimmer entfernt wurde (was sie beobachtet hatte) wie eine Zurückweisung, die eigentlich ihr gilt. Und wieder eine andere Patientin hat einen Traum mitgebracht, in dem sie selbst durch eine Pflanze symbolisiert wird – die nämliche Pflanze, die sie mir einige Tage vorher zum Geschenk gemacht hatte. Sie hat zudem eine besondere Phantasie-Technik entwickelt, um auch außerhalb der Sitzungen mit mir in Kontakt zu bleiben: Sie vermag nämlich vermittels gewisser Vorstellungen (manchmal auch in Selbstgesprächen), die Stimme des Therapeuten zu sich sprechen, aber auch wieder verstummen zu lassen, ihr nach Belieben jenen besonderen liebevollen, bestätigenden oder auch drohenden Unterton zu verleihen, der sie, der jeweiligen Situation entsprechend, zufriedenstellen oder auch verärgern kann.

Alle diese Phänomene schöpfen ihren Reichtum aus der Nähe zum Anderen – und aus der Erfahrung seiner Abwesenheit. Ob es nun ein Blick ist, der „mitgenommen" wird, die abwesende Stimme, die das Subjekt sprechen läßt, ein Zettelchen, das als Unterpfand dient oder das Öffnen und Schließen der Augen: In diesen Aktionen liegt nicht nur eine Magie der Präsenz – Beschwörungsformeln, die den Anderen bannen sollen –, sondern mindestens ebensosehr ein Bereich schöpferischer Kommunikation, die nie wirklich einsam bleibt. Auf ein bemerkenswertes Beispiel dieser Art, in dem eine ganze Traumsequenz über Monate hinweg als Übergangsphänomen eingesetzt wurde, werden wir in einem späteren Abschnitt noch zu sprechen kommen. Vorläufig mag es genügen, den Zusammenhang von ‚Übertragung' und Übergangsphänomenen im Auge zu behalten (vgl. auch Greenson 1978).

In der Tat können wir vieles von dem, was Winnicott über die Beziehung zum Übergangsobjekt ausführt, in seiner Auffassung des therapeutischen Prozesses wiederfinden, etwa wenn er schreibt: „Ich gehe von dem Grundsatz aus, *daß sich Psychotherapie in der Überschneidung zweier Spielbereiche vollzieht, dem des Patienten und dem des Therapeuten.*" (1971, S. 66) Die folgenden Merkmale, die Winnicott hervorhebt, gelten ebenso für das Übergangsobjekt wie für die analytische Situation, was am ehesten spürbar wird, wenn man in den nachstehenden Sätzen bei dem Wort ‚Objekt' jeweils die Bedeutung ‚der Andere' oder ‚der Therapeut' mitschwingen läßt:

„1. Das Kind beansprucht dem Objekt gegenüber Rechte, denen wir als Erwachsene zustimmen. Doch ein gewisser Verzicht auf die eigene Omnipotenz ist von Anfang an ein Merkmal dieser Beziehung.

2. Das Objekt wird zärtlich behandelt, aber auch leidenschaftlich geliebt und mißhandelt.

3. Es darf nicht verändert werden, außer wenn das Kind selbst es verändert.

4. Es muß triebhafte Liebe ebenso ‚überleben' wie Haß und gegebenenfalls reine Aggression.

5. Dennoch muß es dem Kind das Gefühl der Wärme vermitteln und durch Bewegung, Oberflächenbeschaffenheit und scheinbare Aktion den Eindruck erwecken, lebendig zu sein und eigene Realität zu besitzen.

6. Für uns Erwachsene gehört es der Außenwelt an, nicht aber für das Kind; andererseits gehört es auch nicht zur inneren Welt; es ist keine Halluzination.

7. Sein Schicksal ist es, daß ihm allmählich die Besetzungen entzogen werden, so daß es im Laufe der Jahre zwar nicht in Vergessenheit gerät, jedoch in die Rumpelkammer verbannt wird." (1953, S. 14 f.)

Wenn wir in der Beziehung zum Übergangsobjekt die Strukturmerkmale der therapeutischen Beziehung wiedererkennen, dann nähern wir uns Winnicotts Begriff der „Objektverwendung". Ein unglücklicher, ein mißverständlicher Begriff, weil er so etwas wie die grenzenlose technische Verfügbarkeit über einen Naturgegenstand zu unterstellen scheint. Dabei geht es Winnicott gerade darum, das klassische Schema der „Objektbeziehung" zu erweitern. Die „Objekt*beziehung*" – so Winnicotts Kritik – verbleibt ganz im Rahmen einer phantasmatischen Kommunikation. Der frühen Illusion des Säuglings vergleichbar umfaßt sie zu keinem Zeitpunkt mehr als die auf den Therapeuten als Spiegel projizierten Bilder des Patienten. Demgegenüber bringt die „Objekt*verwendung*" ein Moment echter kommunikativer Begegnung ins Spiel, da sie sich an der Widerständigkeit, an der Differenz zum Anderen bricht. Darin liegt wohl der tiefere anthropologische Gehalt der Forderung Winnicotts, der Analytiker müsse den Eindruck erwecken, lebendig zu sein, eine eigene

Realität besitzen, die es ihm gestattet, die triebhafte Liebe des Patienten ebenso zu überleben wie gegebenenfalls Haß oder reine Destruktion. Die Erfahrung, *daß der Andere die phantasierte Zerstörung überlebt,* wird bei Winnicott zum Ausgangspunkt für die Erfahrung von ‚Leben‘ und ‚Realität‘ schlechthin. Damit stellt er die traditionelle Auffassung der Aggression auf den Kopf. Ging die orthodoxe Theorie davon aus, „daß Aggression sich aus der Auseinandersetzung mit dem Realitätsprinzip ergibt“, so gilt für Winnicott (1969, S. 109) gerade umgekehrt, daß „der Destruktionstrieb (. . .) *das Äußere in seinem Wesen erst erschafft.“* (Hervorhebung d. Verf.) Wir begegnen hier also erneut jenem schon weiter oben für die menschliche Kommunikation als grundlegend erachteten Zusammenhang, daß jede Setzung immer bereits vorgängige Nichtung impliziert: „Wir werden nicht ‚durch den Anderen‘ wir selbst (. . .), sondern gegen den Anderen, weil wir uns durch den Anderen in eigener Andersheit erfahren, damit den Anderen als den Anderen objektivieren.“ (Wyss 1980, S. 373) Nichts anderes bringt Winnicott mit seiner These zum Ausdruck, „daß Destruktion ihre Rolle bei der Entstehung der Realität spielt, indem sie das Objekt außerhalb des Selbst ansiedelt.“ (1969, S. 106)

Was bedeutet dies für die therapeutische Kommunikation? Folgen wir Winnicott (ebd. S. 105), dann geht es auch hier darum, „daß das Subjekt das Objekt als ein äußeres Phänomen und nicht als etwas Projiziertes wahrnimmt, also letzten Endes um die Anerkennung des Objekts als ein Wesen mit eigenem Recht.“ Spätestens an dieser Stelle spürt man, wie inadäquat die Rede von den ‚Objekten‘ dem intersubjektiven Sachverhalt ist, den Winnicott beschreibt. Er unterscheidet drei sukzessive Positionen, die das ‚Subjekt‘ gegenüber dem ‚Objekt‘ einnimmt: 1) „das Subjekt steht in Beziehung zum Objekt“ (Objektbeziehung), 2) „das Subjekt zerstört das Objekt (das erst dadurch etwas Äußeres wird)“ und 3) „*das Objekt überlebt* die Zerstörung durch das Subjekt“ (ebd. S. 105). Mit anderen Worten:

„Das Subjekt sagt gewissermaßen zum Objekt: ‚Ich habe dich zerstört‘, und das Objekt nimmt diese Aussage an. Von nun an sagt das Subjekt: ‚Hallo, Objekt! Ich habe dich zerstört! Ich liebe dich! Du bist für mich wertvoll, weil du überlebt hast, obwohl ich dich zerstört habe! Obwohl ich dich liebe, zerstöre ich dich in meiner (unbewußten) Phantasie." (Ebd. S. 105)

In jener doppelten Bewegung der *Zerstörung und Anerkennung* liegt für Winnicott „der eigentliche Anfang der Phantasie im Menschen. Das Subjekt kann jetzt das Objekt, das überlebt hat, *verwenden.*" „Überleben" bedeutet vom Standpunkt des Analytikers aus „Sich-nicht-Rächen" (ebd. S. 105). Erst wenn der Patient die Erfahrung macht, daß seine Angriffe nicht unabdingbar zur Vergeltung führen, wird er den Therapeuten als Anderen wahrnehmen und nicht nur als Projektion eines Teils seiner selbst. Anders ausgedrückt: Kommunikation kann als konfliktbezogene erst dort beginnen, wo die Differenz zum Anderen erlebbar wird, wo der Andere mehr ist als lediglich ein Bündel ‚subjektiver' Projektionen. Wäre eine konsequente ‚Spiegelhaltung' jemals möglich, sie müßte Intersubjektivität tangential verfehlen, da sie in ihrem Gefolge stets nur einen Hof imaginärer Identifikationen erzeugen würde. Denn ohne die Erfahrung des Anderen als Anderen „wird das Subjekt den Analytiker niemals in die Außenwelt stellen und deshalb in der Analyse niemals mehr als eine Art Selbsterfahrung machen können" (Winnicott 1969, S. 107). In diesem Sinne wird die Destruktion „zum unbewußten Hintergrund für die Liebe zum realen Objekt, das außerhalb (. . .) der omnipotenten Kontrolle des Subjekts steht." (Ebd. S. 110) Und genau dies ist eine wichtige Voraussetzung dafür, daß Deutungen wirksam werden können. Deuten als Teil der kommunikativen Beziehung zwischen Analytiker und Analysand erfordert von ersterem vor allem die Fähigkeit, warten zu können, nicht auf den ‚Sinn' gierig zu sein. „Ich glaube", schreibt Winnicott (ebd. S. 101), „meine Interpretationen haben heute vor allem die Aufgabe, dem Patienten die Grenzen meines Verstehens erkennbar werden zu lassen."

Wie das Spiel mit dem Übergangsobjekt noch frei ist von jeder Zweckforderung, wie es nach Belieben Sinnloses produziert und wieder verwirft, so erzeugt auch das therapeutische Sprechen eine eigene Verspieltheit, die nicht beliebig durch Deutungen hinterfragt werden darf. Die Deutung des Analytikers darf nicht in Widerspruch geraten zu seiner Bereitschaft, sich – wie das Übergangsobjekt – ‚verwenden' zu lassen, das heißt: Im günstigen Fall wird er hinter seine Deutungen zurücktreten, nicht fordernd sein, die Mehrdeutigkeit des Zeichens auffächern, statt auf Eindeutigkeit zu beharren. Denn es ist unmöglich, sich in ein Spiel zu verlieren, wenn man den Anderen in der Position der Lauer wähnt. Deshalb ist die Deutung – wie Wyss (1982, Bd. 1, S. 359) aufgezeigt hat – immer zuerst An-spielung, „Andeutung", spielerisches Eröffnen von Möglichkeiten, das eine Vielzahl von Bedeutungen hervorbringt (vgl. auch Wyss 1973, S. 7–84).

Unter der Überschrift „Der psychoanalytische Dialog und die Antizipation eines wahren Lebens" hat Loch (1976) darauf hingewiesen, wie wichtig es sein kann, daß wir es „in bestimmten Phasen (. . .) dulden, daß völliger Unsinn produziert wird, (. . .) weil es womöglich der Unsinn ist, über den die Findung und der Aufbau des wahren, nicht allein von der Abwehr bedingten Selbsts (. . .) zustande kommt." Loch (ebd. S. 883 f.) fährt fort: „Wenn wir ständig die irrationalen Produkte unserer Patienten verwerfen, riskieren wir es, ihr kreatives Potential im Keim zu ersticken und begünstigen statt dessen die Entwicklung eines dritten Elements, eines Wortes, eines Sinnes, einer Metapher, die nicht eine kommensale, sondern eine parasitäre Beziehung zwischen den beiden Partnern herstellt, d.h. eine Beziehung, die für beide Partner wie für das geschaffene Dritte destruktiven Charakter hat (. . .). Auf solche Weise entstünde Lüge, ein Unsinn, der das psychische Wachstum ausschließt, der das Leben tötet, anstatt es zu fördern."

Den Bereich des schöpferischen Nicht-Sinnes, des Traumhaften, der wandelbaren Bilder und verschiebbaren (Raum/Zeit-) Relationen hat Wyss (1973, S. 169 ff.) als „aperspektivisches Innen" gekennzeichnet. Wo immer sich das ‚Innen' im kommunikativen Vollzug entäußert, begründet es eine neue, intersubjektive Wirklichkeit. Die Übergangsphänomene Winnicotts begegnen an der Schwelle zwischen Innen und Außen. Als Beginn der symbolischen Beziehung zur Welt und zum Anderen entstehen sie „an der Stelle in Raum und Zeit, wo das Kind beginnt, sich die Mutter nicht länger als Teil seines Selbst vorzustellen (. . .). Die Verwendung eines Objektes symbolisiert die Einheit der jetzt voneinander getrennt erlebten Wesen Kind und Mutter *an der Stelle in Raum und Zeit, wo sich ihre Trennung vollzieht.*" (Winnicott 1967a, S. 112) Wie die antike Tessera steht das erste Symbol für eine gebrochene Einheit.

Der Übertragungsdialog, hatten wir im vorhergehenden Kapitel formuliert, spielt sich wesentlich in einem Bereich ab, der jenseits der imaginären Wiederholung und diesseits der realen Beziehung liegt. Wir können jetzt präzisieren: Wie das Übergangsobjekt wird auch der Andere in der Übertragung zum Träger jener phantasmatischen Realität, die Winnicott „Illusion" nennt. Und wie das Übergangsobjekt fordert auch die analytische Beziehung von Anfang an einen gewissen Verzicht auf die eigene Omnipotenz, wird sie nie vollständig von der ‚Illusion' aufgesogen. Obwohl bevorzugte Anheftungsstelle für alle imaginären Schöpfungen des Subjekts, bringt die Übertragung dennoch etwas anderes zur Entfaltung: eben jenen intermediären Raum, der die kulturelle Erfahrung erst begründet, in dem sich das eigene Spiegelbild nie ganz mit dem Bild des Anderen zur Deckung bringen läßt und von dem Winnicott sagt, daß er triebhafte Liebe ebenso überleben muß wie destruktiven Haß. Im Übergangsbereich zwischen dem Verlust einer illusionären Wirklichkeit und der ersten spielerischen Aktivität, zwischen dem Ich und dem Nicht-Ich, wird so ein Mangel entdeckt, der die Entfremdungserfahrung des Subjekts in einen symbolischen Ausdruck drängt: „Sobald das Kind beginnt, Laute (. . .) in einer bestimmten Ordnung aneinanderzureihen, kann das Übergangsobjekt mit einer Art ‚Wort' belegt werden." (Winnicott 1953, S. 14) Und die Magie der Übergangsphänomene kehrt wieder im Spiel der Wörter, im Gebrauch der Sprache. Darüber schreibt R. Barthes: „So werden durch die Raster variabler Kompliziertheit ‚Lieblingswörter' geschaffen von Wörtern, die (im magischen Sinn des Wortes) ‚gewogen' sind, ‚wundersame' Wörter (leuchtend und glücklich). Es sind ‚überleitende' Wörter, vergleichbar mit den Zipfeln an Kopfkissen und Bettlaken, an denen das Kind beharrlich lutscht. Wie für das Kind gehören diese Lieblingswörter zum Spielfeld; und wie die überleitenden Gegenstände sind sie von einem ungewissen Statut; im Grunde setzen sie eine Art Abwesenheit des Objekts, des Sinns, in Szene: trotz der Härte ihrer Umrisse, der Kraft ihrer Wiederholung, sind es weichumflossene Wörter" (1975, S. 142).

Der wesentliche Gesichtspunkt, der sich aus der Verwendung des Übergangsobjekts ergibt, besteht für Winnicott in einem *Paradoxon* und in der *Annahme* dieses Paradoxon: „Das Kleinkind erschafft das Objekt, aber das Objekt war bereits vorher da, um geschaffen und besetzt zu werden." (1969, S. 104) Die Frage bleibt also unentschieden, ob das Übergangsobjekt erst entstanden ist, weil es – in seiner subjektiven Bedeutung – erschaffen wurde, oder ob es nur erschaffen werden konnte, weil es bereits vorher existierte. Von Bedeutung ist, daß sich dieses Problem für das Kind gar nicht erst stellt. Jedoch begegnen wir dem gleichen Paradoxon in allen späteren Beziehungen zu anderen Menschen: War der Andere schon vorher da oder ist er erst „durch die Antithetik der Kommunikation" (Wyss 1980, S. 357) zum Anderen geworden? Mit dieser Frage hat sich – in Abgrenzung zur phänomenologisch-existenzialphilosophischen Tradition (Husserl, Heidegger, Lévinas) – vor allem Wyss (1980) auseinandergesetzt. Für unsere Zwecke ist die Feststellung wichtig: Nur wo dieses Paradoxon in der Schwebe bleibt, kann Psychotherapie stattfinden. Deswegen ist es auch eine heikle Angelegenheit, wenn der Analytiker auf das ‚Reale' verweist („Sie nehmen mich nur so wahr!"). Um zum Beispiel einen Traum zu deuten, ist es eine günstige Voraussetzung, wenn Träumer und Interpret sich keine Entscheidung abverlangen hinsichtlich der Frage: Wurde der ‚Sinn' bereits vorgefunden oder ist er erst im Nachhinein erfunden worden? In dem Moment, wo eine Antwort darauf *nicht* verlangt wird, können die Partner dazu übergehen, den Traum gemeinsam noch einmal zu träumen und spielerisch Bedeutungen herauszufinden.

M. Eigen hat das Übergangsobjekt als „beginnenden Anderen" bezeichnet: „in so far as the transitional object is a first not-me, it is so without any sharp sense of exteriority. It is perhaps an incipient other" (1980, S. 414). Doch wer oder was ist dieses Andere? – Das ‚Reale'? Das ‚Objekt'?

Nach Winnicott besteht die Bedeutung der Übergangsphänomene vor allem darin, daß sie die Illusion aufnehmen und so den Blick auf die Realität freigeben: Die „*Fähigkeit* zur Objektverwendung (. . .) ist Teil des Übergangs zum Realitätsprinzip." (Winnicott 1969, S. 104) Diesen Prozeß haben wir als „Desillusionierung" kennengelernt. Letztlich ist für Winnicott die Frage der Illusion „eine dem Menschen inhärente, die kein

Individuum endgültig für sich lösen kann (. . .). Wir behaupten (. . .), daß die Akzeptierung der Realität als Aufgabe nie ganz abgeschlossen wird, daß kein Mensch frei von dem Druck ist, innere und äußere Realität miteinander in Beziehung setzen zu müssen, und daß die Befreiung von diesem Druck nur durch einen nicht in Frage gestellten *intermediären Erfahrungsbereich* (. . .) geboten wird" (1953, S. 23 f.).

5.5. Das Reale als Verheißung? Zur Kritik an der Konzeption Winnicotts

In dieser Auffassung kündigt sich eine dialektische Spannung im Begriff des Realen selbst an: Einerseits bleibt die Realität als *Aufgabe* in einem fast metaphysischen Sinn unabschließbar, andererseits kann ‚Aufgabe' hier durchaus wörtlich verstanden werden: als *Aufgeben* der Illusion. Wir hatten bereits festgestellt, daß die Illusion die erste Gestalt des Realen ist, aber eben eine auf Dauer unerträgliche Gestalt. Deshalb wird die Realität erst mit dem Aufgeben der Illusion als Wirklichkeit begründet, die von zwei Menschen gemeinsam wahrgenommen wird. Allerdings vermindert Winnicott diese dialektische Spannung zugunsten der Option auf eine Reifung. Es bleibt daher letztlich unklar, wie der Übergang von der Illusion zur Realität vollzogen werden kann.

G. Pankow (1982, S. 104) hat diesen Übergang als „Nahtstelle in der Dynamik der Räumlichkeit" beschrieben und auf die Dialektik des Körperbildes als Grundfunktion der Symbolbildung bezogen. Bei Winnicott bleibt diese Schwierigkeit im Begriff der Übergangsphänome gewissermaßen in der Luft hängen. Denn die Illusion des frühen Stadiums verschmilzt ganz mit der phantasmatischen Realität, die sie sich erschafft. Diese Illusion wäre noch nicht einmal in der Lage, die Realität als ihr notwendiges Korrelat zu erfassen. In der von Winnicott beschriebenen Weise geht sie in einer reinen Präsenz auf, die sich immer wieder nur neu präsentieren kann, aber nichts zu repräsentieren vermag. Mutter und Säugling werden gemeinsam von der Illusion umhüllt, ohne daß eine wirkliche Intersubjektivität zustande käme. Winnicott spricht demgemäß auch nicht vom Wunsch der Mutter, zum Beispiel von ihrem Kind gebraucht zu werden, für es dazusein oder auch über seiner Hilflosigkeit das Phantasma ihrer Macht zu errichten. In diesem Sinne interpretiert Loch (1981, S. 56) das ‚primäre Selbst' (So) vom (unbewußten) Begehren der Mutter her und er radikalisiert diesen Standpunkt noch, wenn er formuliert, „daß seine Identität in dem besteht, was es für jemanden anderes ist" (womit ja die Einheitserfahrung des Subjekts bereits in ihrem Ursprung als eine unendlich an den Anderen verlorene thematisiert wird). So gesehen erschüfe der Säugling die Brust ebenso für sich selbst wie auch für die Mutter, indem er ihrer Anwesenheit den Sinn seiner Not auferlegt. Die ‚hinreichend gute' Mutter hingegen begegnet bei Winnicott – überspitzt ausgedrückt – eher als eine Art Milieukonstante, die, „wenn alles gutgeht" (Winnicott 1953, S. 21), der kindlichen Entwicklung optimale Möglichkeiten bietet.

Einerlei wie paradox kommunikatives Geschehen in den ersten Lebensmonaten ablaufen mag, wie subtil die von Winnicott beschriebenen Übergangsbereiche sich im Austausch mit der Umwelt auch darstellen mögen: Es bleibt die Frage, welche spezifisch neue Qualität die Übergangsphänomene *per se* in das Seelenleben einführen. Wir verstehen, daß sie als Mittler fungieren zwischen einem Stadium des undifferenzierten Autoerotismus und den ersten Konturen eines Innen und Außen, daß sie die Welt der ‚Objekte' aufscheinen lassen und mit ihnen die erste Demarkation eines Ich. Sie sind die ersten Spuren der Symbolbildung (Zeichenverwendung), die schlaftrunkene Vorahnung dessen, was die „Not des Lebens" (Freud 1900a, S. 538 f.) bedeuten kann. Und doch läuft bei Winnicott alles auf die Annahme eines Reifungsprozesses hinaus, der sich dieser unscheinbaren Objekte nur *bedient* – wie der Säugling nach der Brust der Mutter greift –, um sich der *Verheißung des Realen* zu nähern. Von den Milieubedingungen, der ‚hinreichend guten Umwelt' (vgl. Winnicott 1960b; 1962), hängt es dabei letztlich ab, ob aus dem Larvenstadium der Übergangsphänomene eine echte Welt und ein (genügend) autonomes Ich hervorgeht. Dieses Ich wird seinerseits durch die Fähigkeit definiert, Besitz zu erwerben und die Folgen von Frustrationen zu ertragen.

Gerade in diesen Schlußfolgerungen hinsichtlich des Ich und der Realität sehen wir einen wichtigen Unterschied zur strukturalistischen Psychoanalysedeutung J. Lacans, die sich wiederum in einigen Grundauffassungen sehr eng mit dem Ansatz Winnicotts berührt. Ein Vergleich beider Konzeptionen, wie wir ihn im folgenden Kapitel durchführen wollen, bietet sich daher von selbst an (vgl. auch Eigen 1980). Wir werden dabei besonders auf die unterschiedliche Bedeutung eingehen, die beide Autoren der Spiegelerfahrung für die frühe Ichentwicklung beimessen. Zuvor möchten wir aber noch kurz auf eine andere Deutung des Individuationssprozesses vermittels der Übergangsobjekte eingehen: eine Deutung, die Loch (1981, S. 67) vorgeschlagen hat und die insofern die Verbindung zu Lacan herstellt, als sie die dialektische Intention des Winnicottschen Textes einlöst. Loch knüpft an Hegel an, wenn er fragt, „ob das Übergangsobjekt in dieser Sicht, verstanden nämlich schon auch im Sinne der ‚Objektbenutzung‘ eines bereits vorhandenen Objekts, das die destruktive Tendenz des Kindes überlebt und also als seine Schöpfung gelten kann (. . .), nicht auch Vorläufer desjenigen ‚Dings‘ ist (. . .), mit dem in *Hegels* berühmtem Kapitel ‚Herrschaft und Knechtschaft‘ der Knecht ‚die entscheidende Erfahrung‘ macht, die ‚über seine (des Dinges eigene, W.L.) Gestalt hinausweist‘ (. . .)?“ Er fährt fort: „Denn ‚das Ding‘ . . ., das hier gemeint ist, ist ‚selbständig‘, es kann nicht einfach aufgehoben werden, und über seine Bearbeitung nur kommt schließlich das ‚Bewußtsein . . . zur Anschauung des selbständigen Seins als seiner Selbst‘ (G. W. F. Hegel, 1807, S. 146, 149):“

Wenige Zeilen weiter deutet Loch an, „daß hier engste Beziehungen zur depressiven Position M. Kleins (1934) gegeben sind“ (ebd.). Wir werden diesem Zusammenhang bei Lacan wieder begegnen.

6. Die symbolische Ordnung und der Andere bei J. Lacan

6.1. Reales, Imaginäres und symbolische Ordnung

Einige grundsätzliche Überlegungen in Zusammenhang mit der Psychoanalyseinterpretation J. Lacans hatten wir eingangs bereits vorgestellt. 1953 – im gleichen Jahr, in dem Winnicott seine Arbeit über die Übergangsphänomene veröffentlichte – berichtet Lacan auf einem Kongreß in Rom über „Funktion und Feld des Sprechens und der Sprache in der Psychoanalyse". In diesem für seine späteren Arbeiten grundlegenden Beitrag verknüpft er die Ergebnisse der strukturalen Linguistik (Saussure, Jakobson) und Anthropologie (Lévi-Strauss) mit der Psychoanalyse Freuds (vgl. Schiwy 1969; Lang 1973; Weber 1978; Schöpf 1982; Teichmann 1983). Beide Wissenschaften haben den traditionellen Symbolbegriff in verschiedene Richtung erweitert: Freud in Hinblick auf das Unbewußte und das Wuchern des Wunsches, Saussure und seine Nachfolger, indem sie die sprachliche Natur des Zeichens (Signifikanten) aufwiesen. Lacan zieht daraus die Schlußfolgerung: ‚Das Unbewußte ist wie eine Sprache gebaut.' Dieser Satz bedarf allerdings einer wesentlichen Ergänzung: Da die Sprache jenes Feld strukturiert, kraft dessen der menschliche Wunsch – selbst in seiner primitivsten Gestalt – nie bloßes Bedürfnis bleibt, sondern in die Vermittlung durch das Begehren des Anderen umschlägt, kann die Rede des Unbewußten nur *dialogisch erfahren*, nicht aber in der Einsamkeit der Reflexion interpretativ eingeholt werden. Mit anderen Worten: ‚Das Unbewußte ist die Rede des Anderen.'

An diesem Punkt stellt Lacan die Verbindung her zwischen einer Theorie des Symbols als sprachanalogem Zeichen und der Vorstellung einer radikal unbewußten Intersubjektivität. Zwischen das „Universum der Dinge" (die Realität) und jenen Bereich, den er das *Imaginäre* nennt, schiebt Lacan ein Drittes: die „symbolische Ordnung" *(ordre symbolique)*. Mit Winnicott könnte auch Lacan formulieren, daß dieser dritte Bereich seine Bedeutung für den Menschen nicht mehr verlieren wird. Denn erst mit dem Auftauchen des Symbols in den ersten rituellen Gaben (vgl. auch Lévi-Strauss 1949; 1958; Wyss 1968) wird der Mensch aus seiner Vereinzelung heraus in den geschichtlichen Horizont einer Gemeinschaft gestellt. Voraussetzung für die Symbolbildung ist jedoch eine Neutralisierung des Zeichens (Signifikanten) in seiner Beziehung zur bezeichneten Sache (Signifikat), dergestalt, daß das Zeichen nun nicht mehr die Sache selbst, sondern eine *Relation*, einen *symbolischen Vertrag* signiert; „denn es ist augenfällig, daß die Gegenstände des symbolischen Tauschs – Gefäße, die leer bleiben müssen, Schilde, die zum Tragen zu schwer sind, Garben, die vertrocknen, Lanzen, die man in den Boden steckt – nicht für den Gebrauch bestimmt und ihrer Fülle wegen sogar überflüssig sind.‟ (Lacan 1953, S. 112) Eben darin liegt aber die Wurzel des Symbols, daß es sich aus der Verklebung mit der bezeichneten Dinglichkeit löst, doppel- und mehrdeutig werden kann (vgl. Ricoeur 1965; 1969). Aus dem Symbol entsteht eine Sprache, wenn ein Corpus die lexikalischen und grammatikalischen Verknüpfungsregeln der Zeichen untereinader festlegt. Die Sprache als ein „System‟ differentieller Wertrelationen (Saussure 1916) ist jedoch für Lacan nicht in erster Linie als Werkzeug der Verständigung relevant. In einem viel umfassenderen Sinn geht Sprache *(langue)* vielmehr dem Sprechen des Einzelnen *(parole)* wie dem individuellen Spracherwerb voraus. Wenn es bei Heidegger (1959, S. 33) heißt: „Der Mensch spricht nur, indem er der Sprache entspricht‟, kann Lacan hinzufügen: „Der Mensch spricht also, aber er tut es, weil das Symbol ihn zum Menschen gemacht hat.‟ (1953, S. 117)

Diesen Sachverhalt sieht Lacan durch die psychoanalytische Erfahrung bestätigt: Wenn das Symptom dort als Symbol eines abgestorbenen Konflikts fungiert, wenn der Text der Assoziationen der „wachsenden Verästelung einer Linie von Symbolen‟ folgt, „um an den Punkten, an denen die sprachlichen Formen sich überschneiden, die Knoten ihrer Struktur zu ermitteln –, dann ist bereits vollkommen einleuchtend, daß das Symptom sich ganz in einer Sprachanalyse auflöst, weil es selbst wie eine Sprache strukturiert ist, und daß es eine Sprache ist, deren Sprechen befreit werden muß.‟ (Ebd. S. 109)

Die Verwandtschaft zwischen Winnicotts Übergangsphänomenen und Lacans Symbolbegriff zeigt sich also zunächst darin, daß beide Autoren, den Rahmen der klassischen Topologie überschreitend, einen *dritten Bereich* thematisieren. Dieser begegnet bei Lacan in der Triade von Realem, Symbolischem und Imaginärem als sprachanaloge Formation, bei Winnicott als „intermediärer Raum", in dem sich das kindliche Spiel entfaltet. Die Nähe wird noch offenkundiger, wenn wir ein weiteres Zitat aus dem bereits mehrfach erwähnten Text Lacans heranziehen: „Durch das Wort, das bereits eine Anwesenheit darstellt, die auf Abwesenheit gründet, erhält in einem besonderen Augenblick die Abwesenheit selbst einen Namen. Genial hat Freud das kindliche Spiel als immer wiederholtes Neuschaffen dieses Moments begriffen." (Ebd. S. 116) Für beide Autoren zeigen sich die Urformen des kindlichen Spiels in eine Dialektik von Anwesenheit und Abwesenheit verwoben, die den menschlichen Erfahrungsraum noch vor jeder Bewußtwerdung strukturiert. Ein wesentlicher Unterschied ist allerdings darin zu sehen, daß Winnicott seine Beobachtungen der klinischen Erfahrung entlehnt (vgl. Khan 1977; Davis, Wallbridge 1981), während für Lacans Überlegungen die dialektische Philosophie Hegels und die anthropologische These vom Menschen als Mängelwesen bedeutsam werden. Bereits in seinem Aufsatz über das „Spiegelstadium als Bildner der Ichfunktion" (1949) spricht Lacan von einer „ursprünglichen Zwietracht" (ebd. S. 66), die jenseits aller imaginären Identifikationen, jenseits „der unerschöpflichen Quadratur der Ich-Prüfungen" (ebd. S. 67), das Subjekt in seiner Einheitserfahrung dezentriert. Damit steht er in einer anthropologischen Tradition, wie sie auch in den Grundpositionen Gehlens (1950; vgl. Pagel 1984) und Wyss' (1976, 1980) begegnet. Wyss etwa hat den frühkindlichen Trennungs- und Verlusterlebnissen eine entscheidende Bedeutung für das Auftauchen der Todeserfahrung, die Entstehung der Reflexion und die Entwicklung des Zeitbewußtseins (Geschichtskonstitution) zugesprochen, worauf wir im Zusammenhang mit der Unterscheidung des Belebten vom Unbelebten bei Spitz bereits hingewiesen haben.

Lacan geht es besonders um die Verfugung zwischen dem Symbolischen, dem Realen und dem Imaginären, um die Konstitution einer imaginären Intersubjektivität, wie sie im ‚Spiegelstadium' ihren Anfang nimmt und sich von da aus in die Verführungs- und Verhaftungswirkungen der

menschlichen Kommunikation hinein fortsetzt. Das ‚Spiegelstadium' –
das ist für Lacan (1953–54, S. 105) „das ursprüngliche Abenteuer, in
dem der Mensch zum erstenmal die Erfahrung macht, daß er sich sieht,
sich reflektiert und sich anders begreift als er ist – die wesentliche Dimension des Menschlichen, die sein ganzes Phantasieleben strukturiert."
Ausgehend vom ‚Spiegelstadium' versucht Lacan eine „Topik des Imaginären" (ebd. S. 97 ff.) zu entwerfen.
Wir sind dem Imaginären bereits mehrfach begegnet: zum Beispiel in
jenen attrappenhaften, toten Objekten bei Spitz, die zugleich unheimlich
und faszinierend wirkten, weil sie vorgaben, mit uns zu sprechen (lebendig zu sein); in der illusionären Einheit von Mutter und Kind bei Winnicott, die sich in unendlichen Spiegelungen wiederholt; schließlich im
imaginären Anspruch auf Liebe, der das Bild des Anderen mit dem eigenen Idealbild zu verschmelzen trachtet. Alle Produktion von Imaginärem dient nach Lacan dem einen Zweck, den ursprünglichen ‚Mangel'
(Wyss), die ‚Not' (Freud), jenen Riß auf dem Grunde der menschlichen
Existenz zu verhüllen, dem Rimbaud die Worte gegeben hat: ‚Ich ist ein
Anderer'.
Diese leidvoll erfahrene Differenz gebiert die Sprache und das Symbol.
Sie wird zum Ausgangspunkt für die Bewegung des Begehrens nicht weniger als für alle jene Trugbilder und Verlockungen, die die Dezentrierung vergessen machen wollen, welcher die menschliche Subjektivität
von Anfang an unterliegt: „Das ich *(je)* ist nicht das Ich *(moi)*" – darin
liegt für Lacan (1954–55, S. 9) die grundlegende Erfahrung der Psychoanalyse, sofern sie jene ‚andere Rede' des Unbewußten zur Sprache
bringt. Denn neben dem Ich *(moi)*, das in seiner spekularen, imaginären
Struktur eine „Wirkung der *Entfremdung*" (1946, S. 158) darstellt, begegnet in ihr ein anderes Ich *(je)*, verwickelt in ein Spiel von Symbolen, von
‚Zeichen', die es zwar nicht selbst hervorgebracht hat, in dem es aber seinen Platz findet. Wie haben wir uns also das Verhältnis der beiden Ichs
zueinander vorzustellen?

6.2. Das Ich in der Spiegelerfahrung: imaginäre Basis und Dezentrierung des Subjekts

In einem „Die Spiegelfunktion von Mutter und Familie in der kindlichen Entwicklung" (1967b) überschriebenen Aufsatz hat Winnicott die Frage untersucht, was das Kind erblickt, wenn es in das Gesicht der Mutter schaut. Ausgehend von seinen klinischen Erfahrungen formuliert er die These, das Kind sehe dort, „was es in sich selbst erblickt. Mit anderen Worten: Die Mutter schaut das Kind an, und wie sie schaut, hängt davon ab, was sie selbst erblickt." (Ebd. S. 129)

Die Rolle der ‚hinreichend guten' Mutter liegt für Winnicott nicht allein in einem ‚Objektangebot', sondern vielmehr darin, dem Kind die Möglichkeit zu geben, sein eigenes Selbst zurückzuspiegeln. Das Kind wiederum erwartet, wenn es der Mutter ins Gesicht sieht, die Bestätigung seines Blickes in einem Gesehen-Werden von ihr: „Bleibt das Antlitz der Mutter ohne Antwort, so wird das Kind zwar lernen, daß man Spiegel anschauen kann, es wird aber nicht begreifen, daß man in Spiegel hineinschauen kann." (Ebd. S. 130) Die Differenz von ‚anschauen' und ‚hineinschauen' liegt hier darin, daß das ‚Anschauen' ohne Antwort bleibt, keine Re-flexion zuläßt. In den Spiegel ‚hineinschauen' impliziert dagegen nicht nur *sehen*, sondern zugleich *gesehen werden:* „Wenn ich sehe und gesehen werde, so bin ich." (Ebd. S. 131)

Winnicott beschreibt hier die Entstehung des Ich anhand des Reflexionsmodells: Noch ohne Kenntnis seiner selbst findet das Kind in der Spiegelidentifikation mit der Mutter sein Ich. Wie aber kann der Spiegel dem in ihn Hineinschauenden, dem die Kenntnis seines Selbst noch fehlt, versichern, daß er es selbst ist, der sich darin erblickt?

Winnicotts Überlegungen beruhen zwar auf der Annahme, daß die Entstehung des Ich nur in einem intersubjektiven Beziehungsfeld zwischen Mutter und Kind – das heißt nicht-solipsistisch – möglich ist. Dabei scheint zwischenmenschliches Erleben zwar notwendig, aber doch nicht grundlegend zu sein. Denn wie sollte die Mutter – als Spiegel – dem Kind *sein* Bild reflektieren, wenn dieses noch nicht ahnt, daß es sich *selbst* darin betrachtet? Muß in diesem Reflexionsmodell nicht stillschweigend bereits ein Ich vorausgesetzt sein, das durch die Identifizierung mit der Mutter zwar nicht gefunden, aber doch *wieder-gefunden* werden kann?

Ein zweites Problem stellt sich: Wie findet das Ich, das sein *Selbst im Anderen* erkennt, wieder heraus aus dem Kreis der dualen Identifikation und Reflexion, in den es solchermaßen gebannt ist? Wie kann es die Präsenz des eigenen Blickes, den der Spiegel immer nur wie ein Echo beantworten kann, verlassen und die Erfahrung des *Anderen als Anderen* gewinnen?

In der zitierten Arbeit erwähnt Winnicott Lacans Schrift über das Spiegelstadium (1949), ohne jedoch näher darauf einzugehen. Lacans Theorie der Ich-Entstehung hat mit Winnicott gemeinsam, daß auch er sie der depressiven Position Melanie Kleins (1934) zuordnet. Auch für Lacan gilt, wie wir bereits formuliert haben, daß das Selbst nicht durch sich selbst, sondern nur über den Anderen ein Selbst zu sein vermag – allerdings in einem radikaleren Sinne als bei Winnicott.

Zwischen dem 6. und 18. Lebensmonat, in einem Zeitraum, dessen Bedeutung wir bereits durch die Unterscheidung zwischen dem Lebendigen und dem Toten, die Konstitution des einen, unvergeßlichen Anderen in der Achtmonatsangst (Spitz) sowie durch das Auftauchen der Übergangsphänomene (Winnicott) herausgestellt haben – in diesem Zeitraum also zeigt sich das motorisch noch hilflose und abhängige Menschenkind von seinem eigenen Spiegelbild in einer besonderen Weise fasziniert. Daß es sich in diesem Bild erkennt, davon zeugt die illuminative Mimik des Aha-Erlebnisses, die „jubilatorische Aufnahme seines Spiegelbildes durch ein Wesen, das noch eingetaucht ist in motorische Ohnmacht und Abhängigkeit von Pflege" (Lacan 1949, S. 64). Im Gegensatz zum Schimpansenjungen jedoch, der sich nach der ein für allemal festgestellten Nichtigkeit des Bildes von diesem abwendet, nimmt der menschliche Säugling eine Beziehung zu seiner Spiegel-Imago auf: Indem er ihr eine triumphale Aufnahme bereitet, zeigt er sich bestrickt von dem ganzen virtuellen Komplex des Spiegelbildes. Die Wirkung des Spiegelbildes ist diejenige einer Identifizierung, das heißt einer „beim Subjekt durch die Aufnahme des Bildes" ausgelösten „Verwandlung". Ihre Bedeutung liegt darin, daß sie die Instanz des Ich *(moi)* „auf einer fiktiven Linie situiert, die das Individuum allein nie mehr auslöschen kann" (ebd.). Denn das Ich, das sich in der Spiegelerfahrung generiert, beruht – auch bei einer ‚hinreichend guten' Mutter, die dem Kind ein Sich-Spiegeln ermöglicht – auf einem fundamentalen Verkennen, begründet durch die imaginäre Basis, die jeder Selbstreflexion eignet. Zeigt sich doch die triumphale Setzung eins Ideal-Ich – die ‚jubilatorische Geschäftigkeit', mit der die Spiegel-Imago als Garant von Einheit und Dauerhaftigkeit begrüßt wird – als das Gegenteil der zu diesem Zeitpunkt noch völlig mangelhaften körperlichen Befindlichkeit. Die visuelle Wahrnehmung, die in dieser Phase der motorischen Körperbeherrschung vorausgeht, nimmt hier „den Wert einer funktionalen Antizipation an." (Lacan 1946, S. 164) Sie negiert die noch bestehende Diskrepanz und läßt so das Spiegelstadium zu einem Drama werden, dessen Spannungszustand darin liegt, daß es sich selbst als „unbefriedigtes Begehren" wahrnimmt (1954–55, S. 213). „Diese Entwicklung wird erlebt als eine zeitliche Dialektik, welche die Bildung des Individuums entscheidend als Geschichte projiziert" (1949, S. 67): Indem es sich, von der Unzulänglichkeit zur Antizipation überschreitend, im Spiegel zu erkennen glaubt, verkennt es sich zugleich:

„Hier schleicht sich die Ambivalenz eines Verkennens *(méconnaître)* ein, das dem Sich-Kennen *(me connaître)* wesentlich ist. Denn das Subjekt kann sich in dieser Rückschau allein eines Bildes vergewissern, im Moment, wo es ihm gegenübersteht: des antizipierten Bildes, das es sich von sich selber macht in seinem Spiegel." (Lacan 1960, S. 183)

Das sich scheinbar autonom setzende Ich unterliegt der Rivalität des Subjekts mit sich selbst im Sinne eines ‚Ich ist ein anderer'; denn das, was sich im Spiegelbild als ‚Ich' präsentiert, ist nur das Produkt einer Re-Präsentation. Dieses Spiegelmodell stellt die Matrix für alle identifikatorischen Prozesse beim Menschen dar. Sei es in den Erscheinungsweisen des Doppelgängers, in den geträumten oder halluzinierten Bildern des eigenen Körpers, in der Ausgestaltung einer wahnhaften Identität oder in der Identifikation mit der Imago des Nächsten und dem dadurch ausgelösten „Drama der Ur-Eifersucht" (1949, S. 68): Das Spiegelstadium instauriert eine voll List steckende Herr-Knecht-Beziehung (Hegel), wobei das Begehren des einen das Begehren *nach* dem Begehren des anderen ist (vgl. auch Muller 1982):

„Dies Der-eine-oder-der-andere, das ist die depressive Wiederkehr der zweiten Phase bei Melanie Klein; es ist die Figur des hegelschen Mords." (Lacan 1966, S. 13)

So führt die Jagd zwischen dem Ich und seinem Bild, ausgelöst durch die Bezauberung des einen vom anderen, bis auf den Grund jener „suizidären Aggression" (1946, S. 165), der wir in der Gestalt des Narcissus bei Ovid begegnen:

„(. . .) Der da bin ich! Ich erkenne! Mein eigenes Bild ist's! In Liebe brenn' ich zu mir, errege und leide die Flammen! (. . .) Was ich begehre ist an mir! Es läßt die Fülle mich darben. Könnte ich scheiden doch von meinem Leibe! O neuer Wunsch eines Liebenden: wäre – so wollt' ich – fern, was ich liebe! Und schon nimmt der Schmerz mir die Kräfte, es bleibt mir nicht lange Zeit mehr zu leben, ich schwinde dahin in der Blüte der Jahre. Schwer ist der Tod nicht mir, der mit ihm verliert seine Schmerzen: Er, den ich liebe, ich wollte, daß er beständiger wäre. Jetzt, jetzt sterben vereint in einem Hauche wir beide!" *(Ovid, Metamorphosen III 463–473)*

Was aber und wo ist das wahre Subjekt, wenn das narzißtische, reflexive Ich wesentlich eine Funktion der Verkennung ist? Wie entkommt der Mensch dem Kreise der Spiegelungen, in dem er immer nur das andere-seiner-selbst gewahrt?

Anhand des Freudschen Satzes „Wo Es war, soll Ich werden" (1933a, S. 516) versucht Lacan eine Antwort, indem er Freuds Text befragt:

„Wo Es war . . . was heißt das? War es nur das, was einmal gewesen ist (im Aorist), wie sollte ich dann dorthin kommen, um mich werden zu lassen, indem ich es jetzt aussage?

Das Französische sagt aber *Là où c'était* . . . nutzen wir den Vorteil, den es uns mit diesem distinkten Imperfekt bietet. Da, wo Es im Augenblick noch war, wo Es gerade noch war, zwischen diesem Erlöschen, das noch nachleuchtet, und jenem Aufgehen, das noch zögert, kann Ich zum Sein kommen, indem ich aus meiner Aussage verschwinde." (1960, S. 175 f.)

Lacans Deutung des Freudschen Satzes rückt Ich und Es in ein neues Licht, indem sie auf die sprachliche Natur beider abhebt. Er verabschiedet damit die traditionelle Position, die die Geschichte des Ich als das ausdem Unbewußten entstehende Selbstbewußtsein ableitet (vgl. M. Frank 1983, S. 371 ff.).

Das narzißtische Ich (von Lacan mit *moi* bezeichnet) wähnt sich als Einheit, obgleich es in der Reflexion nur das andere-seiner-selbst findet *(objet petit a).* Das wahre Subjekt dagegen bezeichnet Lacan mit *je* bzw. als *„sujet de l'inconscient‟.* Dieses Subjekt (das sprachlich nicht direkt, sondern nur in der unbewußten Anonymität eines *‚es spricht‛* ausgedrückt werden kann) hat seinen Ort an jenem *anderen Schauplatz* des Unbewußten, dessen Topik Freud in der ‚Traumdeutung‛ (1900a) entwickelt hat. Das *je* ist irreflexiv und behält eine exzentrische Position gegenüber dem *moi.* Als Subjekt des wahren Sprechens (der *‚parole vraie‛*) wird es im imaginären *moi* notwendig verkannt. Es kann nur nachträglich – gleichsam bei seinem eigenen Verschwinden – zum Sein kommen. Deshalb verwirklicht sich das Subjekt nicht in einer einfachen Präsenz, sondern in einer prospektiven Nachträglichkeit. Denn als *‚infans‛* (lat.: „noch nicht sprechend, stammelnd‟, Part. Präs. Akt.) bzw. als „kleines Kind‟ (Subst.) betritt der Mensch die Welt – retardiert und unspezifiziert im Gegensatz zum Tier.

Wenn es bei Sartre (1943, S. 478) hieß: „Das Auftauchen des Anderen als Blick mir gegenüber läßt die Sprache als Bedingung meines Seins auftauchen‟, wenn es Blick und Sprache sind, die mir den Anderen niemals als ‚Objekt‛ enthüllen, dann können wir mit Lang (1973, S. 55 f.) eine Antwort auf die Frage versuchen, wie das Subjekt der Kreiselbewegung der dualen Faszination entgeht:

„Um diesen sterilen Zirkel zu sprengen, bedarf es eines Dritten, bedarf es der Sprache, der ‚ordre symbolique‛. In Sprache, in ein Gespräch sich einfügen, heißt sich einer Universalität unterordnen, bedeutet Erhebung zu einer höheren Allgemeinheit wechselseitiger Anerkennung, fordert Verzicht auf den eigenen Narzißmus – und ist Anzeige dafür, daß Psychoanalyse im Gespräch zu geschehen hat und immer schon geschieht.‟ Waren es bei Winnicott die Übergangsphänomene, die den Weg aus der illusionären Verhaftung wiesen, dann ist es bei Lacan der Eintritt in das symbolische Universum der Sprache, durch den die imaginäre Spiegelwelt eine Einschränkung erfährt (vgl. auch Eigen 1980, S. 419 ff.).

Und es begegnet noch eine weitere Parallele:
Lacans Unterscheidung zwischen einer imaginären Intersubjektivität und dem Subjekt der Begierde zeigt eine bemerkenswerte Ähnlichkeit mit der von Winnicott (1960c) beschriebenen „Ich-Verzerrung in Form des wahren und des falschen Selbst". Zwar versteht Winnicott unter dem ‚falschen Selbst' eine Dissoziation, eine pathologische Abspaltung dessen, was unter günstigen Bedingungen mit dem ‚wahren Selbst' harmonisch verschränkt bleibt. Dennoch läßt sich eine Beziehung herstellen: Wie das imaginäre Ich *(moi)* dient auch das ‚falsche Selbst' der Abwehr einer ursprünglichen Not, schützt es das ‚wahre Selbst' vor seiner Preisgabe. Dies kann auf dem Wege über sekundäre Identifizierungen mit dem Ziel der Gefügigkeit und der Anpassung erreicht werden. In den sozialen Beziehungen entsteht dann ein deformiertes Bild, gleichsam eine Pantomime der „wirklichen Person" (ebd. S. 185). Umgekehrt vermag das ‚falsche Selbst' aber auch Kompromisse zu schließen, Bedingungen zu schaffen, unter denen das ‚wahre Selbst' zu seinem Recht kommen kann, zum Beispiel in Gestalt von Symptombildungen. Wie bei Lacan erscheinen ‚wahres' und ‚falsches Selbst' als dialektisch aufeinander bezogene Aspekte menschlicher Subjektivität. Und dem Subjekt des ‚wahren Sprechens' vergleichbar, verknüpft auch Winnicott das ‚wahre Selbst' mit der Fähigkeit, Symbole zu benutzen. Allerdings darf Lacans *je* nicht als authentischer, gewissermaßen hinter der sozialen Maske versteckter, ‚realer' Kern der Person aufgefaßt werden, der – umgeben von einem Hof imaginärer Identifikationen – in der analytischen Arbeit nur freigelegt werden brauchte. Vielmehr erweist „*es*" sich im Vergleich zu jeder Bewußtwerdung in einer viel grundsätzlicheren Weise verschoben. Halten wir also fest, daß Subjektivität bei Lacan als zumindest in dreifacher Hinsicht dezentrierte begegnet:

– zuerst in Hinblick auf den Anderen, insofern dieser in die Verlockungen des Spiegelstadiums hineinzieht und dort die triumphale Setzung eines Ideal-Ich scheitern läßt;
– zweitens in bezug auf das Sprechen des Subjekts, das als ‚Rede des Anderen' schon vor mir da war und das die Suche nach mir selbst genau dorthin dirigiert, wo die Sprache – als Universalität außerhalb meiner Verfügungsgewalt – selbst Mangel leidet; genauer: an den Punkt, wo ‚ich' aus meiner Aussage verschwinde;

123

– schließlich in Hinblick auf das Begehren, das von nun an in die Vermittlung durch das Begehren des Anderen umschlägt.

Mit dem letztgenannten Punkt kommen wir auf eine Unterscheidung zurück, die wir in Zusammenhang mit der ‚Übertragungsliebe' bereits eingeführt hatten: derjenigen zwischen Bedürfnis, Anspruch und Begehren. Um zu begreifen, wie bei Lacan der Wunsch zur Sprache kommt, müssen wir sie jetzt noch einmal aufgreifen.

6.3. Bedürfnis, Anspruch, Begehren – der Wunsch in der Engführung des Signifikanten

Fassen wir das bisher Gesagte noch einmal zusammen: Das Spiegelstadium begründet jenen Augenblick in der individuellen Erfahrung, in dem das Ich *(moi)* aus seinem imaginären Spiegelbild heraus geboren wird. Eine faszinierende, eine verführerische Entdeckung. Und doch eine Entdeckung, die in der ständigen Rivalität des Ich mit seinem *alter ego* erstarren würde, wäre da nicht eine zweite Bewegung: Denn der Moment, in dem sich das Spiegelstadium vollendet, wird zugleich zum Ausgangspunkt für eine Dialektik, welche von nun an das Ich *(je)* mit den sozial erarbeiteten Situationen verbindet. „Dieser Augenblick", formuliert Lacan, „läßt auf entscheidende Weise das ganze menschliche Wissen in die Vermittlung durch das Begehren des andern umkippen" (1949, S. 68).

Jenen Augenblick des Trennens von der dem Augen-blick verhafteten Präsenz des Spiegelns zu einem Ort jenseits des Spiegels beschreibt Lacan als Eintritt in die ‚symbolische Ordnung', durch die die zirkelhafte Intersubjektivität auf fiktiv-imaginärer Ebene zu einer auf Anerkennung und Kommunikation gründenden Intersubjektivität wird, als Eintritt in die Ordnung der Sprache. Am Ort des Anderen, am Ort der Sprache, die nach Saussure (1916) selbst aus lauter Differenzen zusammengesetzt ist, differenziert sich menschliches Bedürfnis aus zu jenem Begehren, das schon an seinem Ursprung Begehren des Anderen ist.

Erinnern wir uns: Es war die biologische Hilflosigkeit des Säuglings, die Freud dazu veranlaßte, von der „Not des Lebens" (1900a, S. 538) zu sprechen – von einer Not, die weiter reicht als jeder Hunger auf Befriedigung. Denn das Skandalöse dieser Not besteht ja gerade darin, daß sie sich mit der realen Sättigung nicht zufrieden gibt, daß sie im Befriedigungserlebnis zu keinem Abschluß gelangt, sondern eintritt in ein Spiel symbolischer Substitutionen: Der Säugling, der seine Bedürftigkeit durch Zappeln und Schreien kundtut, hat seine Not bereits in eine erste signifikante Artikulation gedrängt. Signifikant für einen Anderen, die Mutter, die sein Verlangen mit einer „spezifischen Aktion" (Freud 1950a, S. 326) beantwortet, die indessen aber mehr gewährt als bloß reale Sättigung, sondern Antwort auf einen Appell in Gestalt einer Gabe. In diesem Moment schlägt das Bedürfnis um in die sprachlich artikulierte Bitte, in Anspruch auf den Anderen, auf seine Anwesenheit und Abwesenheit.

Wir hatten gesagt, es sei das Schicksal des menschlichen Wunsches, daß er auf ein Gegenüber hin verfaßt ist, von dem her er seine eigentliche Bestimmung erst erfährt. Dieser Umweg ist es, der den Wunsch in jene Bewegung eintreten läßt, die Lacan (1960) als „Dialektik des Begehrens" beschrieben hat: Unfähig, für die Befriedigung seiner Bedürfnisse selbst zu sorgen, bleibt der kleine Mensch angewiesen auf „fremde Hilfe" (Freud 1950a, S. 326). Und indem er seine Not dem Anderen überantwortet – das gleiche, was in der Übertragung geschieht –, verändert sich rückwirkend auch das ,Wesen' seines Verlangens (vgl. auch Jones 1922). Denn an die Stelle der ursprünglichen Bedürftigkeit tritt jetzt das Bedürfnis, „geliebt zu werden, das den Menschen nicht mehr verlassen wird." (Freud 1926d, S. 193)

Es ist ganz wesentlich dieser Wunsch nach Liebe, der das *Bedürfnis (besoin)* in Sprache verwandelt und für die Unersättlichkeit der menschlichen Begierde einsteht. Eine Erfahrung, die durch die analytische Situation bestätigt wird. Denn auch hier sind es nicht die realen Bedürfnisse, die die Interpretation offenlegt. Vielmehr geht es um die zahllosen Verkleidungen des Wunsches, um die in Bilder vom Anderen transponierten Bedürfnisse, die in immer neuen Variationen wiederkehren: in der Sehnsucht, in der Angst, in den Gemälden der Phantasie und in den Übertragungsträumen (jeder Traum, der für einen Anderen geträumt wird, ist ein Übertragungstraum). Anders als das *Bedürfnis,* das auf *reale* Befriedigungssituationen abzielt, stellt der *Anspruch (demande)* den Bezug zum Anderen her, zeigt er sich einer anderen Ordnung verpflichtet als der biologischen. Weil er aber Anspruch auf Liebe ist, weil er nur bedingungslos an den Anderen sich richten kann, erweist er sich empfänglich für alle Spiegelungen des Ich *(moi).* Denn die totale Präsenz, die der Anspruch verfehlt und dennoch heraufbeschwört, legt um den Mangel eine imaginäre Hülle: die „Hülle der narzißtischen Täuschung, die höchst geeignet ist, mit ihren Verführungs- und Verhaftungswirkungen alles zu unterstützen, was sich da spiegelt." (Lacan 1957-58, S. 83) Solche Täuschung begegnet in der Verlötung von Liebe und Haß auf der Ebene des Imaginären, dort also, wo der Anspruch den Anderen in seinem Anderssein leugnet und wo ihm kein Ausweg bleibt, um seine Entfremdung aufzuheben, als die Zerstörung des Anderen. Wir hatten diese destruktive Verklammerung bereits am Beispiel der Anorexie aufgezeigt: Was dem Kind hier vorenthalten wird, ist weder Nahrung noch Liebe, sondern ein symbolischer Wert. Dieser kann nur erschlossen werden durch die Trennung von einer dem Augen-blick verhafteten Präsenz.

Anders als der Anspruch, der statthat im Bereich des aktuell Artikulierten, setzt das *Begehren (désir)* eine signifikante Abwesenheit voraus. Jenseits der provozierenden Vorladung des Anspruchs, die die erste Folge des Eintauchens des Wunsches in die Sprache war, zeigt das Begehren, „was manifest wird in dem Zwischenraum, den der Anspruch diesseits seiner selbst aushebt" (1958a, S. 218). Denn das Begehren artikuliert sich *diesseits der realen Befriedigung* und *jenseits des imaginären Rufes nach Liebe.* Als Bewegung der differentiellen Verweisung (Metonymie) ist es der symbolischen Ordnung unterworfen, bedingt es jene grundlegende Exzentrizität, kraft welcher „das Begehren des Menschen das Begehren des Andern ist" (1960, S. 190). Und nur weil der Mensch in der Welt des Symbols beheimatet ist, „das heißt in einer Welt von anderen, die sprechen", ist sein Begehren der Vermittlung durch die Anerkennung fähig. „Anders könnte sich jede menschliche Funktion nur in dem unbeschränkten Wunsch nach der Destruktion des andern als solchen erschöpfen." (1953-54, S. 219)

Diese dialektische Entfaltung unterscheidet das Begehren von der Unbedingtheit des Liebesanspruchs. Denn der begehrende Mensch, so hatten wir eingangs formuliert, trifft nicht nur auf ein ‚Objekt‘, sondern auf ein seinerseits begehrendes Objekt. Hier liegt aber auch der Unterschied zu jeder realen Bedürftigkeit: Während sich das Bedürfnis an der Welt der Objekte – die für ‚mich‘ ist – stillt, klammert sich das Begehren „nicht am Objekt (...) fest – das Begehren geht um, es geht um das Objekt herum, wenn es im Trieb bewegt wird." (1964, S. 255) Denn das Begehren wird nicht getragen vom ‚Ich‘-sagenden Subjekt. Es artikuliert sich in der Sprache – gebrochen durch die Begierde des Anderen: Weder das Subjekt noch der Andere können sich hier damit zufrieden geben, „Subjekte des Bedürfnisses oder Objekte der Liebe zu sein, sondern einzig und allein damit, Statthalter zu sein für die Ursache (cause) des Begehrens." (1958b, S. 128)

Lacan veranschaulicht das komplexe Verhältnis von Sprache, Wunsch und Intersubjektivität anhand zweier Graphen. Mit den Illustrationen Winnicotts haben sie gemeinsam, daß sie die Bedingungen des Symbolischen nachzeichnen. Wobei jedoch hinzugefügt werden muß, daß bei Winnicott die Übergangsobjekte lediglich eine Vorstufe der Symbolbildung darstellen. Für Lacan hingegen konstituiert die Sprache das Feld des Symbolischen schlechthin.

In *Graph 1* (Lacan 1960, S. 179) bezeichnet der Vektor $\overrightarrow{S.S'}$ die Signifikantenkette, die Ordnung der Sprache. Auf sie trifft die Intentionalität des Subjekts ($\triangle$), die ausgeht vom *‚pré-texte‘* seiner vitalen Bedürfnisse.

Wie wir aufzeigten, bedarf diese vitale Intentionalität der Artikulation. Im Anspruch äußert das Subjekt seine Bedürfnisse und ent-äußert sie damit gleichzeitig, da „es schlechterdings keinen Anspruch gibt, der nicht irgendwie durch die Engführung des Signifikanten hindurchmüßte." (Ebd. S. 187) Damit ist es aber ein für allemal in das Universum der Sprache gehoben, in der es, entfernt vom ursprünglichen Ausgangspunkt „zu dem wird, was es wie von vornherein schon war, und sich allein im Futurum exactum – es wird gewesen sein – kundgibt." (Ebd. S. 183) Denn

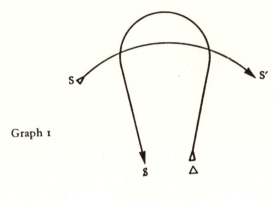

Graph 1

Abb. 3

der Signifikant vermittelt ein Bedürfnis nur symbolisch, er fordert einen anderen Ort als den der realen Objekte, den Ort des Anderen. „So ist also die Wahrheit von anderswo garantiert als von der Realität, die sie betrifft: aus dem Sprechen." (Ebd. S. 182)

Als sprechendes Wesen findet es sich wieder als Subjekt ($), das gespalten ist und von nun an einer Sehnsucht unterliegt, die es für immer an ein Verlorenes fesselt. Denn der Strom des ‚pré-texte' ist ihm entglitten und so oft es auch aus dem Fluß des Signifikanten sich zu retten versucht, sei es in der Aufhebung des Mangels durch seinen Anspruch auf Liebe, sei es durch die Fesselung im Spiegelbild, findet es sich wieder eingefangen im Netz einer signifikanten Artikulation, die schon in ihrem Ursprung Begehren des Anderen ist.

Graph 2 (ebd. S. 183) stellt eine Erweiterung des ersten Graphen dar, indem hier die Figur der imaginären Verdoppelung eingetragen ist – jene „Prunkgebärde" (ebd. S. 184) des Ich, deren Ursprung wir in der Identifizierung mit dem Ideal im Spiegelbild kennengelernt haben. Der Prozeß der Primäridentifizierung wird miteinbezogen „durch den Vektor $\overrightarrow{i(a)m}$, der einbahnig verläuft, aber doppelt artikuliert ist, ein erstes Mal kurzschlüssig über $\overrightarrow{\$.I(A)}$, ein zweites Mal wiederkehrend über $\overrightarrow{s(A).A}$.

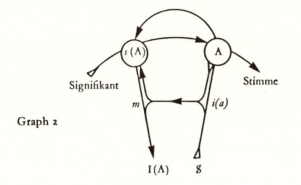

Graph 2

Signifikant Stimme

m: Ich *(moi)*
i *(a)*: Bild des andern
(image de l'autre)

I(A) $

Abb. 4

Daraus erhellt, daß das Ich nur dadurch zu einem Abschluß kommt, daß es nicht als Ich *(Je)* des Diskurses artikuliert wird, sondern als Metonymie seiner Bedeutung" (ebd. S. 184).

Versuchen wir, uns dieses Doppelverhältnis zu verdeutlichen: Die *imaginäre* Identifikation des Spiegelstadiums, die im Bild des Anderen *i(a)* ihr *Ideal-Ich – moi (m)* – zu erkennen glaubt, wird überlagert durch eine *symbolische* Identifikation I(A) (= *Ichideal*), die den Weg über A und *s*(A) nimmt. Letzterer Weg bezeichnet den Eintritt des Subjekts in die symbolische Ordnung. Der Kreuzungspunkt A der Kurve des Begehrens markiert den Ort des Anderen, den Tresor des Signifikanten, der vom Sprechen (der Stimme) des Anderen besetzt wird, das sich jedoch erst in *s*(A), dem *„point de capiton'* (dem Steppunkt) – nachträglich – mit Sinn und Bedeutung aufgeladen findet. Diese nachträgliche Effizienz erhellt den Zusammenhang zwischen der Sprache und der Geschichte des Subjekts. Denn diese Geschichte war schon niedergeschrieben in einem Gewebe intersubjektiver Sprachbeziehungen, in dessen Textur der Wunsch seinen unbewußten Text findet. Das Begehren verschiebt diese Sprachbeziehungen, verdichtet sie in den Knotenpunkten ihrer Struktur, läßt neue Muster daraus entstehen, indem es immer wieder durch die Maschen drängt. Es folgt dabei der Gleitbewegung des Signifikanten, die nie zum Abschluß kommt, da hinter jedem Begehren, das auf Erfüllung drängt, bereits ein neues lauert.

Für Melanie Klein (1930) war es die Angst, die von den angegriffenen ‚Partialobjekten' zurückprallt und die Symbolbeziehung stiftet. Mit Lacan können wir hinzufügen: Bliebe das Kind in der dual-imaginären Beziehung mit der Mutter verhaftet, so unterläge es einem Zirkel von Faszination, Angst und Aggressivität, würde die Mutter nicht selbst schon den Signifikanten wie eine Tätowierung auf ihrer Haut tragen. Von Anfang an überträgt sie die symbolische Ordnung auf das Kind, in ihrem Ja und Nein, in ihrer Gabe und ihrem Entzug, ihrer Anwesenheit und Abwesenheit, in ihrem Anruf und in ihrer Antwort. Hier kann Lacan (1960, S. 190) nun seinerseits an Winnicott anknüpfen: „Was den Sieg angeht, den man so über die Angst erringt in bezug auf das Bedürfnis, kann eine solche Loslösung (aus der Bedingungslosigkeit des Liebesanspruchs; d. Verf.) bereits in der bescheidensten Form als gelungen gelten, bereits in der Form nämlich, die ein gewisser Analytiker in seiner Kinderpraxis erkannt und ‚Übergangsobjekt' genannt hat: das Stück Windel, der geliebte Fetzen, die weder vom Mund noch aus der Hand gelassen werden."

Ebenso wie Winnicott geht es auch Lacan um die Abgrenzung des Symbolischen von einem dual-illusionären Bereich. Winnicott interpretiert diesen Übergang in seiner ‚Illusions-Desillusionierungs-Theorie' entwicklungspsychologisch. Im Mittelpunkt seiner Betrachtung stehen die Reifungsprozesse des Ich. Lacans Ansatz hingegen ist strukturalistisch fundiert. Er betont die wechselseitige Verkettung von Realem, Symbolischem und Imaginärem. Mit Lacan gelesen ist das Symbolische weder ein *Aufgeben* des Illusionären (im Sinne einer Abwehr des ursprünglich Realen), noch ist es dem Individuum zur *Aufgabe* gestellt, vermittels des Symbolischen ‚zu einer Stärkung der Ich-Struktur' (Winnicott) zu gelangen. Lacan wendet sich sowohl gegen die traditionelle Auffassung, die das Ich als Wesen des Subjekts begreift, als auch gegen die Vorstellung, das Ich sei Vermögen zur Synthese der Beziehungsfunktionen des Individuums. Das Ich im Sinne des *moi* (Winnicotts ‚falsches Selbst') ist vielmehr ein Mantel, den der Mensch um seine Ek-sistenz hüllt. Es könnte sich

– auch in einer genügend guten Umwelt – nur verkennen, wäre da nicht die Instanz eines Dritten, die sich von Anfang an wie ein Schatten über die Zweierbeziehung legt.

Während sich Winnicotts Theorie der Übergangsobjekte wesentlich an der Mutter-Kind-Beziehung ausrichtet, führt Lacan den ‚Vater' als den ins Spiel der symbiotischen Beziehung eingreifenden Dritten an. Als Vertreter des ‚Gesetzes' verkörpert der Vater eine allgemeingültige Verbindlichkeit, welche die Wurzel der Sprache und der Sozialisation bildet. Lacan denkt dabei weniger an die Person des realen Vaters als an den ‚symbolischen Vater', den ‚großen Anderen' (vgl. Graph 2): „Es bedarf wohlgemerkt keines Signifikanten, Vater zu sein, so wenig wie um tot zu sein – aber ohne Signifikant wird niemand, weder von dem einen noch von dem anderen dieser Seinszustände, jemals wissen." (1957-58, S. 89) Die Dimension des Dritten (A) ist eingebettet in das Sprachsystem. Es hat seinen Platz an einem ‚andern Ort', am Ort des Unbewußten nach Freud, am Ort des Tausches nach Claude Lévi-Strauss. Hier vollzieht sich ein Austausch, der nicht *Erkenntnis* ist, sondern *Anerkennung*.

Die dialektische Bewegung der Anerkennung – das ist aber die Bewegung der analytischen Situation selbst, insofern sie nicht nur Deutungen wie Erkenntnisse einsammelt, sondern in der fortschreitenden Veränderung der Bezüge zwischen Analytiker und Analysand ihre eigene Historisierung vollzieht. Es sind die Verwicklungen des Gesprächs, seine Interpunktionen, seine Pausen, sein Abschweifen und Wieder-Zurückkehren, die dieser Bewegung Gestalt geben. In ihrer Mitte taucht die Übertragung auf. Sie bezeichnet das Pendeln des Begehrens um den Fixpunkt des signifikanten Anderen.

Sei es in der Gestalt der Angst oder der Sehnsucht, der Rivalität oder der Schmeichelei – die Übertragung nähert sich dem Sprechen immer zuerst von ihrer imaginären Seite. Von daher erzeugt sie einen Bereich des verhüllten Sinns. Weil sie aber vom Strom der Rede erfaßt wird, weil sie der Vermittlung durch das Begehren des Anderen bedarf, greift sie ein in eine Kette symbolischer Realisierungen. Und einzig von hier aus gewinnt sie einen Zugang zur Vergangenheit: Denn die Übertragung verknotet nicht nur die Geschichte des Subjekts mit seinem gegenwärtigen

Sprechen. Sie entwirft diese Geschichte auch neu, indem sie sie für einen Anderen noch einmal erarbeitet.

Als Voraussetzung für die Konstitution einer symbolischen Wirklichkeit, wie sie die Übertragung darstellt, hatten wir bei Spitz den Dialog mit einem lebendigen Partner kennengelernt. Mit Winnicott haben wir die Ursprünge der Übertragung bis in den Bereich des kindlichen Spiels zurückverfolgt. Im intermediären Raum des Spiels, der weder dem Innen der Triebbedürfnisse noch der äußeren Objektwelt zugehört und der von außen nicht in Frage gestellt werden darf, können variable Bedeutungen erfunden werden, kann Kommunikation stattfinden. Winnicotts Begriff der „Objektverwendung" umschrieb das Paradoxon, demzufolge das Subjekt erst über die imaginierte Zerstörung des Anderen zu seiner Anerkennung gelangt – unter der Voraussetzung, daß der Andere diese Zerstörung überlebt (sich nicht rächt). Einer ähnlichen Dialektik sind wir nun bei Lacan begegnet. Sie betrifft zunächst den imaginären Anspruch auf Liebe, der von der Spiegelerfahrung des Ich *(moi)* seinen Ausgang nimmt und von hier aus einmündet in die intersubjektive Bewegung der Anerkennung. Mit Lacan wäre jetzt zu ergänzen: ‚Überleben‘ im Sinne Winnicotts kann der Andere nur, wo er in einer veränderten Weise noch einmal geboren wird: hineingeboren wird in eine symbolische Dimension, in das Gespräch, das allein schon aufgrund seines Tauschcharakters – Wort für Wort – den Anderen in seinem Anderssein zur Sprache bringt. Erst indem er zu Sprache wird, kann sich bei Lacan der Wunsch im Anderen als Begehren wiederfinden.

Gehen wir jetzt noch einmal auf den Anfang zurück und betrachten wir, wie im Spiel diese symbolische Dimension erschlossen wird. Denn es ist augenfällig, daß Freud das kindliche Spiel unter dem Thema des ‚Wiederholungszwangs‘ behandelt, unter dem gleichen Begriff also, aus dem er auch die Übertragung ableitet. Dieser Zusammenhang wird spätestens offenkundig, als er in seiner Schrift „Jenseits des Lustprinzips" (1920g) den ‚Todestrieb‘ einführt. Dort schildert Freud ein Spiel, das später das Interesse zahlreicher Autoren geweckt hat und das sowohl von Winnicott wie auch von Lacan einer Interpretation unterzogen wurde.

6.4. Spiel, Wiederholung, Symbol
Das Spiel des Fort! – Da! und die Ursprünge der Übertragung

Freud berichtet über einen 1 1/2jährigen Knaben, der seiner Mutter „zärtlich anhing" und nie weinte, wenn diese ihn für Stunden verließ:

„Dieses brave Kind zeigte nun die gelegentlich störende Gewohnheit, alle kleinen Gegenstände, deren es habhaft wurde, weit weg von sich in eine Zimmerecke, unter ein Bett usw. zu schleudern, so daß das Zusammensuchen seines Spielzeuges oft keine leichte Arbeit war. Dabei brachte es mit dem Ausdruck von Interesse und Befriedigung ein lautes, langgezogenes o-o-o-o hervor, das nach dem übereinstimmenden Urteil der Mutter und des Beobachters (. . .) ‚fort‘ bedeutete. Ich merkte endlich, daß das ein Spiel sei und daß das Kind alle seine Spielsachen nur dazu benütze, mit ihnen ‚fortsein‘ zu spielen.“

Freud fährt fort:

„Eines Tages machte ich dann die Beobachtung, die meine Auffassung bestätigte. Das Kind hatte eine Holzspule, die mit einem Bindfaden umwickelt war. Es (. . .) warf die am Faden gehaltene Spule mit großem Geschick über den Rand seines verhängten Bettchens, so daß sie darin verschwand, sagte dazu sein bedeutungsvolles o-o-o-o und zog dann die Spule am Faden wieder aus dem Bett hervor, begrüßte aber deren Erscheinen jetzt mit einem freudigen ‚Da‘. Das war also das komplette Spiel, Verschwinden und Wiederkommen, wovon man zumeist nur den ersten Teil zu sehen bekam, und dieser wurde für sich allein unermüdlich als Spiel wiederholt, obwohl die größere Lust unzweifelhaft dem zweiten Akt anhing.“ (1920g, S. 224 f.)

Winnicott greift diese Beobachtung Freuds in einer 1941 veröffentlichten Arbeit auf. Die Untersuchung über „Die Beobachtung von Säuglingen in einer vorgegebenen Situation" geht der Formulierung des Konzepts von den Übergangsphänomenen zwar um ein gutes Jahrzehnt voraus, kann aber in mancherlei Hinsicht als dessen Vorläufer gelten (vgl. Khan 1977; Davis, Wallbridge 1981, S. 39 ff.). Winnicott beschreibt darin, wie ein Säugling mit einem Spatel umgeht, den man ihm vorhält. Er unterscheidet drei Phasen der Beschäftigung mit dem Gegenstand, die jeweils mit charakteristischen Veränderungen des Ausdrucks und der Motorik einhergehen: zuerst das Aufmerksamwerden und die Zuwendung („Phase des Zögerns"), dann das Berühren und In-den-Mund-führen, schließlich das Loslassen oder Wegwerfen des Spatels. Das Beispiel Freuds diskutiert er in Zusammenhang mit dem dritten Stadium, der Phase des Loslassens:

„Ich glaube, daß die Garnrolle, die für die Mutter des Kindes steht, weggeworfen wird, um ein Loswerden der Mutter anzuzeigen, denn die Garnrolle im Besitz des Kindes hatte die Mutter *in seinem Besitz* repräsentiert. Da ich mit dem vollständigen Ablauf von Einverleibung, Retention und Loswerden vertraut geworden bin, sehe ich heute das Wegwerfen der Garnrolle als Teil eines Spiels an, dessen anderer Teil in einem früheren Stadium angedeutet oder gespielt worden ist. Mit anderen Worten: Wenn die Mutter weggeht, bedeutet das für das Kind nicht nur einen Verlust der äußerlich realen Mutter, sondern auch eine Prüfung für die Beziehung des Kindes zu seiner *inneren* Mutter. Diese innere Mutter spiegelt weitgehend seine eigenen Gefühle wider; sie kann liebevoll oder schreckenerregend sein oder rasch zwischen beiden Haltungen hin- und herschwanken. Wenn das Kind feststellt, daß es seine Beziehung zur inneren Mutter beherrschen kann – einschließlich seiner aggressiven Selbstbefreiung von ihr (Freud bringt dies deutlich zum Ausdruck) –, kann es das Verschwinden seiner *äußeren* Mutter zulassen und braucht ihre Rückkehr nicht allzusehr fürchten." (Winnicott 1941, S. 55)

Winnicott, der sich hier an den Theorien Melanie Kleins orientiert, interpretiert das *Fort!-Da!*-Spiel als Wiederholung und aktive Bearbeitung der Beziehung des Kindes zu seiner ,inneren' bzw. ,äußeren' Mutter. Das Übergangsobjekt ,Spule' widersteht dabei einer Zerstörung durch das Kind: Es überlebt die Attacke des *Fort!*, ohne den Angriff zu vergelten, und kann im *Da!* wieder eingeholt werden, obwohl es in der Phantasie zerstört wurde. Das wiederholte Spiel wird so zum Spiel mit der Mutter, in dem die Garnrolle ihren Dingcharakter verliert und eine symbolische Bedeutung gewinnt. Zwischen Anwesenheit und Abwesenheit, Liebe und Haß gewinnt der intermediäre Erfahrungsraum eine grundlegende Bedeutung für das kindliche Erleben: Die Einübung einer Kommunikationstechnik erlaubt die Abwesenheit der Mutter als *reale* zu ertragen und konstituiert das Ich in der spielerischen Bewältigung dieser Trennungserfahrung.

Auch für Lacan liegt das entscheidende Moment des von Freud beschriebenen Spiels darin, daß zwischen das (traumatische) Reale und seine imaginäre Beherrschung ein dritter Bereich eingeschoben wird. Dieser zeigt sich in der Artikulation der beiden Phoneme *o-o-o-o – a* zugleich als Eintritt in das symbolische Universum der Sprache:

„Freud hat uns in genialer Intuition diese Verdunkelungsspiele vor Augen geführt, damit wir in ihnen erkennen, daß der Moment, in dem das Begehren sich vermenschlicht, zugleich der ist, in dem das Kind zur Sprache geboren wird. Wir können heute daran begreifen, daß das Subjekt in diesem Vorgang nicht nur einen Verlust bewältigt, indem es ihn auf sich nimmt, sondern daß es sein Begehren durch ihn zur zweiten Potenz erhebt. Denn sein Handeln zerstört das Objekt, das es in der antizipierenden Provokation seiner Abwesenheit erscheinen und verschwinden läßt. Dieses Handeln negativiert damit das Kräftefeld des Begehrens, um sich selbst zum eigenen Objekt zu werden. Und dieses Objekt, das sogleich in dem symbolischen Paar zweier elementarer Stoßgebete Gestalt annimmt, verkündet im Subjekt die diachronische Integration einer Dichotomie von Phonemen, deren synchronische Struktur eine bestehende Sprache ihm zur Assimilation anbietet; so beginnt das Kind sich auf den konkreten Diskurs seiner Umgebung einzulassen, in dem es mehr oder weniger näherungsweise in seinem *Fort!* und in seinem *Da!* die Vokabeln reproduziert, die es aus jenem System erhält." (Lacan 1953, S. 165)

Die Parallele zur therapeutischen Übertragung wird sofort offenkundig, wenn wir uns den Analytiker an die Stelle der Garnrolle versetzt denken und dabei den besonderen Umstand im Auge behalten, daß diese Garnrolle zugleich das Subjekt selbst vorstellt. Dann haben wir die Figur der imaginären Verdoppelung vor uns – die reine Parade des Spiegelstadiums:

Der Eineinhalbjährige versucht, den Verlust der Mutter zu bewältigen, indem er seine Spule in die Kluft fallen läßt, die deren Abwesenheit aufgerissen hat. Er hält die Spule fest in seiner Hand, versetzt sich dadurch in die Position des Handelnden. Und eben dieses Handeln ist es, das zugleich ein imaginäres Moment in sein Spiel einführt: Denn es verwandelt die Ohnmacht des Verlassenseins in eine „triumphale Übung" (1953-54, S. 189), es läßt das schon Verschwundene seinerseits verschwinden und entdeckt in der Beherrschung seiner Not ein Machtzentrum, das diesen Zustand selbst erst hervorgebracht hat. In der imaginären Identifizierung mit der Mutter gewinnt das Ich *(moi)* seine verloren geglaubte Einheit zurück und feiert den Triumph seiner Wiederkehr, indem es sich selbst verschwinden läßt.

Freud hat den spekularen Charakter dieser Erfahrung nicht verkannt:

„Als eines Tages die Mutter über viele Stunden abwesend gewesen war, wurde sie beim Wiederkommen mit der Mitteilung begrüßt: *,Bebi o-o-o-o!',* die zunächst unverständlich blieb. Es ergab sich aber bald, daß das Kind während dieses langen Alleinseins ein Mittel gefunden hatte, sich selbst verschwinden zu lassen. *Es hatte sein Bild in dem fast bis zum Boden reichenden Standspiegel entdeckt und sich dann niedergekauert, so daß das Spiegelbild ,fort' war."* (Freud 1920g, S. 225; Hervorhebung d. Verf.)

Und doch erschöpft sich dieses Handeln nicht in der Ausübung einer imaginären Herrschaftsfunktion, die in der vokalischen Konnotation des *Fort!-Da!* eingeübt wird. Auch hierin bekundet sich die Beziehung zur Übertragung. Denn das Spiel der Wiederholungen zeigt sich als Wiederholung einer Entfremdungserfahrung. Weniger das Beherrschen der Situation anhand der Spule – die Lacan (1964, S. 68) als Objekt klein *a* bezeichnet, als „kleines Etwas vom Subjekt, das sich ablöst, aber trotzdem ihm zugehörig ist, von ihm bewahrt wird" –, sondern das „radikale Schwanken des Subjekts" (ebd. S. 251) tritt hier zutage. Ein Schwanken, in dessen Hin und Her sich das Subjekt als sprachliches konstituiert in seinem Spiel von Anwesenheit und Abwesenheit, von Entfremdung und Einheit. Im Alternieren der Phoneme *o–a* wird Abwesenheit in Anwesenheit verwandelt und Abwesenheit in der Anwesenheit evoziert. Der erstere Vorgang begegnet uns in der analytischen Situation als Wiederholung der Vergangenheit, der zweite als Freigabe der Gegenwart an die Geschichte des Subjekts. Es ist offensichtlich, daß gerade der zweite Vorgang, für den Freud (1914g) die Begriffe ,Erinnern' und ,Durcharbeiten' eingesetzt hat, nur in der Sprache geschehen kann. Denn schon die erste Wirkung des Sprechens, die Symbolisierung, „negativiert die realen Personen, läßt sie als abwesende anwesend sein und erkennt sie damit als sterbliche Objekte, die fort sein können, aber als sprachliche Zeichen gleichwohl da sind." (Widmer 1984, S. 1026)

Diese Wirkung des Sprechens erfaßt alles, was in der Übertragung benannt wird: den Vater, die Mutter, jene Stimmung von damals . . ., den Analytiker und schließlich sogar das sprechende Subjekt selbst. Man kann diesen Effekt sichtbar machen: zum Beispiel in dem Moment, wo ein Traum sich verwandelt und plötzlich mit Bedeutung aufgeladen findet allein aufgrund der Tatsache, daß er einem Anderen erzählt wird. Lacan hat deshalb die These aufgestellt, das Unbewußte sei nichts anderes als „die Summe der Wirkungen, die das Sprechen auf ein Subjekt übt, auf jener Ebene, wo das Subjekt sich aus den Wirkungen des Signifikanten konstituiert." (1964, S. 132)

Demnach wäre die Übertragung, die Lacan als Sich-ins-Werk-Setzen der Realität des Unbewußten begreift – als „Annäherung an das im Unbewußten sich Verbergende" (ebd. S. 150) –, ihrerseits als ein Effekt des Sprechens zu verstehen, als Resonanzwirkung des Dialogs zwischen Analytiker und Analysand. Denn erst da, wo wir zu einem Anderen sprechen, strukturiert sich das Feld des Unbewußten als die Gesamtheit der intersubjektiven Bedeutungen, die das Subjekt in ihren Bann ziehen: „Dieser Moment ist die Ursache für das, was wir Übertragung nennen. Latent oder nicht latent, der Andere ist immer schon da in der subjektiven Offenbarung. Er ist da, kaum daß etwas vom Unbewußten sich preisgibt." (Ebd. S. 136)

Nun ist die Übertragung aber nicht nur das Auftauchen des Unbewußten im Anderen – jenes *Da!*, mit dem das Kind die Spule begrüßt –, sondern ebenso das *Fort!* des Widerstandes: jenes Mittel also, „mit dessen Hilfe die Kommunikation des Unbewußten sich unterbricht, das Unbewußte sich wieder schließt." (Ebd.) Lacan hat diese Doppelbewegung der Übertragung als ein ‚temporales Pulsieren' beschrieben, in dessen Hin und Her die Wiederholung sich einrichtet. Wir wollen später untersuchen, was es mit dieser Wiederholung auf sich hat, deren Wirkungen Freud ja unter anderem auch den „Schicksalszwang" (1920g, S. 233) zugerechnet hat. Nur eines können wir jetzt schon festhalten: daß es nämlich eines anderen Bezugspunktes bedarf, um die Wiederholung zu verstehen, als der Realität, aus welcher sie entstammt. Auch das Kind, das mit seiner Garnrolle Fortgehen und Wiederkommen spielt und dieses Spiel in immer neuen Gestalten verdoppelt, wiederholt ja nicht einfach das reale Verlassenwerden, sondern hat darüber hinaus eine neue, symbolische Realität geschaffen, in der es als sprachliches Subjekt seinen Platz findet. Einzig deshalb vermag es über die Garnrolle mit der abwesenden Mutter zu kommunizieren. Und ebenso haftet auch der analytischen Wiederholung jenes Stigma „einer immer verfehlten Begegnung, einer immer verpaßten Gelegenheit" an, durch welches sich die Geschichte des Subjekts von seiner realen Vergangenheit ablöst. „Diese Funktion des Mißlingens", schreibt Lacan (1964, S. 134), „steht im Mittelpunkt der analytischen Wiederholung. Immer wird das Rendezvous verpaßt – und das macht, im Hinblick auf die *Tyche,* jene Vergeblichkeit der Wiederholung, ihre konstitutive Okkulation aus."

Das immer schon verpaßte Rendezvous – das ist die Unmöglichkeit, den Mangel in einer „totalen Kommunikation" (Wyss 1975, S. 41 ff.) aufzuheben, sei es durch die Chance auf eine definitive Befriedigung, sei es im imaginären Anspruch auf Liebe. So bleibt die Übertragung wesentlich Konflikt. Denn einmal in die Sprache hineingeboren, vermag der Mensch ebensowenig zu verstummen wie mit seinem Begehren zu einem Abschluß zu gelangen.

Und doch ist es das Sprechen selbst, das einen solchen Abschluß vorgaukelt, weil es jedesmal in die Verheißung der *demande* zurückführt: „Indem wir den andern überzeugen, daß er das habe, was uns zu ergänzen vermag, sichern wir uns zu, weiterhin verkennen zu können, was uns fehlt."

Lacan (1964, S. 140) spricht in diesem Zusammenhang vom „Zirkel der Täuschung, der, kaum daß er angesprochen, die Dimension der Liebe entstehen läßt" – insofern sie wesentlich Anspruch auf die Liebe des Anderen ist, sich als Geliebtwerden-Wollen zu erkennen gibt. „Was die Liebe auf diese Weise zum Abschluß bringt", schreibt R. Barthes (1977, S. 40), „ist eben das, was sie initiiert hat: die Faszination."

Indes handelt es sich hier um einen Effekt, der keinesfalls auf die Übertragungsliebe als solche beschränkt bleibt, sondern sich durch alle Äußerungen hindurch fortsetzt und dem analytischen Gespräch seine untergründige Doppeldeutigkeit verleiht. Lacan (1953, S. 84 ff.) unterscheidet deshalb zwischen einem „leeren" und einem „vollen Sprechen": Das „leere Sprechen" findet sich in der Spiegelfechterei des Monologs, in den Gefälligkeiten, die das Subjekt dem Analytiker erweist, in den „wohlmeinenden Bildern" (ebd. S. 87), die es von sich entwirft. Das „volle Sprechen" hingegen ist die Rede des begehrenden Subjekts jenseits der „Leere seiner Aussage" (ebd. S. 85). Für die therapeutische Kommunikation gibt Lacan (1956, S. 53) folgendes Schema an:

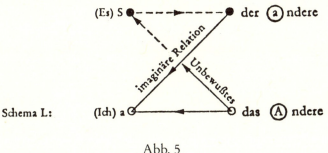

Abb. 5

S bezeichnet hier das Subjekt des wahren Sprechens (Es), das bereits in dem Moment, wo es als ‚ich‘ *(moi)* in die Rede eintritt, einer Verfremdung unterliegt, indem es dem Analytiker – a – jenes Bild von sich selbst anbietet (Ich), *als welches es von ihm gesehen werden will.* Diese Kommunikation begründet die *imaginäre Relation* zwischen a und a, die im Prinzip austauschbar bleibt, solange sie von ‚ich‘ zu ‚ich‘ gesprochen wird. Zugleich ist diese Relation aber die einzige, die in der Objektivation der Aussage überhaupt möglich ist. So bedarf es der Verwicklungen, der Verhüllung, des Spiels im Imaginären, um jenseits des Gesprochenen jene ‚andere Rede‘ des Unbewußten sprechen zu lassen. Denn in der Anstrengung, die das Subjekt unternimmt, sein imaginäres Werk „*für einen andern* wiederaufzubauen, findet es die grundlegende Entfremdung wieder, die es jenes Werk *als ein anderes* hat entwerfen lassen und die es schon dazu bestimmt hat, ihm *durch einen anderen* entrissen zu werden." (1953, S. 87)

Nur über den Umweg der imaginären Beziehung kann in den Bruchlinien und Verwerfungen des Sprechens das begehrende Subjekt (S) zu Wort kommen. Denn zwischen ihm und dem Anderen seiner Begierde (A), für welches der Analytiker Statthalterfunktion übernommen hat, kann kein direktes Gespräch geführt werden. „Es gibt kein drittes, noch viertes Ohr", sagt Lang (1973, S. 90) in Abwandlung einer Formulierung Lacans, „das zu einer Transaudition von Unbewußtem zu Unbewußtem dienen könnte." So bleibt das einzige ‚Objekt‘, das dem Analytiker zugänglich ist, die imaginäre Beziehung. „Und da er sie nicht ausschalten kann", fährt Lacan (1953, S. 92) fort, „kann er sich ihrer bedienen, (. . .) um das aufzudecken, was gehört und verstanden werden muß." Er tut dies, indem er das Sprechen in seinem unbewußten Mitteilungscharakter freilegt, in seiner appellativen Funktion, indem er in Gestalt seiner Deutung jene Antwort formuliert, die jenes Sprechen befreit:

„Die Erzählung einer alltäglichen Geschichte hält er für ein Gleichnis (. . .); ein langes Epos in Prosa hält er für einen kurzen Zwischenruf oder er hält im Gegenteil einen einfachen Lapsus für eine ungemein komplexe Erklärung; ja sogar den Seufzer im Schweigen hält er für das Ganze einer lyrischen Entwicklung, an deren Stelle er tritt." (Ebd. S. 90)

Versucht der Therapeut jedoch, die Leere im Diskurs seines Patienten dadurch aufzufüllen, daß er ihn mit Deutungen ‚speist‘, dann wird sein eigenes Sprechen „suspekt" (ebd. S. 85). Im Extremfall reduziert es sich dann auf die Funktion von Beherrschung und Beschwichtigung und trägt auf diese Weise dazu bei, die imaginäre Starre, in der sich beide Partner eingerichtet haben, weiter zu verfestigen. Das Hören des Analytikers soll nach Lacan (1958a, S. 207) aber ein echtes Hören sein und nicht lediglich ein Abhören des Widerstandes. Allein dadurch wird es zum Staunen befähigt, wenn die Übertragung sich einstellt. Denn um das begehrende Subjekt zu vernehmen, muß es der Analytiker von dort aus erwarten, wohin seine Botschaft sich richtet: vom Ort des Anderen (A), der hier die Rolle eines Dritten übernimmt. M. Neyraut faßt diese doppelte Aufgabe zusammen: „Das ganze Problem besteht für den Analytiker darin, sowohl dieser Dritte als auch er selbst zu sein, nicht, daß er ein Fremder ist, sondern daß er nun diese Funktion des Anderen (mit einem großen A) erfüllt, so daß er der Ort bleibt, an dem das Wort sich übt" (1974, S. 161).

Kommen wir abschließend noch einmal auf unser Spiel mit der Garnrolle zurück: Die symbolische Dimension (A) zeigte sich hier im Alternieren der Phoneme o-a, in deren Differenz sich das Subjekt als sprachliches situiert. Gleichzeitig damit war aber die imaginäre Relation erschlossen worden: jenes vom Subjekt selbst eingefädelte Spiel, in dem es sich mit der ‚Rolle' identifiziert, die auszufüllen es dem Anderen auferlegt. In der imaginären Funktion der Beherrschung wird das Einholen der Spule schließlich zum Einfangen des Anderen – zu seiner Verhaftung.

Solche phantasmatische Verwandlung begegnet auch im therapeutischen Gespräch. Dann etwa, wenn sich das Subjekt für Deutungen gefällig erweist, wenn es sich der Rede des Anderen geschmeidig anpaßt oder umgekehrt in seinem Schweigen ein Machtmittel entdeckt hat. Dies kann so weit gehen, daß der Patient die Stimme des Therapeuten in ein imaginäres ‚Objekt' zu verwandeln sucht: In diesem Fall löst er die Rede von der Stimme ab, deren Präsenz er auskosten will. Einzig die Stimme wird dann zum Träger von Bedeutungen. Ihr Klang soll auf jene Sehnsucht antworten, der sich das Sprechen verweigert. Und doch vermag auch der Dialog mit der Stimme den Mangel nicht aufzuheben. „Nicht einmal ein Schrei", formuliert Widmer (1983, S. 307) in bezug auf die Situation des Säuglings, „könnte die Fremdheit gegenüber dem Realen abstreifen."

Und so läßt die Kommunikation den Mangel gerade dort wieder neu entstehen, wo er eben noch überwunden schien. Diese Notwendigkeit hat vor allem Wyss (1976; 1980) aufgezeigt. Sie bedeutet, daß das Gespräch weitergeht. Eben dieser Umstand ist es aber, der in der Sprache Wahrheit möglich macht. Das Reale als das, was nach Freud (1940a, S. 127) „immer ‚unerkennbar' bleiben" wird, ist das *Unmögliche*, das Unvereinbare zwischen Mangel und Wort (vgl. Leclaire 1968; 1971). Denn in der Sprachordnung befangen rinnt dem Menschen das Reale durch die Finger, sobald er es zu tangieren versucht.

Deshalb genügt es auch nicht, die Übertragung allein nach ihrem Verhältnis zum Realen zu bemessen. Man wird dann nie weiter kommen als bis zu der Feststellung, die Übertragung sei eine entstellte, eine verzerrte Realität. Ein Standpunkt übrigens, der es dem Analytiker leicht macht, wenn er glaubt, der Sinn seiner Deutung bestehe darin, diese Verzerrung zu korrigieren, indem er sie auf eine andere Realität zurückführt. Wir werden uns mit dieser Auffassung im folgenden Abschnitt auseinandersetzen. Denn sie ist es, die in einem bestimmten Verständnis von ‚Be-

handlungstechnik' vorherrschend geworden ist und dabei den fundierenden Charakter der Intersubjektivität übersieht.

Die Übertragung als signifikante Beziehung: das bedeutet, daß der Andere von Anfang an miteinbezogen ist – wenn wir die signifikante Beziehung weiter fassen als den Bereich der gesprochenen Worte, wenn „es"
auch dort spricht, wo wir uns in Stimmungen, in Bildern bewegen, wo
wir auf die Stimme hören oder im Blick lesen. Tatsächlich kann der
Analytiker die Bedeutung dieser Situation nicht durch den Rückgriff auf
das Reale erfassen, sondern einzig und allein dadurch, daß er sie in Beziehung setzt zu seinem eigenen Begehren. Hören wir noch einmal Lacan
(1953, S. 165-166): Schrift I

„*Fort! Da!* Schon in seiner Einsamkeit ist das Begehren des Menschenjun-
gen das Begehren eines anderen geworden, eines *alter ego*, von dem es be-
herrscht wird und dessen Begierdeobjekt von jetzt an sein eigener
Schmerz ist.
Ob das Kind sich nun an einen imaginären oder realen Partner wendet,
es wird ihn gleichermaßen der Negativität seines Diskurses gehorchen
sehen, und da sein Ruf die Wirkung hat, diesen Partner verschwinden
zu lassen, wird es in beschwörender Vorladung die Provokation seiner
Rückkehr suchen, die seinem Begehren den Partner wiedergibt.
Das Symbol stellt sich so zunächst als Mord der Sache dar, und dieser
Tod konstituiert im Subjekt die Verewigung seines Begehrens."

7. Der Andere in der Übertragung

7.1. Text und Technik

Der Begriff ‚Übertragung' hat sicherlich eine weitere Bedeutung als ihm in der Psychoanalyse zugestanden wird. Andererseits ist das Phänomen, welches die Psychoanalyse mit ‚Übertragung' umschreibt, gewiß älter als die Psychoanalyse selbst. Allein innerhalb der Medizin kann ‚Übertragung' so Verschiedenes bedeuten wie: Ansteckung, Austausch, Transport, Übertragung von ‚Erregung', von ‚Information' etc. Im Bereich der Geisteswissenschaften kommen weitere Bedeutungen hinzu, etwa: Übermittlung, Übersetzung, Herstellung eines ‚übertragenen', nicht wörtlich gemeinten Sinnes.

Auf die Vorläufer der therapeutischen ‚Übertragung' in der Medizin des 18. und 19. Jahrhunderts hatten wir einleitend bereits hingewiesen (vgl. auch Schott 1987). Dieses Thema muß hier nicht weiter vertieft werden. Denn es handelt sich bei der ‚Übertragung' um ein Phänomen, das schlechthin allen menschlichen Beziehungen zugrunde liegt. Ebensowenig erscheint es sinnvoll, den Begriff der ‚Übertragung' allein für den Bereich der psychoanalytischen Behandlungssituation zu reservieren (vgl. Waelder 1956; Loewenstein 1969). Gegen eine solche Einschränkung hat Neyraut ein überzeugendes Argument vorgebracht. Er schreibt: „Wenn jeder Mensch die unfehlbare Kraft hat, allem, was ihm begegnet, die Spuren dessen aufzudrücken, was er geliebt hat, so ist nicht einzusehen, daß dieses Privileg sich auf so besondere Umstände wie die einer Analyse beschränken sollte." (1974, S. 105)

Auch Freud selbst sah in der Übertragung ein „allgemein menschliches Phänomen", das von der Analyse nicht „geschaffen", sondern nur „aufgedeckt" und „isoliert" werde (1925d, S. 68). Auch wenn wir seiner ersten Bemerkung zustimmen, so bleiben wir dennoch skeptisch hinsichtlich seiner zweiten Aussage. Denn es ist offenkundig, daß die Übertragung, sofern sie eine ‚signifikante' Beziehungsgestalt entstehen läßt, immer auch als intersubjektives ‚Produkt' von Analytiker und Analysand gesehen werden muß. In neueren Übertragungsdefinitionen wird dieser

Gesichtspunkt zunehmend berücksichtigt (vgl. Thomä 1984a). Oft findet sich hier eine bemerkenswerte Zurückhaltung oder auch die Tendenz, ‚Übertragung‘ im weitesten Sinn mit ‚Beziehung‘ gleichzusetzen. Hicklin (1986), der die gleiche Tendenz konstatiert, spricht aus der Sicht der Daseinsanalyse von „übertragenen“ und „nichtübertragenen“ Beziehungen. Gill (1982) betont, daß in alle Mitteilungen des Patienten Übertragungselemente hineinspielen. Sandler und Sandler (1984) fügen dem hinzu, daß umgekehrt auch die Beziehungsdimension zum Analytiker in allen Äußerungen des Patienten mitenthalten ist. Die letztgenannten Autoren befürworten eine ‚weite‘ Fassung des Übertragungskonzepts, sehen aber auch die Schwierigkeiten, die damit verbunden sind:

„Wenn wir uns vergegenwärtigen, wie Analytiker dieses Konzept tatsächlich verwenden, dann wird deutlich, daß es sich um ein anpassungsfähiges oder flexibles Konzept handelt, dessen spezifische Bedeutung sich je nach Kontext ändert (. . .). Müßte man es definieren, dann nur in dem weiten Sinne von ‚Beziehung‘. (. . .) Aber ein solch weiter Begriff von Übertragung ist offenkundig problematisch.“ (Ebd. S. 809)

Erinnern wir uns, wie Freud selbst auf die Übertragung aufmerksam wurde: Es waren die schweren hysterischen Symptomneurosen, in deren Behandlung er die Erfahrung machte, daß die aus der Verdrängung gelösten und durch das kathartische Verfahren freigewordenen Affekte sich regelmäßig der Person des Arztes zuwandten. Breuers Patientin Anna O. ist hierfür ein besonders eindrucksvolles Beispiel – und nimmt gleichzeitig die spätere Bedeutung der ‚Gegenübertragung‘ vorweg. In den „Studien über Hysterie“ (Freud, Breuer 1895d) spricht Freud von *falscher Verknüpfung* (ebd. S. 309) und davon, daß bei jenen Patienten, die das nötige *Vertrauen* aufbringen, „die persönliche Beziehung zum Arzte sich wenigstens eine Zeitlang ungebührlich in den Vordergrund drängt“ (ebd. S. 265). Und er fügt hinzu: „ja, es scheint, als ob eine solche Einwirkung des Arztes die Bedingung sei, unter welcher die Lösung des Problems allein gestattet ist.“ (Ebd.) Der Arzt tritt hier vorübergehend an die Stelle der in der Erinnerung nicht auffindbaren *dritten Person*. Erst allmählich lernen die Kranken dann „einsehen, daß es sich bei solchen Übertragungen auf die Person des Arztes um einen Zwang und um eine Täuschung handle, die mit der Beendigung der Analyse zerfließe.“ (Ebd. S. 310)

Zehn Jahre später schreibt Freud in seinem Nachwort zur Krankenge-schichte der Dora:

„Was sind Übertragungen? Es sind Neuauflagen, Nachbildungen von (. . .) Regungen und Phantasien, die während des Vordringens der Ana-lyse erweckt und bewußt gemacht werden sollen, mit einer für die Gat-tung charakteristischen Ersetzung einer früheren Person durch die Per-son des Arztes. (. . .) Es gibt solche Übertragungen, die sich im Inhalt von ihrem Vorbilde in gar nichts bis auf die Ersetzung unterscheiden. Das sind also, um in dem Gleichnisse zu bleiben, einfache Neudrucke, unveränderte Neuauflagen. Andere sind kunstvoller gemacht (. . .). Das sind (. . .) Neubearbeitungen, nicht mehr Neudrucke." (1905e, S. 180 f.)

Die Metaphern ‚Neudrucke', ‚Neuauflagen', ‚Neubearbeitungen' legen die Vorstellung eines *Textes* nahe, der neu aufgelegt wird, oder besser, wie im Palimpsest sich einem bereits geschriebenen, aber wieder verlöschten Text überlagert, in ihn eingeschoben wird, in einem ganz anderen Kon-text auftaucht, ihn umstülpt, mit Doppeldeutigkeit auflädt. Genau in diesem Sinn sprach Freud bereits in der ‚Traumdeutung' (1900a, S. 536 ff.) von ‚Übertragung' und bezeichnete damit die *Übersetzung* des Verborgenen in die Hieroglyphenschrift des manifesten Traumes. Anders ausgedrückt: das Setzen des Wunsches in und mittels eines Prozesses der Symbolisierung (vgl. Ricoeur 1965, S. 79).

Wiederum einige Jahre später, in den Schriften zur Behandlungstech-nik (vgl. Freud 1911e; 1912b,e; 1913c; 1914g; 1915a), fand sich dieser ur-sprüngliche Bedeutungshorizont verschoben: Das Interesse hatte sich nun vom Phänomen auf seine Beherrschung verlagert. Dementsprechend wurde die Übertragung weniger als Symbolisierungsleistung innerhalb der dialogischen Gesprächssituation thematisiert; statt dessen trat in der Triade von „Erinnern, Wiederholen und Durcharbeiten" (Freud 1914g) der Wiederholungscharakter in den Vordergrund. Entpuppte sich die Übertragung als Wiederbelebung der infantilen Imagines, so schien es nur folgerichtig, daß die Entzifferungsarbeit, das ‚Durcharbeiten', aus-schließlich als regressive Analyse entfaltet werden konnte. Nichtsdesto-weniger bleibt die Übertragung aber auch hier in erster Linie Organ der Verknüpfung: Verknüpfung von Wunsch und Widerstand in einer fun-damentalen Zweideutigkeit, Aktualisierung des Vergangenen, dessen geheime Bedeutungsgehalte bereits vor jeder Bewußtwerdung die Rede des Subjekts umgarnen, schließlich Einfügung des Analytikers in eine Reihe historischer Figuren, als deren Repräsentant er jenes Maß an Verstrickung auf sich zu nehmen hat, welches einzig ihm erlaubt, die geschichtliche Gestalt des Wunsches in die Textur der therapeutischen Beziehung einzuweben.

Was bereits in den „Studien über Hysterie" als unerläßliche Voraussetzung für „die Lösung des Problems" gegolten hatte – die Einbeziehung des Analytikers in das Geflecht der Symptome und der durch sie vertretenen Wünsche –, wurde nun zur stärksten Quelle des ‚Widerstandes'. Denn mit dem ersten gelungenen Stück Übersetzungsarbeit, welches sie geleistet hatte, schien die Behandlung nun gleichsam auf der Stelle zu treten und jeden weiteren Fortschritt zu blockieren. Sie hatte zwar das Symptom in Konflikt übersetzt. Aber dieser Konflikt erschien jetzt ebenso gegenwärtig und mächtig wie unauflösbar.

Einerlei ob Freud (vgl. 1926d, S. 297 f.) von „Ichwiderstand" oder von „Eswiderstand" spricht: Die Entdeckung des ‚Wiederholungszwanges' auf dem Feld der Übertragung hatte zur Folge, daß Deutung und Widerstand in das Verhältnis von Strophe und Gegenstrophe zueinander gebracht werden mußten. Die ‚Technik' der Psychoanalyse, das heißt die *Arbeit* der Bewußtwerdung an den Widerständen, erwies sich nun als radikal verschieden von jedem Akt bloß reflexiver Setzung. Denn die Interpretation einer ‚Geschichte' als einzig intersubjektiv vollziehbare Leistung der *Anerkennung* ließ sich nur bewerkstelligen, wenn die Mitteilung des Wissens in die Strategie des ‚Widerstandes' integriert wurde (vgl. Ricoeur 1964, S. 106). Die Kunst des analytischen Wechselgesangs bestand folglich darin, die Sirenenklänge der Übertragung als Echo auf ein Begehren in die Rede einzufügen, das von dem einzigartigen und doch immer wieder gleichen ‚Drängen des Objekts' im Anderen zurückhallt (vgl. Lacan 1957-58, S. 76).

Einer anderen Tendenz hat Freud (1920g) selbst Vorschub geleistet, indem er den ‚Wiederholungszwang' in den Rang einer Naturkonstanten erhob: Wenn die Wiederholung nichts anderes ist als der schicksalhafte Ablauf des immer gleichen Phänomens, dann schrumpft die Übertragung auf bloße Repetition zusammen. Der "Zeitlosigkeit und (. . .) Halluzinationsfähigkeit des Unbewußten" (Freud 1912b, S. 167) entsprechend wird sie zu einer ahistorischen Größe stilisiert und verliert damit die ihr eigentümliche Dimension als Geschichtsträger. Und gleichzeitig tritt auch der intersubjektive Kontext in den Hintergrund: Die Übertragung erscheint dann, wie Thomä (1984a, S. 40) kritisiert, als ein zwangsläufiges, mit naturgesetzlicher Notwendigkeit ablaufendes Phänomen „in der Spiegelung des Analytikers, der idealiter von allen blinden Flecken der Gegenübertragung befreit ist". Auf eine solche Sichtweise führt es Thomä (ebd. S. 51 ff.) zurück, daß Freud immer wieder zur „Aufhebung", zur „Zersetzung", ja zur „Vernichtung" der Übertragung im analytischen Prozeß auffordert (vgl. Freud 1905e, S. 182; 1916-17, S. 435). „Die aggressive Bedeutung der von Freud gewählten Metaphern (‚Zersetzung', ‚Vernichtung')", gibt Thomä (1984a, S. 53) zu der Vermutung Anlaß, „daß die aktuelle, situative Wahrheit, also der realistische Anteil jeder Übertragung auch Freud schmerzlich berührte." In den „Studien über Hysterie" (Freud, Breuer 1895d) – wir erinnern uns – war noch von einem ‚Zerfließen' der Übertragung die Rede gewesen.

Wie aber kann die in der Übertragung erschlossene Sinnerfahrung, so können wir jetzt fragen, jemals als Lebensgeschichte angeeignet werden, gesetzt, die Übertragung wäre nichts anderes als eine Art naturgesetzlicher Wiederholung? Denn einmal aus dem Kontext der intersubjektiven Rede herausgelöst, gerät die „Übertragungssucht der Neurotischen", wie es Ferenczi (1909, S. 19) formuliert, allzu leicht in die Nähe einer konstitutionellen Bestimmung, „Süchtigkeit" (ebd.) oder Gier. Zwar unterscheidet sich die ‚Handhabung der Übertragung' (vgl. Freud 1926e, S. 318) auch jetzt noch „von jeder technologischen Zielsetzung der Naturbeherrschung" (Ricoeur 1964, S. 113), da über die seelischen Äußerungen nicht wie über vergegenständlichte Naturprozesse verfügt werden kann. Denn der Psychoanalyse geht es anders als den Naturwissenschaften „weder um ‚Tatsachen' noch um die Beobachtung von ‚Tatsachen', sondern um die Interpretation einer ‚Geschichte'" (ebd. S. 114). Ihre Erfahrung vollzieht sich von Beginn an auf dem Feld des Sprechens und der Sprache, wo die fortwährende Entzifferung und Verschlüsselung jener ‚anderen Rede' des Unbewußten eine „Archäologie des Subjekts" begründet (vgl. Ricoeur 1965).

Daß es aber die proteushafte Realität des Wunsches ist, die sich hier der Entzifferung darbietet, rückte in den Hintergrund, je mehr sich die Theorie auf die Seite des Ich zu schlagen begann. Aus dieser Perspektive erschien die Übertragung zuallererst als eine *unangemessene Reaktion* in der Gegenwart, die durch die „Verschiebung" von ‚Triebimpulsen', ‚Gefühlen' und ‚Abwehrhaltungen' aus der Vergangenheit erklärt wird. Greenson (1967, S. 163) stellt zur Übertragung fest: „Sie ist ein Anachronismus, ein Irrtum in der Zeit." Noch einen Schritt weiter geht Silverberg (1948, S. 321), der in der Übertragung ein neurotisches Relikt sieht, ein Zeichen der Unreife, und sich von einer aufgeklärten Menscheit erhofft, daß sie die ‚Realität' nicht länger verleugne und die ‚Übertragung' aus ihrem psychischen Repertoire verbanne.

Ohne an der prinzipiellen Ausgangsposition Freuds etwas zu verändern, hatte sich damit der Schwerpunkt vom unbewußten Text, der durch die Übertragung erschlossen wird, auf die Techniken ihrer Beherrschung verlagert. Folglich galt es, die verzerrte Übertragungswirklichkeit zu entzaubern, jene „Überwindung des Lustprinzips zu lernen" (Freud 1915a, S. 229), die ihr pädagogisches Anliegen bald kaum noch verhüllte: Ich-Stärkung durch Projektion des Über-Ich auf den Analytiker, Introjektion, Identifizierung mit dem realitätsgerechten Therapeuten-Ich (vgl. Strachey 1934; Bibring 1937); „Ich-Pädagogik" bei M. Balint (1938), Übertragung als ‚Introjektion' bei Ferenczi (1909), als ‚Projektion' bei Nunberg (1951), ‚Externalisierung' und ‚Übertragung von Abwehr' bei Anna Freud (1936). Was nach Freud oftmals auf einen Streit um das Semantische hinauslief und die Anwendbarkeit des Begriffs in und außerhalb der analytischen Situation abzustecken bemüht war, entpuppte sich andernorts als grundlegende theoretische Divergenz. Es würde zu weit führen, die verschiedenen Entwicklungen der Übertragungstheorie an dieser Stelle im einzelnen zu diskutieren. Stellvertretend sei deshalb auf die Übersichtsarbeiten von Macalpine (1950), Lagache (1952), Orr (1954), Zetzel (1956), Greenson (1967, S. 163 ff.), Loewenstein (1969), Sandler et. al. (1973, S. 33 ff.), Peters (1977), Gill (1982) und Thomä (1984a) verwiesen. Neyraut (1974), der sich mit einzelnen Aspekten des Übertragungskonzepts kritisch befaßt hat, spricht von der ‚Zuflucht zur Zauberin Metapsychologie'. Er konstatiert den gleichen grundlegenden

Widerspruch, auf den wir bereits im ersten Kapitel gestoßen waren: „daß nämlich Übertragung und Gegenübertragung dem Wesen nach dialektisch sind, während die Metapsychologie (. . .) eine Art (. . .) Monade zu definieren sucht." (Ebd. S. 61 f.) Gleichwohl haben unterschiedliche Auffassungen der Übertragung auch zu voneinander abweichenden therapeutischen Akzentsetzungen geführt und damit zu einer unterschiedlichen Praxis. Mit einer dieser Entwicklungen, die mit dem Begriff der sogenannten „realen Beziehung" verknüpft ist, vor allem aber mit der Kritik, die Lacan an dieser Konzeption geübt hat, werden wir uns im folgenden Abschnitt auseinandersetzen.

7.2. Wo ist das Reale?

Grob gesprochen lassen sich innerhalb der Psychoanalyse zwei Hauptrichtungen unterscheiden, was das Verständnis der Übertragung und ihrer Rolle im therapeutischen Prozeß anbelangt: Während die einen – in der Tradition Ranks und Ferenczis (Ferenczi, Rank 1924; vgl. auch Janus 1986) – „jeden Traum, jede Geste, jede Fehlhandlung, jede Verschlimmerung oder Besserung im Zustand des Patienten" (Ferenczi 1926, S. 189) als Ausdruck der Übertragungs- und Widerstandsverhältnisse auffaßten, grenzten die anderen die „Übertragungsneurose" im engeren Sinne von der „realen Beziehung" zwischen Analytiker und Analysand ab. Der erstgenannten Richtung kann auch Melanie Klein und ihre Schule zugerechnet werden. Hier konzentrierte man sich auf die elementaren Vorgänge der Projektion und Introjektion in den frühkindlichen ‚Objektbeziehungen' und bemühte sich, alle ‚realen' oder phantasierten Gefühlsregungen des Patienten in die Deutung einer komplexen Gesamtszene, der sogenannten „Übertragungs-Situation" einzubeziehen (Klein 1952; vgl. auch Rosenfeld 1965; Segal 1973; Riesenberg 1977). Die Schule Melanie Kleins ist wegen ihrer nahezu ausschließlichen Bevorzugung von Übertragungsdeutungen und ihrer Neigung, ‚tiefe' Deutungen im Hier und Jetzt der analytischen Situation zu geben, verschiedentlich kritisiert worden (vgl. Greenson 1974; Gill 1982, S. 129 ff.). Für sie ist die Beziehung des Patienten zum Therapeuten wesentlich eine solche der unbewußten Phantasie.

Die zweite Richtung nimmt vom Strukturmodell Freuds (1923b) ihren Ausgang und fand ihre Ausgestaltung vor allem innerhalb der psychoanalytischen Ichpsychologie. Hier wurde zwischen ‚konfliktfreien‘ Ichfunktionen (vgl. Hartmann 1950; 1951) und solchen Strukturanteilen unterschieden, die in den neurotischen Konflikt involviert waren. Die einen bildeten idealtypisch das „Behandlungs-“ oder „Arbeitsbündnis“ mit dem Therapeuten, die anderen waren Teil der „Übertragungsneurose“. Die einen verfügten über die Möglichkeit zur „Realitätsprüfung“ und über eine ‚realistische‘ Wahrnehmung der analytischen Situation, die anderen führten zur Verzerrung der Wirklichkeit und der Person des Analytikers. Dementsprechend gewann das therapeutische Gespräch ein Doppelgesicht: konfliktfreie Ichfunktionen gegen neurotische Deformation, „Übertragungsneurose“ hier, „therapeutic-“ und „working-alliance“ da (Zetzel 1958; Greenson 1965); regressive Wiederholung auf der einen Seite, „‚mature‘ ego-syntonic transference“ (Stone 1961, S. 106) auf der anderen. Die ‚Übertragungsneurose‘ wurde als „spezifische Illusion“ (Sandler et al. 1973, S. 43) aus dem Beziehungsgeflecht der Sprechenden herauspräpariert. Das ‚Arbeitsbündnis‘ aber stand für den „relativ unneurotischen, rationalen Rapport zwischen dem Patienten und seinem Analytiker“ (Greenson 1967, S. 204).

Eine wichtige Vorarbeit für diese Unterscheidung hatte bereits 1934 R. Sterba geleistet, als er den Begriff der „therapeutischen Ich-Spaltung“ einführte (vgl. auch Bibring 1937). Die „Ich-Spaltung“ war von Freud (1927e; 1940a, S. 133 ff.; 1940e) im Zusammenhang mit den Abwehrvorgängen erörtert worden. Unter anderen Vorzeichen sah Sterba in ihr ein ‚notwendiges Schicksal‘ des Ich im therapeutischen Verfahren. Er schreibt: „Die therapeutische Ich-Spaltung ist eine Notwendigkeit, soll der Analytiker die Möglichkeit haben, Teile des Ichs für sich zu gewinnen, zu erobern, durch Identifizierung mit sich zu stärken und den in der Übertragung trieb- und abwehrbesetzten Anteilen entgegenzusetzen.“ (Sterba 1934, S. 69) Damit war die Stärkung des Ich zum wichtigsten Ziel der Behandlung geworden. Jenes Ich, wir erinnern uns, das Lacan in seinem spekularen, imaginären Charakter als eine Funktion der Verkennung beschreibt, als etwas, das in seinem Wesen selbst Frustration ist. Die Identifizierung mit dem Therapeuten sollte nun den Weg zur

Wahrnehmung der ‚Realität‘ eröffnen. Zwar hatte Sterba gegen Ende seiner Arbeit Herder zitiert und ausdrücklich angedeutet, daß die von ihm beschriebene „Spaltung" vorgängig bereits durch das Verhältnis des Menschen zur Sprache bestimmt sei. Doch fand dieser Gesichtspunkt bei späteren Autoren kaum noch Berücksichtigung.

Statt dessen setzte die Unterscheidung von ‚Arbeitsbündnis‘ und ‚Übertragungsneurose‘ eine weitere Aufsplitterung in Gang: Zergliederung der Zeitstruktur des therapeutischen Prozesses in eine zur reinen Wiederholung stilisierten Vergangenheit und in die punktuelle Gegenwart des ‚Hier und Jetzt‘; Janusgestalt des Analytikers, insofern er einerseits Chimäre bleibt, andererseits aber das ‚neue Objekt‘ (vgl. Loewald 1960) repräsentieren soll, „therapeutische Ich-Spaltung" schließlich, durch welche das „beobachtende Ich" vom „erlebenden Ich" abgetrennt wird (Greenson 1965, S. 83), um dem ‚analysierenden Ich‘ des Analytikers die Hand zu reichen und um im Interieur dieser Beziehung das Illusorische seiner Verhaltensweisen einzusehen.

Dieser Appell „an einen gesunden Teil des Subjekts, der einfach da sein soll im Realen, fähig, mit dem Analytiker zusammen zu beurteilen, was in der Übertragung vor sich geht", verkennt aber für Lacan (1964, S. 137), „daß es in der Übertragung (. . .) gerade um diesen Teil geht, daß gerade er (. . .) die Fensterläden (. . .) zumacht – verkennt also, daß die Schöne, mit der man sprechen möchte, sich dahinter verbirgt und keinen anderen Wunsch hat als den, daß die Läden wieder aufgemacht würden."

Lacans Kritik richtet sich gegen drei Strömungen innerhalb der psychoanalytischen Theoriebildung, die das Verständnis der Übertragung maßgeblich beeinflußt haben: gegen das Modell einer „intersubjektiven Introjektion" bei Ferenczi – Lacan (1958a, S. 197) spricht in diesem Zusammenhang von einer „mystischen Speisung" des Patienten mit der Hostie des Therapeuten –, gegen die Theorie der „Objektbeziehung" nach K. Abraham und gegen das Konzept der „Widerstandsanalyse" bei Anna Freud. Alle drei Ansätze bleiben in seiner Sicht dem Modell einer Zweierbeziehung verhaftet und vernachlässigen die intersubjektive Konstitution des Unbewußten im dialogischen Vollzug. Vor allem aber wendet sich Lacan gegen die ichpsychologische Auffassung, derzufolge „die Übertragung ihre Kraft daran hat, daß sie auf die Realität zurückgeführt wird, deren Repräsentant der Analytiker ist" (ebd.). Die Übertragung auf der Bühne einer „übertragungsfreien Beziehung" (vgl. Greenson, Wexler 1969) inszenieren, heißt für ihn bereits, zu einem Werkzeug zurichten, was doch ursprünglich nichts anderes war als das Andrängen des Begehrens gegen die vermeintliche Realität dieser Beziehung selbst. Was sich hier als Strategie ausgibt, der sogenannte „diplomatische Einfluß des Psychoanalytikers auf die Übertragung" (Thomä 1984a, S. 40), dient vor allem dem Widerstand – nur diesmal *hinter* der Couch. Wie anders sollte es zu verstehen sein, wenn die ‚Handhabung' („handling") der Übertragung – abgelöst vom Kontext der intersubjektiven Rede – nun in den Bereich strategischen Handelns verwiesen und zu einer Frage von „tact, timing and dosage" (Greenson 1974, S. 43) wird?

Wyss (1961; 1982), Szasz (1963) und andere Autoren haben demgegenüber festgestellt, wie problematisch die Unterscheidung zwischen ‚Übertragungsgefühlen' und ‚wirklichen' Gefühlen in der konkreten therapeutischen Situation ausfällt. Sie verweisen ferner darauf, daß das Konzept der Übertragung – nicht anders als jenes der ‚realen Beziehung' – vom Analytiker dazu benutzt werden kann, um sich vor der Emotionalität des Patienten zu schützen. Wyss (1961, S. 296 ff., 406 ff.) hat sich weiterhin um den Aufweis bemüht, daß eine bestimmte Sichtweise der ‚Übertragung' keine Rechenschaft abzulegen vermag von jener Dimension des ‚Zwischen', der Referenz auf das ‚Du' oder des ‚Wir', wie sie von der philosophischen Anthropologie (Scheler, v. Weizsäcker), der Daseinsanalyse (Binswanger) und innerhalb der sogenannten ‚Begegnungsphilosophie' (Buber) herausgearbeitet wurden. Allerdings merkt Wyss auch kritisch an, daß diese Konzepte ihrerseits zu wenig in die therapeutische Praxis hineingewirkt haben und ihre konkrete Realisierung zum Teil schuldig geblieben sind (vgl. auch C. Frank 1983, die dies am Beispiel Binswangers aufzeigte).

Auch Lacan hat – zum Teil sehr polemisch – gegen eine Instrumentalisierung der therapeutischen Beziehung argumentiert. Für ihn bleibt die Analyse der Übertragung „ein Feld des puren Risikos (...), auf dem schlechterdings keine Kontrolle möglich ist." (1964, S. 139) Seine Diskussion der nachfreudschen Übertragungskonzepte setzt nicht zufällig bei einer gewissen Rede von der Übertragung an, die den therapeutischen Jargon („Er ist voll in der Übertragung") nicht weniger auszeichnet als die theoretische Auseinandersetzung über die Behandlungstechnik. Eine Rede, die oft genug das, was als Text unbewußter Artikulation erst zu entziffern wäre, bereits wie selbstverständlich voraussetzt, und die in dem Maße, wie sie sich vorwiegend auf einer instrumentalen Ebene situiert, nur einer Verwässerung und Relativierung des Übertragungsphänomens das Wort redet. Etwa dadurch, daß die Realmomente der Behandlungssituation nun den eigentlichen Wirkungshorizont darstellen, in dem Analytiker und Analysand in einer gedoppelten Beziehung miteinander verkehren, im Dienste des ‚Realitätsprinzips' letztlich und zwecks Stärkung seines Verwalters, des autonomen Ego. Vor diesem Hintergrund erscheint die Übertragung vor allem als eine verzerrte Realität, die es zu korrigieren gilt, wobei das Therapeuten-Ich gewissermaßen das ‚Urmeter des Realen' (Lacan) abgibt.

Rührt der fossile und monströse Charakter, den man der Übertragung so bereitwillig zuerkennt, aber nicht einfach daher, daß man sie aus dem Gewebe einer Erzählung, in das sie eingebettet ist, herausgelöst und am Fixpunkt des Realen festgemacht hat, was immer auch dieses Reale bedeuten mag? Erst wenn man so verfahren ist, kann man fragen, ob die Übertragung im Verlauf einer Behandlung sich ‚spontan' einstellt oder vielmehr ‚reaktiv' auftritt, das heißt als ‚feldabhängige Größe', situativ überformt durch das regressionsfördernde Arrangement, die Person des Therapeuten, seine Gegenübertragung, Zugehörigkeit zu einer bestimmten Schule und dergleichen. Diese Fragen sind von Autoren wie M. Balint (1939), Macalpine (1950), Greenacre (1954), Spitz (1956), Heimann (1960), Gill (1982), Thomä (1984a) und zahlreichen anderen ausführlich diskutiert worden. Zweifellos bedeutete es einen Fortschritt, als man den Einfluß des ‚Setting' auf die Ausgestaltung der Übertragung anerkannte. Aber hieß das nicht auch, daß die Übertragung bis dahin wie ein Naturphänomen behandelt worden war, das unter Laborbedingungen reproduzierbar möglichst ‚rein' und unverfälscht zur Darstellung gebracht werden sollte? Nun galt es, dem Einfluß des ‚Beobachters' auf das von ihm bezeugte ‚Experiment' Rechnung zu tragen, was gleichbedeutend war mit der verspäteten „Einführung des Subjekts" (vgl. v. Weizsäcker 1935;

1940) in den therapeutischen Prozeß. Diese Veränderung zeigte sich vor allem in einer Neubewertung der ‚Gegenübertragung'. Mit einer gewissen Erleichterung hat man daher auch zur Kenntnis genommen, daß die Praxis Freuds offenbar weit weniger orthodox war, als ihre veröffentlichte Wiedergabe vermuten ließ (vgl. Lampl-de Groot 1976; Lipton 1977; Cremerius 1981; Bräutigam 1983).

Aus solchen und ähnlichen Überlegungen heraus wurde jedenfalls die Forderung abgeleitet, daß das klassische Konzept der Übertragung als ‚reine Wiederholung' modifiziert werden müsse durch die Berücksichtigung der umfassenderen ‚realistischen Beziehung' zwischen Analytiker und Analysand, um von hier aus den Hebel des ‚innovativen Hier und Jetzt' anzusetzen (vgl. Thomä 1984a). Wobei nun allerdings die prekäre Frage auftaucht, wo die Illusion aufhört und wo das Reale anfängt und vor allem – wer die Grenzen absteckt. Für die Praxis bedeutet das: das ‚Arbeitsbündnis' von seinen übertragungsneurotischen Deformierungen freianalysieren, um auf der blankgeschabten Haut des Realen die Tätowierungen der Übertragung besser hervortreten zu lassen.

Ist jedoch, was nun durch die Hintertüre als ‚realistische Beziehung' hereinkommt, mehr als nur ein Prothesenersatz für das, was bereits zuvor an der Übertragung amputiert worden war? Allzuleicht wird dabei übersehen, daß es eben das *Rätsel* der Übertragung ist, das längst vor ihrem Manifestwerden diese Beziehung je schon strukturiert hat und fortlaufend neu strukturiert. Hier geht es durchaus um mehr als lediglich um eine Neuverteilung der Karten im Ich. Es geht um die Konstituierung einer vollgültigen menschlichen Beziehung: und zwar nicht „exterritorial", außerhalb der Übertragung, sondern in ihrer Mitte.

„Wenn man sich mit der Literatur zur Übertragung (. . .) beschäftigt", schreiben Sandler et al. (1967, S. 807), „so kann man sich des Eindrucks nicht erwehren, daß es hier etwas gibt, das man fassen möchte, ein flüchtiges, leicht verlierbares Etwas, das dem ganzen Thema eigen ist, und daß dieser Eindruck eine Triebkraft für unsere fortgesetzte Beschäftigung mit dem Gegenstand bildet." Diesem Etwas, das schon entschlüpft ist, wo man es zu erheischen sucht, und das auf einmal wieder auftaucht, wo es schon verloren schien, wollen wir auf seinem Weg ein Stück weit folgen. Wir begegnen ihm in der Überraschung, im Staunen, welches die

Übertragung ankündigt, im Bild jener schönen Unbekannten bei Lacan (1964, S. 141), welche angeblich das Subjekt „von hinten her (. . .) magnetisiert (. . .) bis in tiefe Grade der Dissoziation, der Spaltung hinein." Was also taucht auf dem Grund dieser Erfahrung auf, welche die Analyse mit ‚Übertragung' umschreibt? Um hierzu einen Zugang zu gewinnen, dürfen wir die Übertragung nicht länger von ‚außen' betrachten, dürfen wir sie nicht länger wie eine Enklave, wie einen Fremdkörper innerhalb der ‚realistischen Beziehung' behandeln. Das heißt wir müssen von neuem die Frage stellen: „Woran ist man mit der Übertragung?" (Lacan 1958a, S. 191 ff.)

7.3. Die Fischreuse: Alienation und Separation (J. Lacan)

Fassen wir noch einmal zusammen: Das Wesentliche an der Übertragung – so hatten wir gesagt – wird einem gerade entgehen, wenn man sie auf den Index des Irrealen, Unangemessenen, Unreifen reduziert, in die Formel einer Zweipersonen-Psychologie hineinzwängt. Eine Formel, die überdies bewirkt, daß die analytische *Un*gleichung erst dadurch zur Gleichung wird, wenn sich dieser Koeffizient „Übertragung" zu guter Letzt dem Limeswert 0 nähert. Andersherum gefragt: Kann man überhaupt von einem *Auftreten* der Übertragung sprechen, so wie man sonst in der wissenschaftlichen Veräußerung der Medizin vom *Auftreten* gewisser Symptome, Beschwerden oder Zustandsänderungen spricht? Ist die Übertragung ein meßbares Phänomen am Patienten, wie es etwa das Fieber ist? Oder geht es hier nicht vielmehr um das *Auftauchen des Anderen in der Übertragung?* Und wenn die Übertragung schon an ihrem Ursprung ein intersubjektives Phänomen ist, wenn sie den Anderen enthüllt und konstituiert: Welche Position nimmt dieser Andere dann ein in bezug auf das Subjekt, sein Sprechen und seine Geschichtlichkeit?

Ein Traum, der, obwohl er innerhalb der ersten drei Behandlungsstunden geträumt wurde, jedes Recht für sich in Anspruch nehmen kann, als Übertragungstraum zu gelten, kann uns hier weiterhelfen:

Die Träumerin sieht sich in diesem Traum eingeschlossen von einer hohen, unübersteigbaren Mauer. Sie fühlt sich beengt, ist voller Angst. Da entdeckt sie eine Öffnung in dem Gemäuer und dahinter eine gleißende Helle. Der Raum hinter der Mauer zieht sie an, obwohl ihr die Helle, die Glut Angst machen. Um dorthin zu gelangen, muß sie durch die Türe hindurch. Es ist der einzige Weg. Doch ausgerechnet da steht der Therapeut und neben ihm ein zweiter Mann (der ihm zum Verwechseln ähnlich sieht). Beide lassen sie nicht weiter. Sie wird schließlich ungehalten und wütend, weil man ihr den Weg versperrt ...

Zu diesem Traum nun das folgende Gedankenexperiment: Man stelle sich vor, daß nicht zuerst das Tor da ist und dann der Andere, der es verstellt, sondern daß gerade umgekehrt die Öffnung in der Mauer nur erscheinen kann, weil sich dort ein Anderer aufhält. In diesem Fall markiert der Andere die Öffnung, wie er sie gleichzeitig auch schon wieder verschließt. Mit dieser Dialektik erfassen wir eine Struktur, die mitten in die Übertragung hineinführt.

Denn die analytische Erfahrung erweist die Übertragung als „ein Phänomen, das Subjekt und Analytiker gleichermaßen einschließt." (Lacan 1964, S. 243) Dieses *Einschließen des Anderen in der Übertragung* hat Lacan (ebd. S. 150) am Bild der *Fischreuse* veranschaulicht:

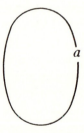

Schema der Reuse

Abb. 6

Betrachten wir die beiden Bewegungen an der Mündung der Reuse: Sie öffnet sich – ein Fisch schwimmt herein. Sie schließt sich – und der

Fisch ist gefangen. Auch das Unbewußte besitzt die Struktur eines solchen Randes. Umgekehrt ist allein die Richtung. Denn: „Wichtig ist nicht, was hier eingeht, wie es im Evangelium heißt, wichtig ist, was ausgeht." (Ebd. S. 151) Versuchen wir, die beiden Bewegungen auf die analytische Situation zu übertragen! Für die Übertragung ergibt sich dann folgendes Bild:

Das Subjekt, gedacht als im Inneren der Reuse seiend, realisiert das für sein Begehren konstitutive *Aufklaffen* in Gestalt der *Öffnung,* die das Wesentliche an der Struktur der Reuse ausmacht. Es verschließt diese Öffnung im gleichen Zug durch die Antizipation seiner idealen Einheit im Bild des Anderen, das heißt „durch die Einwirkung von etwas, das die Rolle eines Obturators spielt – das Objekt *a* als angesaugtes, angeatmetes an der Mündung der Reuse." Lacan fährt fort: „Ein ähnliches Bild haben Sie in jenen großen Kugeln, in denen bei einer Lotterie die Lose durcheinandergewirbelt werden, die gezogen werden sollen. Was sich da zusammenbraut in diesem großen Roulett, erste Aussagen der freien Assoziation, kommt in dem Intervall heraus, in dem das Objekt nicht die Öffnung stopft." (Ebd. S. 151 f.) In dieser Doppelbewegung – Öffnen und Schließen der Reuse – pulsiert jene andere Rede des Unbewußten, in der sich das Subjekt im Anderen selbst als ein gespaltenes begegnet. Eine Rede, die niemals auf dem Niveau einer Gewißheit – *insight* – arretiert werden kann, ohne sich ihrerseits schon wieder zu verfehlen.

Dem Auf und Zu der Reuse in unserem Schema entspricht dabei die Struktur des Unbewußten als die eines „Aufklaffens". Und was sich „in dem Auf und Zu der unbewußten Kluft produziert, das ist das Ein- und Austreten, das Erscheinen und Verschwinden des Subjekts auf dem Feld des Andern." (Teichmann 1983, S. 135) Insofern ist die Bewegung der Reuse unserem Traumbild vergleichbar oder auch einem Stromkreis, der geöffnet und geschlossen werden kann.

Das Feld des Anderen gliedert Lacan in zwei ‚Funktionen', die er mit *Alienation* und *Separation* bezeichnet:

In der *Alienation* findet das Subjekt die grundlegende Entfremdung wieder, die sein Verhältnis zum Signifikanten konstituiert und die ihm, gleich wie es sich entscheidet, einen Verzicht abverlangt. Im therapeutischen Gespräch beispielsweise können wir wählen zwischen dem ‚Sein' und dem ‚Sinn' (in gewisser Weise gruppiert sich die ganze Dialektik des ‚Durcharbeitens' um diese Wahl). Aber wie wir uns auch entscheiden, wir entscheiden uns auf jeden Fall für einen Verlust: Denn wählen wir den ‚Sinn', dann verlieren wir das ‚Sein' und erhalten somit auch einen beschädigten ‚Sinn'. Entscheiden wir uns aber für das ‚Sein', so entwischt uns der ‚Sinn', und wir erhalten – wie Teichmann (1983, S. 138) sagt – ein „um das Nicht-Sein (. . .) verkürztes Sein." Eine ähnliche Antinomie liegt nach Wyss (1980) dem Verhältnis des Menschen zur Reflexion und zum Tod überhaupt zugrunde.

Die *Separation* führt unmittelbar auf die Übertragung hin, denn sie bringt die Begierde des Anderen ins Spiel. Wie für das Kind im Diskurs des Erwachsenen, entsteht dann für das Subjekt in der Rede des Analytikers ein Intervall, dessen radikaler Ausdruck sich in die Frage übersetzen läßt: *„Er sagt mir das, aber was will er?"* (Lacan 1964, S. 225) Und wie das Kind auf das rätselhafte Begehren des Erwachsenen, antwortet das Subjekt auf den Mangel im Anderen, indem es das Phantasma seines eigenen Schwindens heraufbeschwört: *„Will er mich verlieren?"* (Ebd.) Wir wissen, daß das Phantasma des eigenen Todes nicht nur vom Kind in den Liebesbeziehungen zu seinen Eltern eingesetzt werden kann. Es begegnet ebenso auf dem Feld der Übertragung – und sei es nur in der Gestalt eines Schweigens. Genau an diesem Punkt jedoch ist das Subjekt dazu aufgerufen, die Differenz zum Anderen anzuerkennen: „Dadurch, daß es sich trennt (separare), entsteht es (se parere) und verteidigt sich gegen den Mangel im Begehren des Anderen (se parare)." (Teichmann 1983, S. 140)

Diese Antinomien der kommunikativen Bewegung bleiben im therapeutischen Gespräch insofern uneinholbar, als der Andere allein schon durch sein Auftauchen – zugespitzt noch durch die spezifische Präsenz seines Schweigens – immer auch ein Moment der Infragestellung, der möglichen Nichtung und des Mangels ins Spiel bringt. Wenn Leclaire (1968, S. 152) die psychoanalytische Situation dadurch charakterisiert, daß sie „wesentlich die Beziehung des Einen zum Mangel (. . .) zur Sprache" bringt, dann wird bei Wyss der Mangel zum *primum movens* von Kommunikation schlechthin. Mangel – negativ verstanden als das Verfehlen einer totalen Präsenz, positiv verstanden als Eröffnung eines

Raumes, in dem der Andere immer wieder neu facettiert, gewonnen und verloren wird. Wahrhaftigkeit im therapeutischen Dialog ist deshalb etwas grundsätzlich anderes als die „logische Wahrheit des mathematischen Kalküls" (Wyss 1982, Bd. 2, S. 466). Sie bleibt an die vorgängige Leiderfahrung und den kommunikativen Vollzug gebunden: „Die Wahrheit der Leiderfahrung als antilogischer Vollzug ist ihr existenziales Bewältigen, nicht das Urteil oder irgendein das Leiden betreffender Erkenntnisakt." (Wyss 1980, S. 530)

Die Übertragung skandiert dieses Wahrheitsmoment als ein geschichtliches, indem der Analytiker jene (Leer-)Stelle besetzt hält, die das Aufklaffen des Begehrens markiert beim Anderen. Weit davon entfernt, eine Art Hilfsfunktion gegenüber dem Ich zu begründen, wird der Analytiker bei Lacan zum ‚Lockvogel', zum „Statthalter (. . .) für die Ursache *(cause)* des Begehrens" (1958b, S. 128). Wobei er unter Begehren versteht, was sich in der Artikulation des Wunsches weder auf ein bloßes Bedürfen noch auf die Unbedingtheit des Liebesanspruchs beschränken läßt, insofern das Begehren den Mangel, der es unterhält, immer wieder neu ins Spiel bringt. Dieses Begehren ist überaus beredt: Es spricht „im Wachen und im Traum (. . .); auch dann, wenn wir kein Wort verlauten lassen, sondern nur zuhören oder lesen, (. . .) einer Arbeit nachgehen oder in der Muße aufgehen." (Heidegger 1959, S. 11) Es spricht längst bevor der Mensch sprechen gelernt hat, es spricht „ständig in irgendeiner Weise" (ebd.), selbst wenn wir schweigen und auch dort, wo „die bloßen Dinge die Fülle und die Lebendigkeit des Objekts vortäuschen" (Kessler 1981, S. 157). Vielleicht ist dieses Begehren sogar nirgendwo deutlicher artikuliert als da, wo wir es am wenigsten erwarten, nämlich auf der Ebene der sogenannten ‚realen Beziehung': „Es tut mir weh, daß Sie so wenig Erfolg bei mir haben!" – womit die Patientin nicht nur das Phantasma ihrer Macht ins Spiel bringt, sondern in ihrem Schmerz einhakt in das Begehren des Anderen, und solchermaßen zu verstehen gibt, wie sie sich mehr als 20 Jahre nähren ließ – von der Impotenz ihres Mannes.

Dieses Beispiel erinnert uns zugleich an die Bedeutung der Gegenübertragung, das heißt an die Bedeutung des Begehrens des Analytikers. Tatsächlich kann sich das Begehren des Subjekts nur artikulieren, wo es auf ein anderes Begehren trifft (ohne dieses andere Begehren jemals zu seinem eigenen machen zu können). Deshalb wird die ‚Gegenübertragung‘ für die ‚Übertragung‘ konstitutiv, und deshalb behält Stekel recht, der bereits 1934 feststellt:

„Der Arzt unterliegt ebenso der Macht der ‚Übertragung‘ wie der Patient. Er merkt es in den meisten Fällen nicht. Wenn er sich dabei einbildet, der ‚Objektiv-Indifferente‘ zu sein, der Stärkere, weil von den Affekten Unberührte, so kann dies natürlich eine große Gefahr beinhalten (. . .). *Es gibt keine Übertragung ohne Gegenübertragung!*“ (S. 68)

7.4. Die Übertragung ist bereits Deutung

Wir hatten uns bemüht, die Übertragung aus zweierlei Einseitigkeit zu befreien: zum einen von einer ‚naturalistischen‘ Sicht des Wiederholungszwangs, zum anderen von einer Auffassung, welche sich damit begnügt, den Analytiker zum Statthalter der ‚Realität‘ zu machen, und welche in der Affirmation des Realen mit einer gewissen Zwangsläufigkeit in die Fallstricke der Macht hineinführt. Statt dessen , so sagten wir, geht es in der analytischen Situation wesentlich darum, durch die Übertragung hindurch das begehrende Subjekt zur Sprache kommen zu lassen. Aber genau hier gelangen wir an einen Punkt, an dem das von der Übertragung beförderte Begehren in Anspruch auf Liebe umschlägt. Dieser Anspruch bewirkt es, daß der Analytiker – zuerst ‚Lockvogel‘ – nun seinerseits in die Situation der Zwickmühle gerät. Lacan erklärt hierzu: „Mit Sicherheit ist die Liebe ein Übertragungseffekt, aber es ist die Widerstandsseite. Wir sind darauf angewiesen, auf diesen Übertragungseffekt zu warten, um deuten zu können. Und gleichzeitig wissen wir, daß er das Subjekt gegen die Wirkung unserer Deutung verschließt. Der Effekt der Alienation (. . .) ist hier absolut offenkundig.“ (1964, S. 266)

Wir wenden uns damit einer anderen Frage zu: jener nach dem Verhältnis von ‚Übertragung‘ und ‚Deutung‘. Denn es ist keineswegs selbstverständlich, daß die Übertragung überhaupt einer Deutung zugänglich ist und daß umgekehrt die Deutung Veränderungen in der Übertragung bewirken kann. Gill (1982) unterscheidet die Deutung der „Übertragungsanspielungen" von den Übertragungsdeutungen im engeren Sinne. Schelling (1985, S. 68 f.) sieht die Augabe der Deutung umfassender: „in der Deutung manifestiert sich die dialogische Resonanz des Therapeuten auf die vom Patienten durchschrittene Not." Er hebt insbesondere auf die kreative Dimension der Deutung ab: „‚Deutung' kann sich niemals erschöpfen in der Funktion, latente Bedeutungen und Verhaltensweisen eines Menschen aufzudecken. Die Deutung hat auch eine transzendierende Funktion, indem sie über die aktuelle Wirklichkeit des Patienten hinausweist und eine neue Welt schafft."

In Fortsetzung dieser Überlegungen wäre zu folgern: Die heilsame Kraft des *Erinnerns* beruht nicht allein, vielleicht nicht einmal in erster Linie darauf, daß es die reale Vergangenheit in Rechnung stellt, als vielmehr darauf, daß es im therapeutischen Gespräch eine neue, symbolische Dimension erschließt, die nicht Erkenntnis ist, sondern Anerkennung. Deshalb hatten wir versucht, die Übertragung von Anfang an in ihrem dialogischen Charakter, in ihrer intersubjektiven- und Symbolisierungsfunktion zu erfassen. Denn das *Verstehen* gesellt sich der Übertragung nicht erst nachträglich bei. Was die Übertragung von jedem kathartischen Abreagieren unterscheidet, ist also der Umstand, daß das Begehren seinerseits schon sprachlich verfaßt ist. Deshalb wird der Andere sich in ihr weder als Realität noch als Spiegel imaginärer Verkennung dauerhaft einrichten. Insofern die psychoanalytische Situation zugleich „ein reziprok bestätigtes Sein in der symbolischen Ordnung der Sprache bedeutet" (Loch 1976, S. 891), geht es in der Übertragung darum, wie der Andere durch das Sprechen des Einen als Bedeutung erzeugt wird, wodurch er selber zum Repräsentanten der symbolischen Ordnung wird.

An dem von Freud (1920g, S. 224 ff.) berichteten Kinderspiel hatten wir zu zeigen versucht, daß die Wiederholung – als Wiederholung einer Entfremdungserfahrung – zugleich auch eine Übersetzung in die symbolische Realität der Sprache bedeutet: Das Kind, das die Spule fortwirft und *wieder-holt,* übernimmt Anwesenheit und Abwesenheit der Mutter in den phonetischen Ausdruck des *fort!-da!* Allein deshalb vermag es über die Garnrolle mit der abwesenden Mutter in Beziehung zu treten, und eben dadurch erschafft es eine neue, symbolische Wirklichkeit. Wir dürfen jetzt hinzufügen: Dieses Hervorbringen einer symbolischen Repräsentanz gilt um so mehr für die Psychoanalyse als eine wesentlich in Sprache sich gründende Praxis. Wenn die Übertragung hier zu verstehen ist als Vorgang am Text – von einer Stelle auf die andere schreiben, oder auch: *übersetzen* –, dann bedeutet wiederholen niemals: Wiedereintauchen in die sprachlose Konkretion desselben Realen, sondern Wieder-Einholen, Wieder-Einfügen in einen symbolischen Zusammenhang. Für Lacan ist die Übertragung deshalb nicht einfach Wiederholung, „sondern Wiederholung in bezug auf ein immer Verfehltes (. . .). Wenn die Übertragung, durch solche Wiederholung hindurch, die Kontinuität einer Geschichte wiederherzustellen trachtet, so nur, indem sie eine Beziehung wiedererstehen läßt, die ihrer Natur nach synkopiert ist.“ (1964, S. 150)

Daß eine Übertragungsdeutung überhaupt möglich ist, zeugt demnach von nichts anderem als davon, daß die Übertragung in ihrem Wesen und ihrer Struktur nach selbst schon Deutung ist, Erzeugen von Bedeutung durch eine Reihe historischer Wendepunkte hindurch: „Die Interpretation des Analytikers“, bemerkt Lacan (ebd. S. 136), „deckt also nur die Tatsache, daß das Unbewußte (. . .) auch seinerseits durch Interpretation verfahren ist.“ Darum kann die Übertragung durch die Deutung auch niemals aufgehoben, ‚zersetzt‘ werden und sich umgekehrt genausowenig im Fluchtpunkt des ‚realistischen Hier und Jetzt‘ kontrahieren. Der symbolischen Ordnung zugehörig ist sie in beiden Richtungen, Gegenwart und Vergangenheit, immer schon Verweis, der sich im Durchgang durch die Deutung nur neu symbolisch zusammenfügt. Freud spielt wohl auf einen solchen Zusammenhang an, wenn er 1910 an Ferenczi schreibt:

„Es scheint mir, daß wir bei der Beeinflussung der Sexualtriebe nichts anderes zu Stande bringen können, als Vertauschungen, Verschiebungen, nie Verzicht, Abgewöhnung, die Auflösung eines Komplexes (strengstes Geheimnis!). Wenn jemand seine infantilen Komplexe ausliefert, so hat er dafür ein Stück davon (den Affekt) in eine aktuelle Gestaltung (Übertragung) gerettet. Er hat sich gehäutet und läßt dem Analytiker die abgestreifte Haut ... Unser therapeutischer Gewinn ist ein Tauschgewinn, ähnlich wie ihn Hans im Glück macht. In den Brunnen fällt das letzte Stück wohl erst mit dem Tod." (Jones 1962, S. 522)

Ähnlich wie der hermeneutische Interpret zugleich mit dem Text auch sich selbst befragt, so verschieben sich die subjektiven Positionen von Analytiker und Analysand in einem fortwährenden Gleiten unter Bedeutungen, die keiner von beiden für sich allein hervorgebracht hat. Für die hermeneutische Verstehensleistung hat Gadamer gezeigt, „daß das Verstehen nicht so sehr eine Methode ist, durch die sich das erkennende Bewußtsein einem von ihm gewählten Gegenstande zuwendet und ihn zu objektiver Erkenntnis bringt, als vielmehr das Darinstehen in einem Überlieferungsgeschehen zur Voraussetzung hat." (1960, S. 293) Wenn wir die Übertragung als ein solches *Überlieferungsgeschehen* betrachten, dann können wir die Schlußfolgerung Gadamers übernehmen und von der Übertragung sagen, daß in ihr *das Verstehen zum Geschehen wird.* Denn das Verstehen umfaßt mehr als den bloßen Erkenntnisvollzug. Für Gadamer (ebd. S. 285) heißt deshalb Geschichtlichsein „*nie im Sichwissen aufgehen*". Wichtig ist hier also nicht das erkennende Verstehen, das Festhalten am ‚Sinn', sondern das Spiel des Signifikanten, der ‚Redefluß', der jenes Schwerefeld aufbaut, in dem die stillgelegten, verödeten, symptomgewordenen Diskurse wieder zu sprechen beginnen.

Wenn wir eingangs – an Freud anknüpfend – das Unbewußte mit einem verlöschten Text verglichen haben, dann könnte die Übertragung verstanden werden als eine Art automatischen Lesens, als Lektüre dieses Textes in der Geschichte des Wunsches.

Im folgenden wollen wir diese Überlegungen an zwei Behandlungssequenzen weiterführen. Beidesmal handelt es sich um fragmentarische Berichte, die jeweils nur einen kleinen Ausschnitt aus dem gesamten Behandlungsverlauf wiedergeben. Mehr als auf Vollständigkeit kam es uns jedoch darauf an, Entfaltung, Strukturierung und Veränderungen der ‚Übertragung' nachzuzeichnen, soweit sie für unsere Fragestellung interessant sind. Dieses Vorgehen erfordert eine veränderte Form der Darstellung: eine solche, die die Subjektivität des Interpreten in die Ichform bringt. Von daher läßt sich eine Zäsur zur bisherigen Redeweise nicht vermeiden. Denn eine gewisse Distanziertheit der Betrachtung, die bislang eingehalten worden war, muß nun vorübergehend aufgegeben werden. Erhalten bleibt jedoch der ‚Gegenstand' unserer Untersuchung – insofern er überhaupt schon da ist und nicht erst durch die sprachlichen Zeichen gestiftet wird: die Entwicklung und die Auflösung jener ‚signifikanten Beziehung', als welche wir die Übertragung beschrieben haben, das Erzeugen und der Verfall der Bedeutungen im therapeutischen Dialog, das Verhältnis des sprechenden Subjekts zu seinem Begehren und zu seiner Geschichtlichkeit.

Dieser Zusammenhang wird vor allem im zweiten Abschnitt untersucht, wo es darum geht, wie ein bestimmter Vorrat an ‚Zeichen' zunächst als unsinnig behauptet, sodann als rätselhaft und geheimnisvoll präsentiert und schließlich in die Beziehung zum Anderen eingeführt wird. Diese Verwandlung ist um so augenfälliger, als diese Zeichen zuerst im Traum auftauchen, wo sie kraft ihrer Wiederholung eine Art Markierung (oder Perforation) im Traumtext bilden, um von hier aus in den Dialog überzuspringen.

Die erste Behandlungssequenz umfaßt dagegen einen längeren Zeitraum. Thematisch schließt sie an unsere Überlegungen zur Unterscheidung des Belebten vom Unbelebten bei Spitz an. Denn die Symptomatik der Patientin, über die wir berichten, ließ eine starke Hinwendung zu allem Toten, Verwesenden und leblos Gewordenen erkennen, die halb Faszination, halb Schauder war. In Gestalt von Ängsten, später von magischen Handlungen, Ritualen und Zwängen kam der Begegnung mit dem „Toten" in ihrem Leben eine zentrale Bedeutung zu.

Dargestellt wird die Anfangsphase der Behandlung. Dabei betrachten wir das „Tote", das sich auf so eindrucksvolle Weise des Lebens unserer Patientin bemächtigt hatte, als das aus der Kommunikation herausgefallene, nicht symbolisierbare radikal Andere. Denken wir an die Formulierungen Spitz' zurück, dann ist bereits klar, daß es hier nur eine einzige therapeutische Strategie geben kann: Wenn das Leblose etwas ist, mit dem kein Dialog geführt werden kann, und wenn es die Sprache ist, durch die sich das Belebte vom Unbelebten unterscheidet, dann gilt es, das im „Toten" getarnte, erstarrte Sprechen wieder in lebendige Rede zu übersetzen. Die Gefährdungen, denen der neu begonnene Dialog ausgesetzt ist, bezeugen dabei zugleich die subjektive Ökonomie in der Symptombildung. Denn damit sich das „Tote" auf dem Feld der Übertragung wieder in Bedeutungsbeziehungen organisieren kann, muß es sich in der Rede des Anderen als Begehren wiederfinden.

8. Die Symbolisierung des „Toten" in der Übertragung (aus der Analyse einer Zwangskranken)

8.1. Symptom und Krankheit

„Das Unbekannte des Todes", schreibt Lévinas (1948, S. 43), „(...) bedeutet nicht, daß der Tod eine Region ist, aus der niemand zurückgekommen ist und die folglich in der Tat unbekannt bleibt; das Unbekannte des Todes bedeutet, daß die Beziehung zum Tod sich nicht im Licht vollziehen kann; daß das Subjekt in Beziehung ist zu dem, was nicht von ihm kommt. Wir könnten auch sagen, daß es in Beziehung mit dem Geheimnis steht."

Im Falle unserer Patientin geriet dieses Geheimnis in Gefahr, unter der Last des Zwangs begraben zu werden. Jedenfalls lag darin eine besondere Affinität des Zwangs zum Tod. Denselben Zusammenhang hat v. Gebsattel in der phänomenologischen Analyse des „Toten-Tabus" seiner zwangskranken Patientin I. G. aufgezeigt: Er weist darauf hin, daß Besessenheit und Abwehr hier nicht „um den ,guten', den lebendigen, dem Werden immanenten Tod (...), sondern um den ,schlechten', Ekel, Angst und Abscheu erregenden, gleichsam toten Tod" kreisen (1938, S. 97; vgl. auch v. Gebsattel 1949; Meyer 1975). In ähnliche Richtung weisen die Überlegungen von Wyss (1973, S. 480 ff.), der die Hemmung im Fluß der gelebten Zeit und statische Verräumlichung des Daseins als die wesentlichen Strukturmomente der Zwangskrankheit hervorhebt. Lang (1985) hat unlängst anthropologische und psychoanalytische Deutungen des Zwangs zusammengefaßt. Wollte man die Veränderungen des Zeiterlebens bei Zwangskranken (vgl. auch Csef 1985) mit Winnicotts Theorie der ,Übergangsphänomene' in Verbindung bringen, dann ließe sich auch sagen, daß die Zeit stehenbleibt, wo die Fähigkeit zu ,spielen' (zu kommunizieren) verlorengeht. Schon bei Heraklit heißt es ja: „Die Zeit ein Kind, – ein Kind beim Brettspiel (...)." (Fr. B 52)

Doch kommen wir auf das zurück, was Lévinas „die Beziehung zum Geheimnis" nennt:

Wollte man sich von der Erlebniswelt der Kranken, über deren Behandlung hier berichtet wird, einen Eindruck verschaffen, so wäre eine Lektüre E. A. Poes zweifellos geeigneter als jede klinische Beschreibung. Ich denke dabei besonders an seine Kurzgeschichten „Das vorzeitige Begräbnis" (1844), „Der Alb der Perversheit" (1845a) oder „Die Tatsachen im Falle Valdemar" (1945b), an die darin enthaltenen Schilderungen eines Zwischenreiches zwischen Leben und Tod, das von jählichem Entsetzen, den gräßlichsten Qualen, aber auch von lustvollem Erschaudern erfüllt ist und von dem der Dichter zu berichten weiß, daß es „auch die wagendste Imagination nicht auszudenken vermag" (Poe 1844, S. 111). In der Analyse unserer 26jährigen Patientin nahm der Tod in mehrfacher Hinsicht eine besondere Stellung ein. Als Motto über ihrer Krankengeschichte könnte auch ein Satz I. Carusos stehen, der einmal bemerkt hat: „Die Liebestrennung zu untersuchen heißt, die Gegenwart des Todes in unserem Leben zu untersuchen." (1968, S. 14)

Denn die Symptomatik der jungen Frau setzte mit anfallsartigen Angstzuständen (Kollapsangst), Schwindel, Übelkeit und Erbrechen unmittelbar im Anschluß an eine außereheliche Liebesbeziehung ein, die sie wenige Wochen nach ihrer Hochzeit und – wie sie glaubwürdig versichert –, ohne dies eigentlich selbst zu wollen, eingegangen war. Ein einziges Mal nur hatte sie dem beharrlichen Drängen eines sie begehrenden Mannes nachgegeben, um sich sogleich, anläßlich eines vagen Verdachtes auf Treulosigkeit seinerseits, fluchtartig und voller Schuldgefühle wieder aus dieser Beziehung zurückzuziehen. Sie bereute auf der Stelle, gestand dem Ehemann ihre Untat und brachte sich wieder in den Besitz der einzigen Photographie, die der Geliebte noch von ihr besaß. Letzteres, um, wie sie sagt, jede noch so geringe Erinnerung an ihre Person in ihm „auszulöschen". Auch sie selbst suchte zu vergessen, was indes nur teilweise gelang.

Denn aus dem anfänglichen Flimmern der verschiedenartigsten körperlichen Sensationen schälte sich immer deutlicher eine Angstsymptomatik heraus: als Angst vor dem „Umfallen", wenn sie alleine war, als Bedrohungserlebnis und Angst vor der Dunkelheit, vor der Stille; als Gefühl des Unheimlichen, das sie gerade an den verbotenen Orten ihrer heimlichen Liebe einholte – für Freud war ja das Unheimliche das heimlich Vertraute, die „Vorsilbe ‚un' an diesem Worte (. . .) die Marke der Verdrängung" (1919h, S. 267) –; schließlich als Todesangst, die sich in immer neuen Schreckensbildern der Kranken bemächtigte.

So wie die Angst an die Stelle der anfänglichen Konversionssymptomatik getreten war, so wurde nun aus dem Gemisch der Ängste mit wachsender Deutlichkeit das Bild des toten Körpers ausgefällt. In diesem Herausfallen wiederholt sich indes nur der *Riß*, der bereits zuvor als unbewältigter Verlust die Kontinuität einer Lebensbewegung gespalten hatte, die ungelöste Bindung, die in der absoluten Trennung des Todes wiederkehrt. Im Bild des Toten begegnet die Angst als Heimsuchung, als absolut Fremdes: „Der Tote", heißt es bei Wyss (1980, S. 100), „ist radikal anders als alles, was mir in der Welt begegnet ist, eben weil er aus ihr ‚herausgefallen' ist, weder Person noch Ding, sondern ein absolut Fremdes ist."

Wenngleich die berufliche Tätigkeit unserer Patientin es unweigerlich mit sich brachte, daß sie mit Todkranken und Sterbenden in Berührung kam, so wogen die dadurch ausgelösten Ängste doch ein Geringes im Vergleich zu den inneren Qualen, die in magischer Weise von ihr Besitz ergriffen. Alleine die täglichen Einkäufe kosteten sie erhebliche Überwindung, so daß sie kaum noch die Wohnung verlassen konnte, ohne den Tod als phobischen Begleiter neben sich zu wissen. Beim Autofahren drängten sich Gedanken an einen entsetzlichen Unfalltod auf oder daß ihre Eltern plötzlich versterben könnten. Schließlich war es ihr vollends unmöglich geworden, alleine mit dem Auto zu fahren. Sie bestand darauf, so viel Zeit wie nur irgend möglich „daheim" bei den Eltern zu verbringen, was sie trotz der dadurch heraufbeschworenen Auseinandersetzungen mit dem Ehemann auch durchsetzen konnte. Bereits die Flitterwochen hatten ja aus „Heimweh", wie die Patientin sagt, abgebrochen werden müssen.

In phobisch zugespitzter Weise konzentrierten sich die Ängste der Kranken auf einen Leichenbestatter, der ihr als Vormieter ihrer Wohnung bekannt war und der in seiner Unnahbarkeit deutlich Züge des Vaters trug. Nicht nur in der Phantasie begegnete er ihr auf Schritt und Tritt und gab Anlaß zu sorgfältig ausgeklügelten Vermeidungsritualen.

Die Rolläden, die er in der Wohnung hatte anbringen lassen, durften nicht mehr berührt werden. Sein Leichenwagen, mit dem er unterwegs war, die Särge, mit denen er hantierte (um nicht zu sagen: ihr auflauerte), überhaupt die Farbe Schwarz – wo sie doch früher am allerliebsten schwarze Kleider getragen hatte –, wurden zu Schreckensvisionen.

Es ist nicht schwer zu erraten, daß damit der Boden für eine Zwangskrankheit bereitet war. Die ersten Zwangssymptome zeigten sich als beständiges Kontrollieren, ob die Türen im Haus verschlossen waren. Etwa zeitgleich mit der Geburt des ersten und bislang einzigen Sohnes traten Zwangshandlungen hinzu: Waschzwang sowie Reinigungszeremonielle, denen sich der Ehemann – Mitarbeiter in einem Detektivbüro – unterziehen mußte, wenn er beruflich mit Verstorbenen oder Hinterbliebenen, die den Leichnam berührt haben könnten, zu tun hatte. Und gleichzeitig wurde die Patientin vom Unheimlichen des Todes auf eine merkwürdige Weise angezogen: Zeitungsberichten über Selbstmord und mysteriöse Todesfälle galt ihr bevorzugtes Interesse. Eine ihr selbst nicht erklärliche Faszination ließ sie mehr als einmal den Friedhof aufsuchen, wo sie vor dem Grab eines allzu früh verstorbenen Freundes Überlegungen anstellte, wie weit der Verwesungsprozeß des Leichnams vorangeschritten sei. Das Quälende und Bedrohliche dieser Zwänge führte später zu Schlafstörungen und depressiven Krisen bis hin zu Suicidgedanken, über die die Patientin aber erst im Laufe der Behandlung sprechen konnte. Aber auch hier, im Labyrinth ihrer Zwänge, kehrt sie immer wieder zum Ausgangspunkt des toten Körpers zurück, wie umgekehrt der Tod den imaginären Mittelpunkt dieses Labyrinths symbolisiert.

8.2. Biographische Ergänzungen

Zum biographischen Hintergrund können wir uns kurz fassen. Nur soviel sei gesagt, daß die Patientin unter den drei Schwestern die Lieblingstochter des Vaters war, dessen Person sie zeitlebens mit einer Mischung aus Furcht und kindlicher Bewunderung anhing. Die strenge und sexualfeindliche Erziehung ging von der übermächtigen Gestalt des Vaters aus, wohingegen zur Mutter ein zwiespältig-mißtrauisches Verhältnis bestand. Diese hatte es sich nämlich zur Gewohnheit gemacht, mit den Kindern kleine „Verhöre" zu veranstalten, um sie dann vor dem Vater bloßzustellen – eine Erfahrung, die in der Behandlung für einen nicht unbeträchtlichen Teil der Widerstandsphänomene einstand. Eine fast abgöttische Verehrung brachte die Patientin dagegen einer alten, weitläufig mit dem Vater verwandten Tante entgegen, die sie zur Mitwisserin und Komplizin ihrer Kinderstreiche machte. Ihr Wegzug bedeutete für das damals 6jährige Mädchen einen Verlust, der lange Zeit nicht zu verkraften war. Anläßlich der (seltenen) Streitereien zwischen den Eltern stand sie stets treu auf der Seite des Vaters. Und als dieser im Zorn einmal drohte, das Haus zu verlassen, gab es für sie nur den einen Wunsch: „Hoffentlich nimmt er mich mit!" Auch pflegte sie gegen die Abwesenheit des Vaters zu protestieren, indem sie abends nicht eher zum Einschlafen zu bewegen war, als bis sie sich von seiner Rückkehr überzeugt hatte.

Als 10jährige war die Patientin bei einer ihrer nächtlichen Exkursionen einmal in das elterliche Schlafzimmer vorgedrungen und dort Zeugin eines Geschehens geworden, das wie ein Schock auf sie wirkte. Bei dem Erbrechen, das sich später einstellte, mußte ihr der Vater den Kopf halten. Nur dann ließ die Übelkeit nach. Eine Verschärfung der häuslichen Überwachungsmaßnahmen bedeutete wenig später die ungewollte Schwangerschaft der älteren Schwester. Als man diese zur Heirat überreden mußte, keimte in ihr der Gedanke auf: „Wenn sie ihn nicht nimmt, dann heirate ich!" Jedoch waren ihre eigenen ersten Begegnungen mit dem männlichen Geschlecht durch einen merkwürdigen Hang (eigentlich Zwang) zum Verpassen gekennzeichnet: Wenn sie zum Beispiel an einer Bushaltestelle erwartet wurde, dann zog sie es beim Anblick des Verehrers schnell vor, weiterzufahren und erst beim nächsten Halt auszusteigen.

Schon früh hatte sich das wache Interesse des kleinen Mädchens auf alles gerichtet, was mit dem Tod und dem Sterben zusammenhing: Sie bestand darauf, bei den Begräbnisumzügen anwesend zu sein und die in dem kleinen Dorf vor den Häusern aufgebahrten Leichen sehen zu dürfen. Ein Zigarrenkistchen im Besitz der Mutter, in dem die Totenbilder der Vorfahren aufbewahrt waren, zog sie in seinen Bann. Der Tod des

Großvaters, mit dem sie lange das Zimmer geteilt hatte, gab Anlaß zu wochenlanger Angst, so daß die 13jährige wieder bei den Eltern schlafen durfte. Früher und ausgeprägter als bei anderen Kindern knüpfte sich an die eigene Sterblichkeit und den Zustand des scheintot Begrabenseins die lebhafteste Phantasietätigkeit. Alle Geschichten, Erzählungen, Berichte, die vom Tod oder von den Toten handelten, entfachten ihre Neugier. Und immer wieder tauchte unter jenen schauerlichen Gedanken der Tod der Eltern als Schreckgespenst auf. Eine erstaunliche Entdeckung im dritten Behandlungsjahr war es, daß auch die Mutter Angst vor den Toten hatte, daß sie sich vor dem Alleinsein, vor dem Unheimlichen der Dunkelheit ängstigte – und damit ein ganzes Leben lang das unbemerkte Vorbild für die Ängste und Phantasien unserer Patientin abgegeben hatte.

8.3. Das Todes-Symptom und die Übertragung als eingefädelte Intrige

Diese Krankengeschichte könnte Anlaß geben, über den Tod als radikalsten Einbruch der Kontingenz in das menschliche Leben zu reflektieren, wenn man ‚Kontingenz' im Sinne der Berührung des Zufälligen (Möglichen) mit dem Notwendigen verstehen will (vgl. Hoering 1976). Heidegger hat in „Sein und Zeit" (1927) den Umschlag aus der Unausweichlichkeit des Todes in die Geschichtlichkeit des Daseins aufgewiesen: „Der Tod", schreibt er dort, „ist die *eigenste* Möglichkeit des Daseins." (S. 263) Dieses Umschlagen von Kontingenz in Bedeutung, aber auch umgekehrt, von Bedeutung in Kontingenz, ist von Ricoeur (1985) als wesentliches narratives Moment bezeichnet worden, das überall dort Platz hat, wo eine Geschichte erzählt wird. Er spricht von *„mise en intrigue"*, vom „Einfädeln einer Intrige". Eine solche „Intrige" begegnet auch in der Krankengeschichte unserer Patientin, indem dort das Todes-Symptom als Symbol eines abgestorbenen Konfliktes fungiert. Von hier aus ergibt sich der Anknüpfungspunkt an eine psychoanalytische Deutung, die den Tod als den in die äußerste Anonymität zurückgefallenen ödipalen Wunsch der Patientin zu kennzeichnen hätte: Die abgebrochene Liebesbeziehung, das Rätsel der Schuld, die bedrohliche Nähe des Leichenbestatters

– all dies erinnert an die kindlichen Dramen, die sich zwischen dem Zigarrenkistchen der Mutter und dem trotzigen Beharren auf der Anwesenheit des Vaters abgespielt haben. Und doch gibt es hier keinen *realen* Ursprung, von dem alle Bedeutung ausschwärmte, um sich in seiner Mitte zu versammeln, – kein originäres Ereignis, das von der deutenden Rekonstruktion nur freigelegt werden brauchte, um das Geheimnis des Symptoms mit einem Schlag zu entzaubern. Vielmehr begegnet in allen Erinnerungsstücken, in allen Dokumenten aus der Vergangenheit die gleiche Ambiguität, wie sie auch im Symptom selbst enthalten ist.

Deswegen soll hier keine definitive Deutung gegeben als vielmehr der Versuch unternommen werden, die Mehrdeutigkeit dort sichtbar zu machen, wo sie sich zuallererst entfaltet: auf dem Feld des Sprechens und der Sprache, das den privilegierten ‚Gegenstand' der analytischen Situation darstellt. Diese Gesprächssituation hatten wir mit Wyss (1982, S. 20) als „emotional erlebte, gedanklich verarbeitete Hermeneutik" charakterisiert. In ihr begegnet der Tod nicht allein als das in der „Uneigentlichkeit" verfehlte Moment eines Daseins, auch nicht als Maske einer „Urszene". Vielmehr geht es um den Tod im Sprechen selbst, um den Tod als Leerstelle und Bruchlinie innerhalb eines Diskurses. Dieses Sprechen und dieser Diskurs ist aber in seinem Wesen Dialog, Anrede und Frage, auch Irreführung, Schweigen und Verführung. Es wendet sich an den Anderen, um sich in der Rede des Anderen als Begehren wiederzufinden, das im Symptom zugleich ausgedrückt und verweigert worden war.

Um im Bild der „eingefädelten Intrige" zu bleiben: Das Einfädeln geschieht als Wiederholung in der Übertragung, dadurch, daß der Andere bis zu einem gewissen Grad zum „Komplizen" wird. Zum „Komplizen" wird er schon allein deshalb, weil er mit seinen Deutungen in die Rede des Subjekts interveniert, weil er hier, im Tausch der Wörter, in ‚Geschichten' verstrickt wird, die er nicht selbst erfunden hat: Die „Wichtigkeit des Wortes", sagt Buber (1962, S. 443), „gründet in der Tatsache, daß es nicht bei seinem Sprecher bleiben will. Es greift nach einem Hörer aus, es ergreift ihn, ja es macht diesen selber zu einem, wenn auch vielleicht nur lautlosen Sprecher." Die Fragestellung, unter der ich die Krankengeschichte behandeln möchte, läßt sich demnach folgendermaßen formulieren: Wie setzt sich diese „Komplizenschaft" ins Werk, und welche Stellung nimmt der Andere als „Komplize" in der Übertragung ein?

Es ist zu vermuten, daß solche „Komplizenschaft" nur über das Symbol vermittelt werden kann; denn weder eine reale Hilfeleistung noch eine imaginäre Erfüllung kämen hierfür in Betracht. Die Notwendigkeit, den Umweg über die „Intrige" einzuschlagen, ergibt sich dabei aus dem Umstand, daß für ein bestimmtes Verlangen eine direkte Übersetzung nicht möglich ist. Denn worum „es sich in der Übertragung im Grunde handelt, das ist die Besitzergreifung eines erscheinenden Diskurses durch einen maskierten Diskurs, den Diskurs des Unbewußten." (Lacan 1953-54, S. 309) Vergessen wir aber nicht, daß jener ‚Diskurs des Unbewußten' nur dialogisch erfahrbar ist, daß er die Rede des Anderen zu seinem Bezugspunkt hat: „Das fundamentale Phänomen der analytischen Enthüllung ist dieser Bezug eines Diskurses auf einen anderen, der ihn als Stütze nimmt." (Ebd.)

In gewisser Weise hat Lacan (1958a, S. 177) eine mögliche Antwort auf unsere Frage bereits vorweggenommen, wenn er sagt, der Analytiker – als Repräsentant des Anderen – müsse in Hinblick auf die imaginären Verhaftungswirkungen des Sprechens den *Platz des Toten* einnehmen, „durch dessen Wiedererweckung das Spiel läuft, ohne daß man weiß, wer es führt." Was darunter verstanden werden könnte, soll anhand des Behandlungsverlaufs rekonstruiert werden.

8.4. Der Behandlungsverlauf

In den ersten Wochen bewegte sich in der Behandlung fast nichts, obschon die Patientin sehr viel sprach. Sie erging sich in endlosen Symptomschilderungen, die wie im Labyrinth einen toten Punkt umkreisten: den toten Punkt des Widerstandes. Wenn ich mich nicht darauf einließ, ihre Ansichten über dritte Personen zu teilen oder in lange Debatten über die Zwangserkrankung im allgemeinen und die Prognose der Behandlung im besonderen einzutreten, strafte sich mich durch wütende Angriffe auf „die Ärzte", von denen sie wußte, daß sie es mit der Schweigepflicht nicht allzu ernst nahmen. Fast pünktlich kam die Patientin einige Minuten zu spät oder machte unmittelbar vor der Stunde wieder kehrt, weil sie ihr Portemonnaie auf dem Autodach hatte liegen lassen. Gewisse Themen, die mich nichts anzugehen hatten, waren von vornherein von der Mitteilung ausgeschlossen. Bemerkenswert war, daß die Patientin die schauerlichsten Geschichten über das Sterben und den Tod in scheinbar ausgelassener Heiterkeit vortrug. Dieses erste Sagen war Ausschweifung des Sprechens vor dem Geheimnis des Todes. Über Monate hinweg geplagt, gehetzt von der einzigen Phantasie: „Er kann mir nicht gefährlich werden!"

„Die Sprache, die Berührung", schreibt Lévinas (1967, S. 288), „ist die Besessenheit eines Ich, das von den Anderen belagert wird." Dieser Andere im Belagerungszustand war zuerst der schon erwähnte Leichenbestatter. An ihm haftete der ekelerregende Stoff des Toten, der Fäulnis, der Verwesung. Allein seinem Blick ausgesetzt zu sein, konnte für die Kranke so unerträglich werden, daß sie sofort nach Hause fliehen und sich ausziehen mußte. Als der Leichenbestatter unvermittelt in einen Laden hereinkommt, in dem sie gerade einkauft, fühlt sie sich eingeschlossen wie in eine „Mausefalle"; Personifikation des Todes und des Zwangs. Während der rituellen Waschungen fragt der Ehemann: „Steht *er* wieder hinter dir?"

Übrigens trennt den Wasserhahn, den die Patientin braucht, um sich ihren Zwängen „hinzugeben" (dazu schickt sie ihren Mann manchmal weg), nur eine Silbe vom Namen des Leichenbestatters, der unberührbar ist, der überall schon lauert und hinter dessen Freundlichkeit ein hämisches Grinsen die Macht eines überlegenen Wissens verbirgt. Die gleiche angehängte Silbe, drei Buchstaben nur, liegen zwischen dem Geschlecht des Vaters und einem Kleidungsstück, das er in seiner Eiseskälte bei einer Beerdigung trägt.[1] Ein entfernter Verwandter hatte sich das Leben genommen und in einem Abschiedsbrief den Vater mit einer imaginären Schuld beladen: Anlaß für ein Telephonat mit der Tochter, die allein glaubt, den Vater verstehen zu können. Die Schilderung dieses Todesfal-

---

[1] Es handelt sich hierbei um einen *Man(t)el*, so daß sich die Beziehung *Mann-Mantel* im Namen des Leichenbestatters und dessen Relation zum *Wasserhahn* wiederfindet (zur Symbolik des Mantels vgl. Freud 1900a, S. 350; 1916-17, S. 167; 1933a, S. 466; Reik 1920).

les bewirkt eine plötzliche Wendung in unserem Gespräch. Die Patientin ängstigt sich: „Vielleicht habe ich Ihnen schon zuviel erzählt!"

Was bisher in der scheinbaren Fülle und Lebendigkeit ihrer Rede untergegangen war, gewann nun in einem über mehr als sieben Behandlungsstunden hingezogenen Schweigen Gestalt. Mit einem Mal unterlag ich dem gleichen Abwehrzauber wie der Tote, der Leichenbestatter, der begehrte Mann. Paradoxerweise war dieses Schweigen der erste Eintritt des Todes in das Sprechen. Es war vieldeutig, aber es bedeutete niemals „stumm sein" (vgl. Heidegger 1927, S. 164). Obwohl ich hin und wieder das Schweigen befragte, einen Belebungsversuch unternahm, hatte ich doch nie die Sorge, daß es zum Abbruch der Beziehung führen könnte. Dazu war es zu kämpferisch. Dieses Schweigen bedeutete zunächst Verschweigen. Insofern es vorführte, daß ich von der Patientin nur bekommen konnte, was sie herzugeben bereit war, zeigte es mich in ihrem Besitz. Eine Übung der Macht: „Schweigen ist Gold!" (vgl. Ferenczi 1916)

Aber es war auch Angst und Schutz vor Bedrohung – ein Bedeutungsgehalt, der erst viel später in die Sprache eingeholt und im Sprechen anerkannt werden konnte. In den Phantasien, die nur selten einmal laut wurden, war das alles freilich längst präsent: Die Patientin dachte an den Besuch bei einem Gynäkologen, wo sie voller Angst, Scham und Pein kein Wort herausbrachte. Sie kommt zu dem Schluß: „Daß ich hier nicht sprechen kann, hängt damit zusammen, daß Sie ein Mann sind!" Dahinter stand die unausgesprochene Frage: „Was denkt er wohl? Was will er von mir?"

Nun ist es gerade diese Frage – „Was willst Du mir?" –, die am ehesten auf die Spur des eigenen Begehrens zurückführt (vgl. Lacan 1960, S. 190). Denn sie enthält in ihrem Kern bereits jene Dimension des Gesehen- und Erkannt-Werdens, vor dem sich unsere Kranke so sehr fürchtet. Und da sie vor dem Anderen verbergen muß, was ihr die Mutter dereinst vorenthalten hat (die Liebe des Vaters), vermag sie sich aus der Verstrickung von Liebe, Schuld und Verweigerung auch selbst nicht zu lösen: Ihr kam eine Kinderszene in den Sinn, in der sie nun ihrerseits der Mutter einen Kaugummi gestohlen hatte. Dieser Kaugummi wurde nun für eine Weile zum Signifikanten für alles Entwendete, Verborgene,

Schuldbehaftete, wie er umgekehrt für die Zähigkeit unseres Vorankommens stand. Manchmal, vor den Sitzungen, nahm die Patientin eine Schlaftablette: zur Schau getragene Müdigkeit, Langeweile, die provozieren sollte, Schutz gewähren vor einer als unerträglich empfundenen Anwesenheit. Und doch war der persekutorische Andere in diesem Gespräch weit weniger der Führende als der Geführte. Denn Schweigen meinte nicht nur Beharren auf der Einsamkeit, sondern: die Gemeinsamkeit der Stille, Nähe und Abstand zugleich, Liebe und Mord in einem. Ich möchte eine Prägung Heideggers aufgreifen, der vom „Geläut der Stille" (1959, S. 30) spricht.[2] In diesem Sinne ist Schweigen immer schon Kommunikation.

Kommen wir darauf zurück, daß Schweigen in unserem Zusammenhang den Eintritt des Todes in die Sprache bedeutet. „Im Tod", sagt Heidegger (1959, S. 23), „versammelt sich die höchste Verborgenheit des Seins. Der Tod hat jedes Sterben schon überholt." Um schweigen zu können, muß man mindestens zu zweit sein. Schweigen ist etwas anderes als Verstummen. Es ist die Ankunft des im Symptom Totgesagten und dennoch Überlebenden. Ich greife dem Gang der Behandlung ein weites Stück voraus, wenn ich sage, daß die Angst vor dem Toten eigentlich Angst vor etwas Unsäglichem war, das im Subjekt lebendig werden könnte (und eigentlich schon war). Dieses abgestorbene „Etwas" im Innern des Subjekts – der „Tote", der in seinem Unbewußten wohnt (vgl. Torok 1977) – lebt im Anderen wieder auf, insofern dieser Andere dem toten Begehren seinen Partner wiedergibt. Mit Wyss (1980, S. 387) können wir deshalb sagen, daß der Andere, indem er in der Übertragung zum „Komplizen" wird, zugleich das radikal Andere, das „Tote" im Subjekt repräsen-

---

2 Heidegger hat die sprachliche Natur des Schweigens klar erkannt. Er schreibt: „*Die Sprache spricht als das Geläut der Stille.* Die Stille stillt, indem sie Welt und Dinge in ihr Wesen austrägt. Das Austragen von Welt und Ding in der Weise des Stillens ist das Ereignis des Unter-Schiedes. (. . .) Das Geläut der Stille ist nichts Menschliches. Wohl dagegen ist das Menschliche in seinem Wesen sprachlich. Das jetzt genannte Wort ‚sprachlich' sagt hier: aus dem Sprechen der Sprache ereignet. Das so Ereignete, das Menschenwesen, ist durch die Sprache in sein Eigenes gebracht, daß es dem Wesen der Sprache, dem Geläut der Stille, übereignet bleibt." (1959, S. 30)

tiert: „Er wiederholt in seinem mich nichtenden Anders-Sein die Transzendenz des Todes und damit meine Konstitution, wie ich umgekehrt dasselbe für ihn darstelle und wiederhole. (. . .) So ist der Andere für mich der ‚Tod‘.“ Es liegt in der Konsequenz dieses Zusammenhangs, daß der Andere, insofern er jenes unsägliche Andere im Subjekt selbst symbolisiert, dort, wo er auftaucht, zunächst in den Bildern der Verfolgung, der Bedrohung, der Lauer und der nicht abzuwaschenden Verunreinigung (der untilgbaren Schuld) erscheint.

Doch gehen wir auf die Behandlung zurück: Während des Schweigens hatte sich jene Hermetik ausgebildet, die wir in ihrer Sinnpräsenz „Übertragung“ nennen. Damit will ich sagen, daß die Übertragung vor jedem auslegenden Verstehen (Hermeneutik) an einer Verschlossenheit teilhat, die ihren eigenen Bann in sich trägt. Rombach (1985, S. 15) hat die hermetische Daseinsweise als einen Erlebniszusammenhang beschrieben, in den man nur „unversehens“ aufgenommen werden kann, der aber gegenüber jedem *äußeren* Verstehen seine prinzipielle Verschlossenheit bewahrt: „man *meint* zu verstehen, bleibt aber unendlich weit entfernt.“ Dies gilt beispielsweise für jede aufkeimende Freundschaft, für die Liebe zwischen zwei Menschen ebenso wie für den künstlerischen Schaffensprozeß oder für das Erleben von Angst. Als hermetisches Phänomen zirkelt sich auch die Übertragung aus einem öffentlichen Bereich aus (nicht anders übrigens als das ‚Symptom‘) und konstituiert innerhalb ihrer Grenzen eine eigene Welt, die sich – wenn überhaupt – nur dem Verständnis desjenigen erschließt, der in sie aufgenommen ist. In dieser Hermetik begegnen wir der Dialektik des Heimlichen und des Unheimlichen, die nun gerade in den Übertragungsmanifestationen unserer Patientin wiederkehrt. Denn als sie das Schweigen verläßt, vermutet sie in meiner Stimme die gleiche Strenge und Unnahbarkeit wie beim Vater. Und gleichzeitig entdeckt sie die gleiche sogartige Nähe und das gleiche ihr „unheimliche“ Verlangen, das sie vordem veranlaßt hatte, eine Liebesbeziehung abzubrechen: „Ich habe meine Liebe begraben und Angst vor dem Tod bekommen!“

Also erweist sich der Tod als abgesperrtes, als sequestriertes Begehren. Und gleichermaßen zerstückelt kehrt wieder zurück, was im Symptom scheintot begraben war. Der Patientin, die bis dahin von sich verlangt hatte, daß sie meine Person nicht „interessieren" dürfe, daß ich für sie ein „Toter" bleiben müsse, „rutscht" nun das Wort „Freundschaft" heraus, als sie anfragt, ob die Zwangskranken die „Lieblingskinder" des Psychoanalytikers seien. Sie wird von Gefühlen bedrängt, die auszuhalten für sie „noch schlimmer" ist als der Tod. Wenn sie aber über diese Gefühle sprechen soll, dann stellt sie sich ihrerseits tot, indem sie die ihr peinlichen Gedanken hastig wieder zu verscheuchen sucht. Unmittelbar vor den Behandlungsstunden traten jetzt Übelkeit und Angst im gleichen Maße verstärkt auf, wie sie im übrigen Leben nachließen. Die Patientin macht Ansprüche auf mich geltend: „Ich will Sie besitzen. Ich will *ein Stück* von Ihnen für mich haben!"

Von der Metapher des *Stücks* läßt sich das Rätsel von Liebe und Tod noch weiter auffalten. Denn das Stück, das die Patientin von mir haben wollte, war zugleich jenes Stück ihrer Rede, das sie mir immer noch vorenthielt: „Wenn ich hier *alles* sage, setze ich vielleicht die Therapie aufs Spiel!" Es war wie ein Zwang, immer wieder etwas neues Ungesagtes, wenn nicht gar Unsagbares einzuführen. Ein *Stück* Verweigerung, mit dem die Patientin spielte wie mit einem Begehren. Ein kleines *Stückchen* nur, vor dem sie haltmachte, um in diesem Haltmachen die ganze Verführungswirkung ihres Sprechens zu entfalten. Denn: „Jetzt können Sie es ja erraten!" Bevor ich aber zum Raten kam, hieß es jedesmal: „Es ist *nicht* das, was Sie denken!" Antizipierende Form der „Verneinung", von der Freud (1925h, S. 377) sagt: „Zu dieser Auffassung der Verneinung stimmt es sehr gut, (. . .) daß die Anerkennung des Unbewußten von seiten des Ich sich in einer negativen Formel ausdrückt."

Bekanntlich hat Freud für das therapeutische Sprechen eine andere Formel angegeben, nämlich „allen Symptomen der Krankheit eine neue Übertragungsbedeutung zu geben" (1914g, S. 214). Und so begegnet in unserem Gespräch der zuvor im Symptom eingeschlossene Tod nunmehr als jener in die Unendlichkeit des Zwangs verschobene infinitesimale Punkt, an dem das Begehren strauchelt, an dem es umschlägt in den Wunsch, *nicht* zu begehren. Dafür bieten sich zwei Möglichkeiten: Entweder ist es die Patientin selbst, die sich in den Stunden „wie tot" fühlt. Oder sie versucht ihre Gefühle „abzutöten", indem sie mich sterben läßt.

Sie will mich „wegschieben", mir „wehtun", mich „verletzen": „Ich will Sie wieder loshaben aus meinem Leben! Ich habe Ihnen gegenüber Gefühle, die mir unheimlich sind." Es ist kein Widerspruch, wenn die Patientin gleichzeitig fürchtet, mich zu verlieren.

Und in diesem Augenblick, wo sie sich anschickt, den Anderen auszusperren, ihn draußen vor der Tür zu lassen, die sie in ihrer Phantasie mit Möbeln und Schränken von innen her verbarrikadiert, und wo sie doch die Vergeblichkeit ihrer Anstrengung spürt, auch das *innere Bild* dieses Anderen erlöschen zu lassen, in diesem Augenblick stößt sie, prallt sie auf den Traum. Das Wort „kokett" hat sie in Aufruhr versetzt, und daß dieser Traum ihrer Empörung in den Rücken fiel, war gewiß nicht das Schlimmste an ihm. Sein Inhalt wird wie ein Geheimnis gehütet, über mehrere Sitzungen hinweg nur in kleinen, zerstückelten Fragmenten preisgegeben. So als ob Verschweigen ungeschehen machen könnte. Bevor die Patientin auch das letzte Bruchstück des Traumes mitteilen konnte – das *Stück,* das sie ja von mir hatte haben wollen –, lief sie aus der Sitzung weg, um die Behandlung abzubrechen. Fünf Tage später kehrt sie zurück, enttäuscht, daß ich sie nicht zurückgeholt, sondern auf sie gewartet hatte. In dem Traum, den sie nun berichtet, war der Leichenbestatter auf einem Pferdefuhrwerk vorbeigefahren. Mit hämisch grinsender Miene warf er einen Blick in das Behandlungszimmer, wo er sehen konnte, wie sich die Träumerin den Ehering abstreifte, um sich Liebeshandlungen mit ihrem Therapeuten hinzugeben. Auf dem Ring war ein Datum eingraviert: der 10.4.1962 – eine Zeitmarke, die in die prähistorische Vorzeit ihrer Entwicklung zurückführte.

Erst *nach* diesem Traum war das therapeutische Gespräch nicht mehr wie eine Schaujagd konstruiert, sondern konnte als *Arbeit der Anerkennung* fortgesetzt und vorangebracht werden. In weiteren Träumen begegnete der Tod in immer neuen Schattierungen: als Schreckmittel, das eine Probe auf Angstfreiheit darstellte, als Verfolger, schließlich als *Zeuge* des Begehrens selbst. So in einer Onaniephantasie, die sich der Kranken aufdrängte: *„Der tote Großvater schaut dabei zu!"* Ist dieser *tote Großvater* eine Reminiszenz an den „prähistorischen unvergeßlichen Anderen, den kein späterer mehr erreicht" (Freud 1950a, S. 156) – an den *großen to-*

ten Vater? Auf jeden Fall fügt er sich ein in jenes kindliche Phantasiegebilde, das da lautete: „Die Toten können alles sehen!"

Beträchtliche Schuldgefühle stellten sich im weiteren Fortgang der Behandlung jedesmal dann ein, wenn die Patientin Negatives über ihre Mutter berichtete. In einem Traum erhoben sich nachts auf dem Friedhof scheintot begrabene Frauen aus ihren Gräbern, die sie mit unschuldigen Madonnengesichtern anschauten. Es war ein wichtiger Fortschritt, als die Patientin bei ihren Reinigungszeremoniellen nicht mehr den Stoff des Toten von sich abwusch, sondern eine Schuld, die ihr noch unbekannt war. Als der Zwang vorübergehend nachließ, erschien ihr dieses Schwinden gleichwohl ebenso unheimlich wie zuvor der Tod selbst. Sie konnte sich diesen Erfolg noch nicht zugestehen, befürchtete sie doch, in diesem Fall die Behandlung und damit auch mich (als Repräsentanten des Anderen, der im Symptom eingeschlossen war) zu verlieren.

Ein späterer Traum wiederholte noch einmal den Übergang, der sich in der Übertragung mittlerweile längst vollzogen hatte. Es ist bestimmt kein Zufall, daß hier der Tod als phobischer Begleiter von der Patientin Abschied nimmt und durch einen Gefährten ersetzt wird, der sie auf ihrem Weg begleiten soll. Denn sie ist in diesem Traum zu ihrer eigenen großen Verwunderung mit dem Leichenbestatter spazierengegangen und hat eine Weile lang angeregt mit ihm geplaudert. Erst als dieser abbiegt und sich von ihr verabschiedet, erschrickt sie nachträglich noch über seine Nähe wie über das gemeinsame Flanieren: „Eigentlich hätte ich ja weglaufen müssen!" Da entdeckt sie am Wegrand einen Anderen, von dem sie sich wünscht, „daß er das, was vom Leichenbestatter noch an mir war, mit mir teilt."

Bemerkenswert an diesem Traum ist vor allem, daß der Andere in ihm als Anderer begegnet, „unbekannt und doch einer beunruhigenden Vertrautheit gemäß erkannt" (Barthes 1978, S. 29). Es dauerte noch eine Weile, bis auch das Symptom sich von der Patientin abzulösen begann und der Zeitpunkt gekommen war, an dem sie eher beiläufig feststellte: „Ich habe keine Zeit mehr, meine Zwänge walten zu lassen." Am weißen Haar der Mutter erkannte sie jetzt, daß die Eltern alt geworden waren (daß sie sterblich sind), und zum ersten Mal empfand sie Trauer über die verlorene Kindheit. Überall in ihrem Leben bahnten sich beträchtliche und zum Teil schmerzvolle Veränderungen an, vor denen sie bisher der Zwang zuverlässig bewahrt hatte. War das Zwangssymptom ursprünglich Anhalten der Zeit, Schutz vor einer bedrängenden Anwesenheit und Herausforderung des immergleichen Anspruchs, dann zeigte es sich auf einer tieferen Schicht in eine Dialektik von Anwesenheit und Abwesenheit verwoben. Hier symbolisierte der Tod die Angst vor Trennung, Verlust oder dem Zusammenbruch einer Beziehung ...

Ich breche an dieser Stelle die Darstellung des Behandlungsverlaufs ab, um auf unsere Ausgangsfrage zurückzukommen.

8.5. Der Tod als Signifikant – das „Tote" im Therapeuten

Der Tod als Totgesagtes, als Schweigen, als Heimsuchung, Verführung, als Verfolger und Begleiter, als Zeuge ...

Es wäre verlockend, nach der Auflösung des Rätsels zu fragen, nach den frühkindlichen Konflikten, der „infantilen Neurose", die uns eine solche Entwicklung verständlich machte – worüber es in der Tat noch mancherlei zu berichten gäbe. Allein unser Vorhaben galt einem anderen Zweck: Erste Absicht war es, das im Symptom eingehüllte „Tote" wieder hervorzulocken, es zu kennzeichnen als etwas, das aus der Sprache, aus der Begegnung mit dem (symbolischen) Anderen herausgefallen war. Von da an brauchten wir nur noch abzuwarten, bis es mit dem gegenwärtigen Sprechen eine Reihe signifikanter Verknüpfungen eingegangen war, um ihm schließlich zu folgen auf den Etappen seiner Wiederkehr. Unsere Frage könnte daher auch wie folgt formuliert werden: „Unter welchen Bedingungen, wie determiniert, taucht der Tod, als Signifikant, in voller Rüstung in der Kur auf?" (Lacan 1964, S. 270)

Wir versuchten zu zeigen, daß der Tod hier nicht in erster Linie als Reales zu fassen ist, daß er im Symptom, in der Rede des Subjekts, dort, wo die Sprache selbst Mangel leidet, immer schon ein symbolischer Tod ist – ein reiner Signifikant. Mehr noch, daß diese Rede niemals den Anderen zu erreichen vermöchte, wenn sie nicht selbst schon „Mord (an; d. Verf.) der Sache" wäre (Lacan 1953, S. 166). So gesehen ist das Todes-Symptom das „weiß gebliebene Blatt" (ebd. S. 98) in der Geschichte des

Subjekts, jener tote Punkt in seinem Sprechen, der sich mit Sinn und Bedeutung aufgeladen findet in dem Augenblick, wo die unaussprechliche Frage des Begehrens („Was willst Du mir?") sich im Anderen artikuliert findet. Diese Frage taucht in dem Moment auf, wo der Andere die Stelle des Toten besetzt hält, wo dieser Andere – in der Übertragung – zum ‚Lockvogel', zum ‚Statthalter für die Ursache des Begehrens' (Lacan) wird – und damit zum Statthalter für die historische Identität des Patienten. Tatsächlich ist jene Stellvertreterfunktion – wir sprachen von „Komplizenschaft" – koextensiv mit dem Eintauchen des Wunsches in die Sprache. Denn das Leben „ist in das Symbolische nur zerstückelt, zerfallen einbezogen. Das menschliche Wesen steht teilweise außerhalb des Lebens, es hat teil am Todestrieb. Allein von da aus vermag es sich dem Register des Lebens zu nähern." (Lacan 1954-55, S. 119)

Damit nähern wir uns einem Thema, das wir im Zusammenhang mit der Interpretation des ‚Wiederholungszwangs' bereits mehrfach gestreift haben: dem ‚Todestrieb'. Wenn der ‚Todestrieb' (Freud 1920g) nicht lediglich eine Totgeburt des Freudschen Denkens ist, wenn er nicht nur das Fossil einer spekulativen Biologie darstellt, dann gilt es, die dialektische Intention einzulösen, die sich schon im Begriff selbst ankündigt. Eine solche Interpretation könnte an der Zeitstruktur der Übertragung ansetzen, mit der wir uns im übernächsten Kapitel befassen wollen. Ein anderer Gesichtspunkt ergäbe sich aus der Beziehung des Todes zum Symbol und zum imaginären Raum: v. Weizsäcker hat gerade dem „Ungelebten" eine geschichtsbildende Kraft zugesprochen (vgl. v. Weizsäcker 1940; Zacher 1984). Die irrealisierende Funktion der Phantasie (vgl. auch Sartre 1940), welche den imaginären Raum erschließt, scheint somit ein Konstitutiv der spezifisch menschlichen Wirklichkeit darzustellen. Freilich: Um kreative Phantasie zu sein, muß sie an Reales anknüpfen können. Gerade deshalb aber greift sie über die bloße Präsenz des Wirklichen hinaus. „Wo die bloßen Dinge die Fülle und die Lebendigkeit des Objekts vortäuschen", schreibt Kessler (1981, S. 157), „stirbt die Phantasie. Und der Tod herrscht in der Maske des Phantastischen."
Begegnen wir im ‚Todestrieb' also erneut jenem „Mangel an Sein" (Sartre 1943; 1948), von dem wir sagten, daß er den Unruheherd und die

Triebfeder der kommunikativen Bewegung bildet? Die Antithetik der menschlichen Kommunikation bedingt es offenbar, daß der analytische Diskurs ebenso unabschließbar bleibt wie das Leben selbst. In diesem Sinn sprach Freud (1937c) von der „unendlichen Analyse". Vergeblich würde sich der Analytiker hier als Subjekt der Gewißheit einrichten. Wo er es dennoch tut, läuft er Gefahr, sich auf die Seite des Widerstandes, des „Toten" zu schlagen. Ist nicht gerade das Wissen das „Tote" an ihm, das Symptomäquivalent auf seiten des Therapeuten? Denn: „Um überhaupt hören zu können, muß man in der Stimme des Anderen die Wahrheit erwarten." (Gadamer 1985)

Von hier aus ergibt sich die Anknüpfung an unsere zweite Behandlungssequenz. Auch in ihr geht es um das Zutagetreten eines ‚wahren Sprechens' im therapeutischen Dialog, genauer: um die Frage, wie ein Ensemble an sich sinnloser Zeichen zunehmend sinnerfüllend wird, dadurch daß es ins Spiel der Wörter eingreift und hier variable Bedeutungen hervorbringt. Für diese Verschiebungen im Text, für seine Umarbeitung und Neugestaltung gibt die analytische Situation die Bühne ab. Bereits bei Winnicott und Spitz sind wir mit der schöpferischen Dimension des Sprechens vertraut geworden, wie es zwischen Analytiker und Analysand geschieht. Das Modell vom ‚Sender' und vom ‚Empfänger' ergäbe dabei nur ein unzureichendes Bild von der therapeutischen Kommunikation. Denn als Treuhänder des Anderen ist der Analytiker ja in die Übertragung miteinbezogen, wird er bis zu einem gewissen Grad erst durch die Kombinatorik der ‚Zeichen' in seiner ‚subjektiven' Bedeutung für den Analysanden erzeugt. Seine Aufgabe ist es, sein eigenes Sprechen für jene fortlaufende Bedeutungskonstituierung auszuleihen. Und indem er dies tut, entsteht auf einmal, inmitten der Übertragung, etwas, das dem ‚Wiederholungszwang' entschlüpft ist. Die Psychoanalyse hat dieses Etwas das „neue Objekt" genannt (vgl. Loewald 1960). Thomä (1984a, S. 48 ff.) geht noch einen Schritt weiter und fordert, das „neue Objekt" müsse zum „Subjekt" werden. Ob solche Charakterisierung ausreicht?

9. Das Drängen des Zeichens im Traum – seine Resonanz in der Übertragung (Analyse einer Traumserie)

9.1. Zeichen und Traum – die Ausgangssituation

In seiner Schrift „Zwiesprache" schreibt Martin Buber (1930) unter dem Abschnitt „Die Zeichen": „Jeder von uns steckt in einem Panzer, dessen Aufgabe es ist, die Zeichen abzuwehren. Zeichen geschehen uns unablässig, leben heißt angeredet werden, wir brauchten nur uns zu stellen, nur zu vernehmen." (Ebd. S. 183)

Diese Bemerkung läßt sich direkt auf unser Thema beziehen: Wo immer wir mit dem Traum in Berührung kommen, wo sich unsere gewohnte Sprache in einer anderen Syntax auflöst, wo wir „unerhörte Stellungen des Subjekts in der Äußerung entdecken" (Barthes 1970, S. 17) – es scheint, daß eine ganze Denktradition uns dazu treibt, diese Wunden sogleich wieder zu verschließen. Dies tun wir – nicht erst seit Freud –, indem wir die Lücken in unserem Sprechen hastig wieder zustopfen, indem wir die Dinge mit ‚Sinn' durchtränken, „ganz in der Art einer autoritären Religion, die ganze Bevölkerungen unter die Taufe zwingt." Wir scheinen dabei manchmal von einer Art Gier befallen, der „Gier nach Sinn", der uns „so kostbar, so lebenswichtig und begehrenswert ist wie Glück und Geld" (ebd. S. 95). Offenbar fällt es uns schwer, den Nicht-Sinn zu ertragen, oder auch nur die Vieldeutigkeit (den taumelnden Sinn). Genau mit dieser Frage werden wir aber jedesmal konfrontiert, wenn wir träumen. Im Falle unserer Patientin hatte es mit dieser Ungewißheit eine besondere Bewandtnis. Dies soll anhand einer Traumserie erläutert werden, die durch ein gemeinsames Merkmal als solche gekennzeichnet war. Vorgeschichte und Behandlungssituation vor Beginn dieser Träume ergeben zunächst folgendes Bild:

Die Träumerin, 45 Jahre alt, verheiratet, drei Kinder, befand sich zu diesem Zeitpunkt knapp zwei Jahre in analytischer Einzelbehandlung. Sie litt an einer schweren Depression, Alkohol- und Medikamentenmißbrauch, die in den vergangenen sieben Jahren zu mehreren Suicidversuchen und Aufenthalten in verschiedenen Nervenkliniken geführt hatten.

Dort war zumeist die Diagnose einer „phasisch akzentuierten Depression" gestellt worden, wobei neben charakteristischen Störungen des Antriebs, der Stimmungslage und der Denkinhalte vorübergehend auch Halluzinationen beobachtet wurden. Wir werden jedoch auf die diagnostische Zuordnung des Krankheitsbildes an dieser Stelle nicht näher eingehen.

Nach zweijähriger ambulanter Behandlung hatten Häufigkeit und Schweregrad der depressiven Krisen abgenommen. Die Patientin nahm keinen Alkohol mehr zu sich und hatte auch den Tranquilizerabusus beendet. Die thymoleptische Medikation konnte erst reduziert, später ganz abgesetzt werden.

Während der ersten 50 Behandlungsstunden war der Vater der Patientin gestorben. Sie hatte ihn zeitlebens gehaßt und sich doch nie von ihm gelöst. Über seinen Tod konnte sie lange Zeit keine Trauer empfinden. Mehr als 30 Jahre zuvor waren nach dem Tod der Mutter massive Schuldgefühle aufgetreten, die sich in einem Selbstmordversuch und zahlreichen autodestruktiven Handlungen entluden. Als Beispiel sei nur erwähnt, daß die damals 16jährige sich mit einem Skalpell Hautverletzungen beibrachte und in ihre Wunden den Körper einer verendeten Maus legte, in der Hoffnung, das „Leichengift" werde auch ihr den Tod bringen. Der depressiven Erkrankung im Alter von 38 Jahren war der Tod der zweiten Frau des Vaters unmittelbar vorausgegangen. Der gut 20 Jahre ältere Ehemann der Patientin litt an einer Ejaculatio praecox. Was die Patientin an seiner Person aber vielleicht noch mehr störte, war eine gewisse Ungeschicklichkeit des Umgangs und Unbeholfenheit, die sich etwa beim Lösen von Kreuzwort- oder Silbenrätseln peinlich bemerkbar machte. Wie sich im Laufe der Behandlung ergab, stand die Sexualstörung aber auch im Dienste ihrer eigenen Verdrängungsleistung. So war der Ehemann in einem früheren Traum einmal als „Alter Kran",[3] begegnet, dessen Versagen zwar Wut und Enttäuschung auslösen konnte, auf dessen väterlichen Schutz sie aber gleichwohl nicht verzichten wollte. Die unbefriedigten Sehnsüchte der Patientin hatten in der Phantasiegestalt eines ihr unbekannten Mannes namens „Peer" jahrelang ein quälen-

3 Eine Lokalität in der Heimatstadt der Patientin.

des und schulderfülltes Eigenleben geführt, dessen sie sich zu entledigen trachtete. Mit dem Beginn der Schwermut hatte sie „Peer" sterben lassen und in einem großen Sarg beerdigt. Erst sehr viel später in der Behandlung erinnerte sie sich wieder an „Peer Gynt" (Ibsen) und an die Musik, der sie als Kind gemeinsam mit dem Vater gelauscht hatte. Ein großer Teil der verschütteten Kindheitserinnerungen war von der Patientin über Träume erschlossen worden, die an die Stelle der Symptome traten. Einzelne Bilderfolgen, Stimmen und Gerüche aus jener Zeit erlebte sie darin so klar und wirklichkeitsnah, als wären sie von heute. Ohne sonstige Kenntnis der Materie verstand die Träumerin sehr wohl, daß Träume einen Sinn haben.

Zu einem bestimmten Zeitpunkt jedoch – und damit beginnt unsere Traumserie – trat in den Träumen etwas auf, das sich jeder Deutung verweigerte. Es handelte sich um lange Ziffernfolgen, Zahlenreihen ohne Sinn und Bedeutung, um Hieroglyphen- und Zeichenanordnungen, die sich jedem Verständnis versperrten. Hatten wir es hier mit Abfallprodukten der Traumarbeit zu tun, mit Fehldrucken, die wir für das Verständnis des Traumes getrost vernachlässigen konnten?

Dagegen sprach vor allem die eigenartige Insistenz, mit der die Traum-Graffiti wiederkehrten. Sie waren wie Codezahlen in den Traumtext eingeschmuggelt. Findlingsblöcken oder Fremdkörpern vergleichbar lagerten sie in der Landschaft des Traumes. Man hätte sie dort unbeachtet liegenlassen können, wäre die Träumerin nicht selbst immer wieder staunend zu diesen Monumenten zurückgekehrt, so als enthielten sie ein Geheimnis oder Botschaften in einer fremden Sprache. Gleichwohl scheiterten alle Bemühungen, den Zeichenfolgen etwas zu entlocken. Darin schienen sie den sogenannten „Nonsense"-Inschriften auf griechischen Vasen (Abb. 7) nicht unähnlich: sinnlose Piktogramme, leere Signaturen, die aber dennoch so etwas wie einen ‚Stil' oder eine Identität des Vasenmalers konstituieren. Nicht ohne einen Unterton von Verärgerung stellte die Patientin immer wieder fest: „Ich kann nichts finden. Das hat wirklich keinen Sinn!"

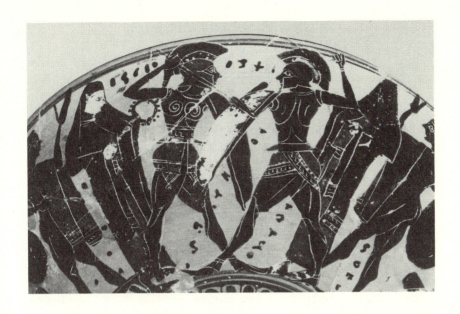

Abb. 7 „Nonsense"-Inschriften auf einer attisch-schwarzfigurigen Kleinmeister-
schale, 3. Viertel 6. Jh. v. Chr. Würzburg, Martin von Wagner Museum
L 419

Wie wir noch sehen werden, traf diese Feststellung durchaus zu, wenn
wir mit ‚Sinn‘ die *feststehende* Beziehung eines Zeichens zu einer bestimmten Sache oder Bedeutung meinen, so wie zum Beispiel das Kreuz
für das Christentum oder für den Erlösungsgedanken steht. In dieser
Hinsicht, der *inhaltlichen* oder *symbolischen* Verbindung zwischen Zeichen (Signifikant) und Bezeichnetem (Signifikat) erwiesen sich die
Trauminschriften, Ziffernfolgen und Zahlenreihen in der Tat als leer.
Um zu verstehen, wie sie dennoch – oder gerade wegen ihrer symbolischen Leere – eine Wirkung entfalten, verlassen wir für einen Moment
die Träume unserer Patientin und zweigen ab zu einem Exkurs in das
philosophische Umfeld des Bedeutungsphänomens.

9.2. Exkurs: Struktur und Bedeutung

Neben dem inhaltlichen oder symbolischen Bedeutungsgehalt hat der sprachwissenschaftliche Strukturalismus – im folgenden wird vor allem auf F. de Saussure (1916) und R. Barthes (1962; 1964) Bezug genommen – zwei weitere Aspekte des Bedeutungsphänomens herausgearbeitet. Dies gelang erst, als man von dem Realitätsbezug des Zeichens absah (zum Beispiel dem semantischen Gehalt eines Wortes) und die Aufmerksamkeit auf die Querverbindung der Zeichen untereinander richtete, also auf die *Struktur* eines gegebenen Zeichensystems. Ein solches strukturiertes Zeichensystem stellt zum Beispiel die menschliche Sprache dar, die diesem Strukturalismus zum Paradigma wurde. Betrachtet man die Binnenbeziehungen der Zeichen untereinander – das heißt *nicht* ihren Verweis auf eine bestimmte Sache –, dann kann man einen *paradigmatischen* und einen *syntagmatischen* Aspekt des Bedeutungsphänomens unterscheiden.

Wählen wir als Beispiel die Bezeichnung „ein Glas Wein". Die Bedeutung von „Glas" ergibt sich in *paradigmatischer* Hinsicht durch eine *Differenzbeziehung* zu einem bestimmten Vorrat an verwandten Zeichen, indem „Glas" in unserem Beispiel nicht „Becher", „Krug", „Karaffe", „Flasche", „Faß" usw. meint. Diese Beziehung wird *in absentia* durch das Wort „Glas" gleichsam virtuell gestiftet und schwingt als Bedeutungshorizont bei seiner Verwendung mit. *Syntagmatisch* heißt dagegen die *aktuelle* Relation oder *Stellung des Zeichens innerhalb einer Aussage.* Hier geht es um die Reihenfolge der Zeichen in einem Gefüge, also um ihre jeweiligen Nachbarschaftsbeziehungen. Tauschen wir die Reihenfolge der Terme aus, so ergibt sich unter Umständen ein völlig neuer Bedeutungsgehalt: Aus „ein Glas Wein" wird dann zum Beispiel „ein Weinglas", ohne daß an den einzelnen Zeichen (Wörtern) selbst etwas verändert worden wäre.

Solche Sinneffekte, die sich aus Differenzen und Veränderungen der Zeichenabfolge ergeben, sind auch die Verschiebungs- und Verdichtungsprozesse bei Freud. Während das klassische Symbol seinen Bedeutungsreichtum aus einer Art „Tiefenimagination" (Barthes 1962, S. 42) heraus entfaltet, werden die Sinneffekte des Zeichens in einer variablen Weise allein durch die signifikante Verknüpfung mit anderen Zeichen – also gewissermaßen horizontal – gestiftet. In bezug auf die Poetik sprach der Strukturalist R. Jakobson (vgl. Jakobson, Halle 1956) von Metonymie- und Metapherbildungen. Für J. Cohen (1966, zit. nach Schiwy 1969) erweist sich die „Struktur der poetischen Sprache" als ein besonderes Beziehungsgefüge zwischen Lautelementen und Sinnelementen. Aber auch nicht-sprachliche Zeichensysteme sind prinzipiell einer solchen Betrachtungsweise zugänglich. C. Lévi-Strauss (1949; 1958; 1962) hat die strukturale Methode in der Analyse von Verwandtschaftssystemen und des Totemismus bei primitiven Ethnien für die Anthropologie fruchtbar gemacht, indem er im universellen Tauschprinzip die Verklammerung von Sprachstrukturen und sozialen Phänomenen erkannte. R. Barthes (1957; 1967) untersuchte die ‚zeitgenössischen Mythen' und entzifferte eine ‚Grammatik der Mode'. Gemeinsam ist all diesen Forschungen das Ziel,

„ein ‚Objekt' derart zu rekonstruieren, daß in dieser Rekonstruktion zutage tritt, nach welchen Regeln es funktioniert (welches seine ‚Funktionen' sind). Die Struktur ist in Wahrheit nur ein *simulacrum* des Objekts, aber ein gezieltes, ‚interessiertes' Simulacrum, da das imitierte Objekt etwas zum Vorschein bringt, was im natürlichen Objekt unsichtbar oder, wenn man lieber will, unverständlich blieb." (Barthes 1963, zit. nach Schiwy 1969, S. 154)

Anstelle des vermeintlichen inhaltlichen Bezuges tritt demnach die signifikante Anordnung als solche, die einen anderen und neuen Sinn hervortreten läßt. In der Archäologie beschrieb Zanker (1983) in seinen Untersuchungen über das Augustusportrait, daß das fehlende Urbild, das den Kern der Überlieferung darstellt, nicht aufgrund ästhetischer oder charakterlicher Züge des einzelnen Kunstwerks, sondern nur über den Detailvergleich bestimmter Strukturmerkmale der ansonsten beträchtlich voneinander abweichenden, sehr zahlreichen ‚Kopien' rekonstruiert werden kann. Man nennt ein solches Verfahren, bei dem ‚falsche Lesarten' – ‚Korruptelen' – schrittweise ausgeschlossen werden, „Kopienkritik".

Auch innerhalb unseres eigenen Faches läßt sich eine solche Akzentverschiebung beobachten. So wird in der modernen Familientherapie (vgl. Watzlawick, Beavin, Jackson 1969; Richter 1970; Stierlin 1975; Willi

1975; Minuchin 1976; Wynne 1985) die Bedeutung eines Symptoms nicht mehr allein in der individuellen Biographie seines Trägers gesehen, sondern ebenso in Hinblick auf ein bestimmtes Kommunikationssystem, zum Beispiel die „Familie". Minuchin, der sich auf die strukturale Anthropologie beruft, vertritt diesen Standpunkt sehr klar, wenn er formuliert: „Die Realität der Struktur ist von anderer Art als die Realität der individuellen Mitglieder." (1976, S. 115)

Während in der Familientherapie Einseitigkeiten nicht ausblieben und zu Recht kritisiert wurden (vgl. Bauriedl 1980; Buchholz 1981), kann der integrative Ansatz von Wyss (1973; 1976; 1982) als Versuch verstanden werden, beide Momente (das biographisch-individuelle und das strukturelle), die wir hinsichtlich ihrer Zeitgestalt auch als diachrones bzw. synchrones Bedeutungsfeld charakterisieren können, in einer philosophisch vertieften Kommunikationstheorie wieder zusammenzuführen.

Die entstehende Psychoanalyse dagegen hielt über lange Zeit noch am klassischen Symbolbegriff fest. Zumindest trifft das für die Freudsche Traumsymbolik zu: Bestimmte Zeichen des manifesten Trauminhalts finden sich hier in einer fixen Relation zu korrespondierenden Elementen der latenten Traumgedanken. So stehen Regenschirm, Spazierstock, Zeppelin, allgemein: aufragende, spitze Gegenstände für den Phallus; Vase, Tasche, Hohlkörper überhaupt für das weibliche Genitale; die Spinne für die ‚phallische Mutter' (vgl. Abraham 1922), Wasser für den Geburtsvorgang, Fliegen für die sexuelle Erregung usw.

Lorenzer (1970a) hat dies als „Verabsolutierung der Symbole" (ebd. S. 25) kritisiert, die auf eine „Ontologisierung des Unbewußten" (ebd. S. 23) hinauslaufe. Er sieht in solchen Zuordnungen die Gefahr, die Symbole gleichsam als „transsubjektive Sinngebilde" (ebd. S. 25) in einen vom Subjekt unabhängigen Bereich vorgefertigter Bedeutungen zu verweisen: „Der verhängnisvolle Effekt (. . .) ist, daß die Symbolbildung im Rahmen einer solchen Auffassung vom Subjekt abgehängt wird. Das Symbol (. . .) gewinnt in jenem Auffassungsrahmen einen Offenbarungscharakter, der alle Traumdeutung und jede psychologische Deutung überhaupt in den Rang einer unkritischen Exegese verweist." (Ebd. S. 23) Diese Kritik Lorenzers gilt zunächst nur für den engeren Bereich dessen, was man in der Psychoanalyse die „eigentliche Symbolik" genannt hat.

190

Freud selbst hat einschränkend immer wieder auf die Vieldeutigkeit der Symbole hingewiesen und mehr als einmal gemahnt, die Symboldeutung könne die Assoziationen des Träumers nicht ersetzen (vgl. 1900a, S. 354). Insofern gilt auch für ihn der hermeneutische Grundsatz: *sensus non est inferendus sed efferendus* (vgl. Gadamer 1960, S. 372 f.).

Wie wir im zweiten Kapitel bereits angedeutet haben, finden sich in Freuds „Traumdeutung" aber auch Hinweise für ein gewandeltes Symbolbewußtsein: Traumgedanken und Trauminhalt werden dort als „Darstellungen desselben Inhalts in zwei verschiedenen Sprachen" bezeichnet, „deren Zeichen und Fügungsgesetze wir durch den Vergleich von Original und Übersetzung kennenlernen sollten." Die richtige Beurteilung des Traums als Bilderrätsel (Rebus) ergibt sich für Freud „erst dann, wenn ich (. . .) mich bemühe, jedes Bild durch eine Silbe oder ein Wort darzustellen." (1900a, S. 280 f.) Damit verläßt er bereits die ikonische Betrachtung des Traumes, um ihn fortan wie ein Sprachgebilde zu behandeln. Schließlich sind wir in der strukturalistischen Psychoanalysedeutung J. Lacans einer Auffassung begegnet, die die Sprache und die intersubjektive Konstitution des Unbewußten in den Mittelpunkt ihrer Betrachtung rückt.

Was bedeuten diese Überlegungen für unsere rätselhaften Zeichenfolgen? Wir werden uns darauf gefaßt machen, ihre Bedeutung nicht vertikal, in einer vorgefertigten Inhalts- oder Symbolrelation zu suchen, sondern woanders, in irgendeiner Form von Beziehung. Als ein solches Bezugssystem bietet sich zunächst der Traumtext selbst an, sodann ein Vergleich der verschiedenen Texte, schließlich der Gesamtkontext der intersubjektiven Rede des therapeutischen Gesprächs.

9.3. Das Archiv der Träume

Damit kehren wir zu den Träumen der Patientin zurück. Die Reihe der Träume, die in unserem Zusammenhang interessieren, beginnt mit einem Verführungstraum, der sehr klar zeigt, was das menschliche Begehren von jedem bloßen Bedürfen unterscheidet: Die Patientin findet sich nackt und voller Verlangen auf einer Couch liegend und hält in der ausgestreckten Rechten einen Pfirsich. Der Vollständigkeit halber ergänzen wir, daß sie auch in der Behandlung auf einer Couch liegt. Da kommt der Ehemann herein und beißt in den Pfirsich. Sie ist maßlos enttäuscht, daß er den Pfirsich mit der schönen Unbekannten dahinter verwechselt hat (Abb. 8).

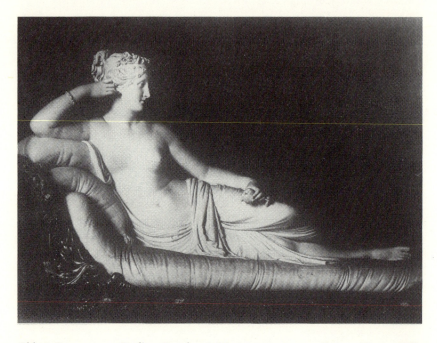

Abb. 8 Sogenannte ‚Paolina Borghese‘. Marmorstatue von Canova. Rom, Villa Borghese.

Man mag in diesem Bild den ganzen „Zauber der Impotenz" (Lacan 1953, S. 122) sehen, wenn hier das Symbol für das Reale gehalten wird, wenn das Objekt der Begierde das Begehren selbst substituieren muß.

In der folgenden Sitzung berichtet die Patientin von einem anderen Traum, der allerdings nur fragmentarisch erhalten ist:

... Sie liegt mit der Mutter und einem Mann namens Josef in einem großen Bett – „wie das Jesuskind in der Krippe". Die Mutter weint bitterlich. Statt eines Namens, der ihr nicht einfallen will, taucht das Wort „Mannesmann" auf, dann eine längere Zahlenkombination: 6-6-6-7-0-7 oder 7-6-4-0-5-9. Es könnte eine Telephonnummer sein. Die Mutter soll dort anrufen, damit der Vater abgeholt oder eingesperrt wird. Doch die Zahlen kommen ihr völlig absurd vor ...

Der Träumerin fällt zu diesem Traum noch mancherlei ein: Ein „Josef" ist ihr aus der Gruppe der Anonymen Alkoholiker bekannt, die sie regelmäßig besucht. Als Jesuskind in der Krippe kommt sie sich so rein vor, wie es die Eltern immer von ihr verlangt hatten. Es ist kurz vor Weihnachten. Reminiszenzen an die Kindheit und die Kriegsgefangenschaft des Vaters. Sein Todestag war ihr entfallen. In „Mannesmann" erscheint – durch die Kopula „es" miteinander verbunden – zweimal das Wort „Mann". Zwei Männer sind es, die in ihrem Leben eine besondere Bedeutung haben. Was aber bedeuten die Zahlen? Im Traumtext stehen sie zwischen der weinenden Mutter, dem Wort „Mannesmann" und einem unendlich abwesenden Vater – zwischen der Reinheit der Krippenszene und der Ahnung von einer schlimmen Tat. Wie wir noch sehen werden, ist es kein Zufall, daß die Patientin zu diesem Zeitpunkt ihre Träume aufschreibt und mir zum Geschenk macht, auch wenn sie vorher ausführlich durchgesprochen worden sind. Sie hat sich auch vorgenommen, dem Therapeuten aus Dankbarkeit einen Teppich zu knüpfen. Was will sie damit sagen?

Einige Sitzungen später begegnen wir abermals jenen rätselhaften Zeichen, diesmal in einem anderen Zusammenhang:

... Die Patientin sieht sich als Schulkind vor einer großen Schiefertafel, auf der viele Zahlen geschrieben sind. Sie soll Rechenaufgaben lösen. Daneben steht ein maskierter Mann, der sie mit einer Kette schlägt und ganz „dreckig" sagt: „Das schaffst Du nie!" Unter den Schlägen zerspringt die Tafel. Die Zahlen fallen auf den Boden herab und bleiben dort zu einem kleinen Häufchen geschichtet liegen. Aus der zersprungenen Tafelfläche tropft Blut, mit dem sich die Träumerin „besudelt" ...

Die grausame Szene knüpft an Erlebnisse vom Vortage an. Die Patientin hatte sich – nach langer Erwerbsunfähigkeit – erstmals wieder um einen Arbeitsplatz bemüht, wo es zu ihren Aufgaben gehörte, Zahlenbeträge – „Rechnungen" – in einen Computer einzugeben. Der Ehemann wähnt in der neu gewonnenen Autonomie die Vorboten einer Trennung und fürchtet sich vor dem Verlassenwerden. Deshalb bestärkt er sie in ihren eigenen Zweifeln: „Das schaffst Du nie!" Im Bett hat er sie brutal bedrängt – „besudelt" –, ohne sie indes befriedigen zu können – ein Verhalten, das die Patientin schon seit längerem wie eine Buße auf sich nimmt. Sind die Zahlenrätsel, Aufgaben, die sie nicht lösen kann, in diesen Tagesresten „verrechnet", finden sie hier ihre Aufklärung?

Andere Gedanken führen in die Kinderjahre zurück: Da taucht der Vater auf, unerbittlich streng, wie er das kleine Mädchen beim Kopfrechnen „anbrüllt". Mit dem Bild der Mutter ziehen Schuldgefühle herauf, die einstmals zwischen dieser und dem Vater, jetzt zwischen dem Therapeuten und dem Ehemann, zwischen den Gedanken und den Träumen hin- und herwechseln. Erinnern wir uns aber auch an die eigentümliche Gereiztheit unserer Kranken angesichts der Unfähigkeit ihres Mannes, Silben- oder Kreuzworträtsel zu lösen. Wem gehören die Worte, die er nicht finden kann? Ist es ein symbolischer Wert, den er ihr vorenthält?

Sinnlose Ziffernfolgen, Zahlen, die von einer blutenden Fläche herabfallen, Daten, die verlöscht sind, Namen, die vergessen wurden, Rätsel über Rätsel. Rätsel, die in jenen Teppich verwoben sind, den die Patientin immer noch knüpft und die im Geflecht ihrer Träume wiederkehren. Vor dem Hintergrund unserer Anleihen beim sprachwissenschaftlichen Strukturalismus können wir uns fragen, nach welchen ‚Regeln' das Zeichen im Traum ‚funktioniert', welchem Signierungsschema es da folgt, und vor allem, wer sein Adressat ist. Dabei werden wir der Spur des Zeichens bis dorthin folgen, wo es Kommunikation stiftet, indem es aus der Bilderwelt des Traumes heraus zu sprechen beginnt. Zu sprechen, indem es im Anderen etwas evoziert, von wo aus es seine wahre Bedeutung erst rückwirkend empfängt. Sehen wir also zu, wie das Zeichen schrittweise zu diesem Anderen in Beziehung tritt, zum Anderen, als dessen Repräsentant hier der Analytiker fungiert und der nun Zug um Zug in die Bilderproduktion des Traumes eingearbeitet wird:

... In einem neuen Traum tritt die Patientin aus einem ebenerdigen, kleinen Haus, wo ihr eben jemand erklärt hat, daß sie in Kürze „nichts mehr sehen und hören" könne. Im Traum läßt sie diese düstere Prophezeiung merkwürdigerweise „ganz kalt". Sie sieht dann eine weite Landschaft vor sich, die durch einen breiten Wassergraben zweigeteilt ist: auf der einen Uferseite nur Schlamm und „Dreck", auf der anderen, wo auch ich stehe, eine blühende Mohnwiese. Laut „Juhuu!" rufend fliegt die Träumerin über den Wassergraben hinweg zu mir herüber. Gerade angekommen entdeckt sie rückblickend den Ehemann, jenseits des Wassers im Schlamm wühlend. Dieser bekundet ihr seine Absicht, zu sterben, was sie voller Reu' veranlaßt, über einen kleinen Fußsteg zurückzukehren. Sie gelangt dann wiederum an ein ebenerdiges „altes Haus", in dem sich ein Museum befinden soll. Doch aus dem einzigen Ausstellungsraum sind all die Schätze entfernt worden, die sie dort vermutet hat. Eine alte Frau mit langen, schwarzen Haaren hält vor ihr eine Tür verschlossen, auf deren Holzfläche lauter Buchstaben, Zahlen und merkwürdige Zeichen zu sehen sind. Diese Frau will ihr auch „kein heißes Wasser geben" ...

Kaum, daß sie ihre Erzählung beendet hat, wird die Träumerin von einem jähen Schreck ergriffen: „Mein Gott! Die Mutter, die Mutter!" Das ist das „alte Haus" im Traum, die Frau mit den langen, schwarzen Haaren, deren Bild so lange verblaßt war, die ihr jetzt kein „heißes Wasser" geben will und die Museumsschätze hinter jener geheimnisvollen Tür versteckt hält. Bemerkenswert ist die Opposition zwischen „heißes Wasser" und der düsteren Prophezeiung am Anfang des Traumes, die die Träumerin merkwürdigerweise „ganz kalt" läßt. „Nichts mehr sehen und hören können" – damit sei gemeint, daß sie von der Vergangenheit und der alten Schuld gegenüber der Mutter „nichts mehr hören und sehen will." „Wasser" kommt im Traum gleich zweimal vor: Es markiert eine Grenze, die überflogen wird und symbolisiert zugleich etwas, das ihr die Mutter vorenthält. Zu „Wasser" fällt der Patientin ihr eigener Vorname ein: Renate. *Re-nata* heißt „die Wiedergeborene". Das Gegenstück zur Geburt bildet im Traum die Erklärung des Ehemannes, der ja zu sterben beabsichtigt. „Mohn" und „Schlamm", „heiß" und „kalt",

„fliegen" und „gehen" sind ähnliche Gegensatzpaare. Sie „fliegt" auf den Therapeuten zu, läßt sich dann aber von der Schuld zurückdirigieren ... Und wieder einmal stehen wir vor jenen rätselhaften Buchstaben, Zahlen, Insignien, die den Raum hinter der Türe in ein geheimnisvolles Dunkel tauchen. Die *syntagmatische* Bedeutung dieser Zeichen liegt in der Traumaussage selbst, wo sie kraft ihrer flüchtigen und doch signifikanten Verbindung mit anderen Zeichen wie in einem magnetischen Feld hin- und herbewegt werden, um sich mit Bedeutung aufzuladen und wieder zu zerfallen: die Türe, die eine alte Frau verschlossen hält ..., die Reichtümer, die dahinter vermutet werden ... In den Träumen zuvor waren es: Aufgaben, die die Träumerin nicht lösen kann ..., Telephonnummern, die die weinende Mutter anwählen soll, damit der abwesende Vater „abgeholt oder eingesperrt" wird ...

9.4. Die Übertragung

Immer geht es bei diesen Zeichen um etwas Unlösbares, Verborgenes, Verstecktes, um etwas Abwesendes, das im Gespräch als verborgener Sinnzusammenhang wiederkehrt. Denn auch nach dem letzten Traum besteht die Patientin darauf, daß die Zeichen auf der Tür als Unsinn zu gelten hätten – und als nichts sonst. Die Beharrlichkeit, mit der sie auf ihrer Meinung insistiert (und doch nicht loslassen kann), läßt in mir die Vermutung aufkommen, es handele sich bei den Zeichen um etwas Unaussprechliches im Subjekt selbst, das zugleich behauptet und vor dem Zugriff des Anderen bewahrt werden muß. Ich mache ihr daher (nicht ohne Hintergedanken) den Vorschlag, diese Spur einstweilen *nicht* weiterzuverfolgen und einfach über das zu berichten, was ihr gerade in den Sinn kommt.

Nach einer kurzen Pause folgt nun ein Einfall, der von dem Trauminhalt so weit entfernt ist, daß er gewiß unverdächtig erscheinen muß, irgendetwas damit zu tun zu haben: Die Patientin erinnert sich nämlich, daß sie gestern Apfelkuchen gebacken hat – viel zu viel jedoch, als daß sie ihn alleine hätte verzehren können. Deshalb überlegt sie, wem sie von ihrem Kuchen schenken könnte. Unter den „nahestehenden Personen", die ihr bei dieser Gelegenheit einfallen, taucht auch der Therapeut auf, der ihr ja näher ist als all die anderen und gleichzeitig doch auch wieder unendlich fern. Während sie Freunde und Verwandte ohne zu zögern beschenken kann, melden sich Zweifel bei dem Gedanken, auch mir etwas von ihrem Kuchen mitzubringen. Mehr noch, die Patientin staunt sogar über ihr eigenes Zaudern, das ihr nicht recht verständlich werden will. Es muß wohl mit der besonderen Bedeutung zusammenhängen, die der Therapeut für sie hat, vielleicht auch mit der Ungewißheit hinsichtlich der Wirkungen, die sie mit ihrem Geschenk beim Anderen auslöst. Wird er den Kuchen annehmen? Und wenn er ihn annimmt: Wird er auch wissen, was er da angenommen hat?

Erinnern wir uns an den Pfirsich im allerersten Traum!

Das Zaudern der Patientin sollte Hinweis genug sein, nicht gleich in den Apfelkuchen hineinzubeißen, sondern ihn wenigstens einen Moment lang so zu betrachten, als wäre er eigens gebacken worden, um dieses Schwanken im Subjekt in Gang zu bringen, in dem sich die radikale Ungewißheit seiner Frage artikuliert. Denn es ist etwas anderes, das die Patientin begehrt und das sie veranlaßt, über das Maß ihrer Bedürfnisse hinaus zu produzieren . . . Wir arbeiten also heraus, daß es um das Geschenk ihrer Liebe geht und daß der Apfelkuchen in bezug auf das Gespräch, das wir miteinander führen, die grammatikalische Struktur einer Frage hat. Einer Frage, die nach Anerkennung verlangt, auf die der Andere antworten soll, statt sie einfach zu verschlucken.

Und als diese Resonanz des Sprechens hergestellt ist, geht aus dem Apfelkuchen, der dem Zweifel anheimgefallen ist, etwas Neues hervor. Eher beiläufig schildert die Patientin jetzt eine Kinderszene:

Sie war gerade sieben Jahre alt, kaum der (Schrift-) Sprache mächtig, als sie beschloß, dem Vater zum Geburtstag ein Geschenk zu machen. Dieses bestand aus einem kleinen, selbstgefertigten Büchlein, in das die kleine Künstlerin Zahlen, Buchstabenreihen und Silbenrätsel in wildem Durcheinander hineingeschrieben hatte. Es war ihr damals sehr wichtig, daß der Vater ihr Heftchen in seinem großen Bücherschrank aufbewahrte, zu dem ihr in späteren Jahren der Zutritt verwehrt war.

In dieser Reminiszenz lösen sich die rätselhaften Zeichen, Buchstaben und Zahlen aus den Träumen unserer Patientin scheinbar mit einem

Schlage auf: Sie können nun als Geschenk an den Vater, und vor dem Hintergrund dessen, was wir über den Apfelkuchen in Erfahrung brachten, als Geschenk ihrer Liebe aufgefaßt werden. Sie repräsentieren das, was unerfüllt geblieben ist in ihrem kindlichen Verlangen und später unter der Verachtung des Vaters und den Schuldgefühlen gegenüber der Mutter begraben wurde. Deshalb sprachen wir in der Überschrift zu diesem Kapitel vom „Drängen des Zeichens im Traum" und von seiner „Resonanz in der Übertragung". Der abgesperrte Raum aber ist der Bücherschrank des Vaters – eine Welt, zu der das kleine Mädchen keinen Zutritt hatte. Als sie einmal mit ihren Puppen gewisse Szenen nachspielte, die sie heimlich in den Büchern des Vaters gelesen hatte, und von den Eltern dabei ertappt wurde, wurde sie für die verbotene Handlung streng bestraft. Und im Alter von zehn Jahren war die Patientin vor demselben Bücherschrank den Zudringlichkeiten eines Onkels ausgesetzt, derer sie sich nur zu erwehren wußte, indem sie sich totstellte. Wenig später kehrte der Vater aus der Kriegsgefangenschaft zurück. Doch ihre ursprüngliche Zuneigung war bereits in Haß umgeschlagen. Die Heranwachsende erlebte nun den Vater als strengen und tyrannischen Mann, der die Mutter immer wieder betrog. Aus dieser Verlötung von Liebe und Haß konnte sie sich auch später nicht befreien, stand doch der promiskuitive Lebenswandel des Vaters im allerstärksten Gegensatz zu jenem Katalog von Verboten, mit dem er ihre eigenen aufkeimenden Bedürfnisse unterdrückte. Noch die Heirat – von der Patientin als Flucht aus dem Haus des Vaters geplant – wurde von diesem aufs Schärfste mißbilligt. Im verschütteten Zustand blieb so jene Mischung aus ungelöster Abhängigkeit und Schuldgefühlen erhalten, die bereits im Alter von 15 Jahren, kurz nach dem Tod der Mutter, die grausamsten Selbstbestrafungen zur Folge hatten.

Begegnen wir demnach in den Traum-Zeichen den Überresten jener ödipalen Verstrickung, die hinter der Deckerinnerung an das kindliche Geschenk vermutet werden darf? Die Parallele geht ja so weit, daß die Patientin nicht nur von Buchstaben und Zahlen träumt, sondern mir von Zeit zu Zeit auch die Niederschriften ihrer Träume zum Geschenk macht. Ich lege ihre Blätter dann in ein kleines, gebundenes Heft, das

mir für meine Aufzeichnungen zur Verfügung steht, und sie wartet solange, bis ich dieses Heft wieder an seinen Platz in das große Regal neben
meinem Sessel zurückgestellt habe. Erschöpft sich die Bedeutung der rätselhaften Zeichen also in der Wiederholung dieser Kinderszene, wie ja
auch die Schuldproblematik in den Traumreihen wieder anklingt? Oder
ist der hier gefundene Sinngehalt eher ein zufälliger, der im therapeutischen Gespräch erst nachträglich wiedergefunden wird?

In gewisser Weise läßt sich die Situation des Interpreten hier mit der
eines Archäologen vergleichen, der auf ein Bruchstück gestoßen ist, das
mit Schriftzeichen in einer ihm unbekannten Sprache beschrieben ist. Er
findet dann ein ähnliches, älteres Vergleichsstück und kann aus gewissen
Details der Form- und Farbgebung, den angebrachten Verzierungen sowie aus den Fundumständen schließen, daß das Fragment ursprünglich
in einen gewissen Zusammenhang gehörte, zum Beispiel dem Kultbild
einer Gottheit geweiht war, vor dem einmal im Jahr bestimmte rituelle
Handlungen vorgenommen wurden. Er weiß zwar nun etwas über die
Zugehörigkeit des Fundmaterials zu einer frühen Hochkultur, über den
Kontext, in dem es verwendet, vielleicht sogar über den Zweck, zu dem
es ursprünglich beschrieben wurde. Solange ihm aber keine Bilinguen
zur Verfügung stehen, werden die Schriftzeichen genauso stumm bleiben
wie zuvor.

Auf unsere Verhältnisse bezogen hieße das: Wir dürfen nicht übersehen,
daß es damals schon *Rätsel* waren, die das Kind dem Vater zum Geschenk machte, und daß die Träume auch jetzt wieder in Rätseln zu uns
sprechen. In Rätseln, die zunächst für so viele mögliche Bedeutungshorizonte offen stehen, daß sie nicht bloß als Wiederholung eines Vergangenen gelesen werden wollen. Denn der Text, der sich darin der Entzifferung anbietet, ist mehr als lediglich die verwitterte Inschrift einer vergangenen Epoche. Er spricht noch und er sagt uns, daß er neben einer ἀρχή
auch noch ein τέλος hat (vgl. Ricoeur 1966a, S. 99)

Wir haben in den vorausgegangenen Kapiteln zu zeigen versucht, daß
die ‚Übertragung' nicht einseitig auf dasjenige reduziert werden darf, was
in ihr als „Wiederholungszwang" am Werke ist und was in der analytischen Situation für ihren Widerstandscharakter einsteht. Dies hatte auch

Binswanger (1935) zum Ausdruck bringen wollen, als er die therapeutische Situation „ein eigenständiges kommunikatives Novum" nannte und davon sprach, daß die „ununterbrochene kommunikative Berührung und Wechselwirkung" zwischen Analytiker und Patient „das eigentlich Ausschlaggebende jeder seelischen Behandlung" sei (ebd. S. 142). Nach der hier vorgeschlagenen Interpretation stellt die Übertragung wesentlich auch eine Symbolisierungsleistung dar, die von zwei Menschen gemeinsam erzeugt wird. Als solche läßt sie nicht einfach dasselbe Objekt wieder hervortreten, sondern – wie es bei R. Barthes hieß – ein neu komponiertes *simulacrum* dieses Objekts. Denn die Übertragung wiederholt nicht nur, sondern sie antizipiert auch etwas, und zwar paradoxerweise ein Vergangenes. Diese Dialektik soll im nächsten Kapitel am Begriff der Wiederholung aufgezeigt werden. Einstweilen genügt es festzuhalten, daß ‚Übertragung' nur stattfinden kann, wo der Wunsch aus seiner Einsamkeit heraustritt und eine kommunikative Resonanz erzeugt. Dabei handelt es sich nicht allein um die Wiederholung eines ursprünglich Realen als vielmehr um die Neubearbeitung eines verlöschten Textes, das heißt aber zugleich um ein Wieder-Einholen in die symbolische Realität der Sprache. Sprache aber, so hatten wir schon an anderer Stelle formuliert, ist nur möglich, weil der Andere in ihr gemeint ist. So gesehen entstehen die Sinneffekte der Übertragung aus der Brechung, die das Sprechen des Einen im Anderen erfährt, genauer: aus dem, was von seiner eigenen Mitteilung vom Anderen her in umgekehrter Form auf das Subjekt zurückkommt. Allein von hier aus entfaltet der Diskurs seine unberechenbarsten Wirkungen, die es erlauben, rückgreifend den verschlüsselten Text seiner Geschichte wieder aufzunehmen. Diese Geschichte aber ist keine faktische (vgl. Binswanger 1928; Straus 1930). Sie ist die Geschichte der nie geträumten Träume, der zurückgehaltenen Ängste, der unerfüllt gebliebenen Sehnsüchte und der nie verspürten Wünsche. Ihre Interpretation kann nur insofern geleistet werden, als durch die Rekonstruktion des Vergangenen hindurch zugleich etwas Neues zur Anerkennung gelangt. H. W. Loewald (1960) hat diesen Sachverhalt dahingehend konkretisiert, daß der Analytiker erst dann zu jenem ‚wirksamen Anderen' (Freud) wird, wenn er vom Patienten auch als ‚neues Objekt' erlebt werden kann. Loewald hat in diesem Zusammenhang auf die schöpferische Dimension der Sprache hingewiesen: „Language, in its most specific function in analysis, as interpretation, is thus a creative act similar to that in poetry, where language is found for phenomena, contexts, connexions, experiences not previously known and speakable." (Ebd. S. 26)

So weist die Arbeit der Exegese schließlich über sich selbst hinaus. An dieser Stelle endet auch unser Vergleich mit der Arbeit des Archäologen. Denn anders als jener sucht die analytische Grabung nicht nach einem toten Objekt. Es verhält sich vielmehr so, daß sich der Andere hier in einen Dialog mit den rätselhaften Sprachzeichen hineinbegeben muß, um ihre Bedeutung als *Anrede* neu zu erfahren. Von daher erschließt sich der ‚Sinn' dieser Zeichen nicht allein in ihrem Wiederholungscharakter – in ihrem diachronen Stellenwert –, sondern in einer Symbolisierungsleistung, die uns darauf verpflichtet, auf das zu hören, wofür die Ohren des Vaters taub waren. Zeigt sich in den Träumen unserer Patientin nicht ein ursprünglicheres Sprechen? Ein Sprechen, das durch die Verachtung des Vaters nachträglich eine symbolische Beschädigung erfahren hat und das sich nun in einer scheuen Frage wieder hervorwagt, die es dem Anderen aufgibt, auf dieses Rätsel in einer Weise zu antworten, die dieses Sprechen wieder befreit, das heißt es zu dem zurückführt, was es an Begehren schon in sich trägt.

9.5. Neue Verknüpfungen mit dem Traumtext: „Mein Selbst wollte Sie anrufen …"

Wen kann es da wundern, wenn die Patientin auch weiterhin in Zeichen träumt? In Zeichen, die im folgenden Traum erstmals lesbar werden, weil die Kombination der Buchstaben zwei Wörter ergibt:

… In diesem Traum liegt zunächst ein Moment freudiger Überraschung: Die Träumerin gewahrt, daß sie von ihrem Therapeuten zum Essen eingeladen wurde. Ihre Verwunderung steigert sich noch, als sie bemerkt, daß dieser persönlich und eigens für sie gekocht hat. Sie tritt in die Wohnung ein, sieht den gedeckten Tisch. Aus der Küche steigt Bratenduft auf, der ihr verrät, daß Fleisch serviert werden soll. Da fällt ihr aber ein, daß sie sich seit einiger Zeit den Genuß von Fleisch konsequent versagt hat. Soll sie es etwa dem Gastgeber zuliebe, der sich ihretwegen ja soviel Mühe gemacht hat, doch einmal versuchen? Lieber nicht! Es kommt ihr nun der rettende Gedanke, sich bei dem Gastmahl durch ihre Tochter vertreten zu lassen. Als sie so vor dem gedeckten Tisch steht und überlegt, entdeckt sie die Tür zu einem Nebenraum, der ihre ganze Aufmerksamkeit beansprucht. Denn auf dieser Tür sind in roter Maschinenschrift Buchstaben geschrieben. Beim näheren Hinsehen entziffert sie die Aufschrift ‚STRENG GEHEIM'. Mit dieser Entdeckung endet der Traum . . .

Ich erlaube mir diesmal, die Einfälle der Träumerin beiseite zu lassen und an deren Stelle meine eigenen zu setzen: Wieder ist es eine Tür, auf der die Inschrift erscheint, und die, indem sie einen „Nebenraum" erschließt, die Struktur angibt, in der sich das Begehren verräumlicht. Die Szene wird durch ein Essensphantasma eingeleitet. Im Gegensatz zum Apfelkuchen jedoch sind die subjektiven Positionen von Schenkendem und Beschenktem diesmal vertauscht. So wie die Patientin zuvor zauderte, mir von ihrem Apfelkuchen mitzubringen, so zögert sie jetzt, von dem „Fleisch" zu essen, das ich ihr zubereite. Tatsächlich hat sie sich den Genuß von „Fleisch" seit längerem versagt, und zwar im Anschluß an einen früheren Traum, in dem durch die Verschiebung eines einzigen Buchstabens aus einer gewissen Fleischsorte der Name eines geliebten Mannes hervorgegangen war. Liegt in dieser Weigerung nicht ein Hinweis für den Therapeuten, den wir uns etwa folgendermaßen zu übersetzen hätten: Sie will nicht mit dem Geschenk seiner Deutungen abgespeist werden. Sie hat auch längst den „Braten" gerochen, der ihr da von Zeit zu Zeit vorgesetzt wird. Und sie spielt jetzt mit ihrer Weigerung wie mit einem Begehren, das zwischen Versuch und Versuchung, zwischen Verweigerung und Verführung hin- und herpendelt. Sie will, daß der Andere zum Vater werde, dadurch, daß sie sich durch ihre Tochter vertreten läßt. Vor allem aber ist es das Geheimnis im Anderen, an dem sie teilhaben will und das durch die rote Schrift auf der Türe hinreichend gekennzeichnet ist: ‚STRENG GEHEIM'!

Fordert nicht die Träumerin, da sie sich weigert, der Einladung des Therapeuten zu folgen, daß dieser außer einem Angebot an Nahrung auch noch ein Geheimnis für sie bereithalte, das sie den Weg zu ihrem eigenen Geheimnis finden läßt?

Ein anderer (früherer) Traum mag uns darüber weiter aufklären, denn er bildet gewissermaßen eine Fortsetzung dieses Themas. Und das nicht nur, weil es wieder um Einladungen, Essen und Braten geht. Ich schicke dem Traumbericht noch voraus, daß sich die Träumerin in dieser Zeit wegen der Gelüste, die ganz neu in ihr erwacht sind, gerne als „dumme Gans" tituliert oder doch zumindest von mir erwartet, für eine solche gehalten zu werden.

. . . Sie hat also in diesem Traum eine Gans in die Backröhre geschoben, da sie eingeladene Gäste zum Besuch erwartet. Um so ungehaltener reagiert die Träumerin, als sie entdeckt, daß A. – der Ehemann – heimlich das Fleisch von dem Gänsebraten abgeschnitten hat. Sie macht ihm deswegen die heftigsten Vorhaltungen. Als die erwarteten Gäste nicht kommen, setzt sie sich vors Telephon. Neben dem Apparat liegt meine Telephonnummer, die sie anwählen möchte. Zu ihrer Verwunderung jedoch findet die Träumerin auf der Tastatur statt Zahlen lauter Zeichen wie Hieroglyphen, die ihr Rätsel aufgeben. Während sie noch staunt (und nicht anrufen kann), läutet das Telephon, und es meldet sich die Stimme des Vaters, der seinen Besuch ankündigt . . .

Die belustigende Struktur dieses Traumes darf uns nicht irreführen. Ich glaube sogar, daß in ihm die Funktion des Zeichens noch einmal eine Zuspitzung erfährt. Denn ein anderer, ganz ähnlicher Traum, auf den wir weiter unten noch eingehen, entlockt der Träumerin wenige Stunden später ein bedeutsames Eingeständnis: Sie hatte bei sich die Regung verspürt, mich auch außerhalb unserer Sitzungen einmal anzurufen, diesen Gedanken aber gleich wieder fallengelassen. Denn es gab ihrer Meinung nach keinen besonderen Grund, der ein solches Telephonat hätte rechtfertigen können: „Es war so, als wollte ich nur wieder Ihre Stimme hören . . ."

Im Traum kehrt der verworfene Gedanke wieder zurück. Vielleicht ist es nicht einmal zu weit gegriffen, wenn wir vermuten, der Traum sei eigens geträumt worden, um diesem Gedanken Geltung zu verschaffen. Allerdings begegnet er hier in verschlüsselter, in chiffrierter Form. In Gestalt von Hieroglyphen, die auf der Tastatur des Telephons erscheinen. Und es ist die Stimme des Vaters, der jetzt über den Hörer zu ihr spricht. Gerade so, als wären die Hieroglyphen dazwischengeschaltet, um jene Verbindung herzustellen, und als läge darin ihre wahre Bedeutung. Indem sie sich zwischen die Präsenz der Stimme (imaginäres Objekt) und die Abwesenheit des Anderen schieben, geben sie die Kreuzung an, an der sich das eine mit dem anderen verknotet. Als Zwitterstrukturen, halb Bild, halb Schrift, formen die Hieroglyphen einen subtilen Sprach-Körper (Abb. 9), der im Zusammenspiel seiner Elemente Bedeutung er-

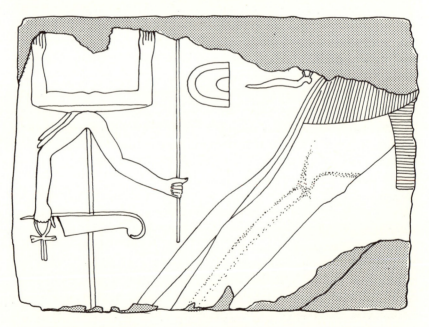

Abb. 9 Neben dem Bein eines ausschreitenden Pharaonen (rechts) Hieroglyphe, aus der menschliche Arme herauswachsen. Elephantine, Tempel der 18. Dynastie (etwa 1554/51-1305 v. Chr.); Fragment aus dem Reliefschmuck.

gibt. In ihrem Rebuscharakter (vgl. Schenkel 1983), der der Struktur unserer Traumwelt so sehr entspricht (vgl. Freud 1900a, S. 319, 337; 1910e), bleiben sie vieldeutig, auf einen Kontext von anderen Zeichen und sprechenden Bildern angewiesen. Ihre positive Funktion scheint darin zu bestehen, eine Art Relais einzurichten, das verschiedene Arten von Umschaltungen erlaubt. Im Umschaltungsvorgang, den wir in unserem Traum mit der Arbeit einer Telephonvermittlung vergleichen könnten, generieren sie Bedeutung, indem sie immer neue Querverbindungen (syntagmatische Reihen) schaffen. „Diese Bewegung des Gehens und Kommens, des Hin-und-Zurück des Sinns zum Nicht-Sinn, dann des Nicht-Sinns zum Sinn" können wir mit J. Cohen (1966, S. 182, zit. nach Schiwy 1969, S. 59) sagen, konstituiert die Sprache der Poesie wie die des Traumes. Hier wird die Relation sichtbar, die Wunsch und Wirklichkeit, Gegenwart und Vergangenheit, Bild und Sprache, den Einen und den Anderen zueinander in Beziehung setzt. Denn es ist ja die Stimme des Vaters, die sich meldet und damit als die angerufene zu erkennen gibt. Und doch ist es nicht mehr dieselbe Stimme, denn sie ist durch die Anrufung des Anderen verändert worden und spricht jetzt, wo vorher keine Antwort war.

Als die Patientin von dem inneren Widerstreit sprach, der sich an den Gedanken knüpfte, mich auch außerhalb der Sitzungen einmal anzurufen, tat sie das mit den Worten: *„Mein Selbst wollte Sie anrufen!"*

Enthüllt sich ein letzter, noch offener Sinn der Hieroglyphen, Zahlenreihen und Zeichenfolgen in diesem Charakter der Anrufung, der *provocatio?*

Es ist eine andere Frage, ob diese Anrufung gelingt, das heißt ob sie vom Anderen erhört wird. In unserem Fall verhielt es sich so, daß an die Stelle der Zeichen nun allmählich andere Träume traten. Träume, in denen die Patientin als kleines Mädchen im Schwimmbad mit dem Therapeuten spielt[4] oder als Kleinkind von mir im „Sportwagen" (= Kinderwagen) ausgefahren wird, während sie gleichzeitig danebensteht und die Szene beobachtet (ein Traumbild, das an Sterbas (1934) „therapeuti-

---

4 Die Patientin — Nichtschwimmerin — erlernte im zweiten Behandlungsjahr das Schwimmen.

sche Ich-Spaltung" erinnert). Übrigens war der Vater zu einer Zeit, als dies noch ein sehr ungewöhnlicher Beruf war, im Autohandel beschäftigt und verkaufte dort auch „Sportwagen" (= Autos).

Der letzte Hinweis auf den Verbleib der Zeichen fand sich in einer sehr kritischen Phase der Behandlung. In dem Traum, der oben (S. 203) bereits kurz erwähnt wurde, zeichnete die Träumerin die Ziffern einer Telephonnummer mit den Fingern in den Sand, bis ihre Spuren von einem heraufziehenden Wind wieder verweht wurden. Die Patientin war zu dieser Zeit über Phantasien erschreckt, die meine Person betrafen und in denen sie mich „benutzte". Es war dieser Traum, der zu dem Eingeständnis geführt hatte, daß sie mich „anrufen" wollte. In den anschließenden Stunden gelang es ihr, ihren Phantasien Raum zu geben. Sie sagte dann einmal über den inneren Dialog, den sie mit mir führte: „Sie sind zu meinem zweiten Ich geworden."

Die rätselhaften Zeichen sind später in den Träumen nicht mehr aufgetaucht. Doch dieses Schwinden kann ebenso vieldeutig sein wie die Zeichen selbst. Es kann bedeuten, daß etwas wieder verstummt ist, weil es nicht angenommen und behalten werden durfte. Es kann aber auch bedeuten, daß diese Form des Sagens nicht mehr benötigt wird, weil ein anderes Sprechen an seine Stelle getreten ist.

9.6. Kommentar

Im Anschluß an R. Barthes (1962) haben wir uns mit der Funktion des ‚Zeichens' auseinandergesetzt. Anders als das Symbol, das an Bedeutung „reich" ist und welches durch seinen Bezug zum Bedeuteten, zum Signifikat ausgezeichnet ist, läßt das Zeichen variable Bedeutungsmuster entstehen, dadurch, daß es mit anderen Zeichen in Verbindung tritt. Bedeutung entsteht dann nicht aus dem ‚Inhalt' des einzelnen Zeichens, sondern aus der Kombination der Zeichen untereinander, die ihrerseits eine ‚Struktur' ergibt (wie in unserem Fall das, was man die „Vater-Übertragung" der Patientin nennen könnte). Eine solche Auffassung, wie sie unter dem Titel „Strukturalismus" eher für einen bestimmten Denkstil als für ein in sich geschlossenes System kennzeichnend geworden ist (vgl. Schiwy 1969), ist innerhalb der philosophischen Auseinandersetzung um den Symbolbegriff nicht unumstritten geblieben (vgl. Ricoeur 1969). Jedoch erlaubte sie uns, Traum und Dialog zueinander in Beziehung zu setzen. Dort, wo der Traum sich in den Dialog hinein fortsetzt (das heißt, wo nicht nur *über* den Traum gesprochen wird) und wo umgekehrt der Dialog den Traumtext strukturiert (ihn aufnimmt), entstehen bestimmte Sinneffekte, die wir, soweit sie sich auf dem Feld des Anderen organisieren, in ihrer Gesamtheit als ‚Übertragung' bezeichnen. Versuchen wir nun, diese Interpretation in einen größeren Zusammenhang zu stellen:

Spitz (1964) hatte den Dialog als einen „zirkulären Resonanzprozeß" beschrieben, der durch den Austausch von ‚Zeichen' Subjektivität allererst ermöglicht. Erst durch den kommunikativen Prozeß, so hatten wir im Anschluß an Wyss und Spitz formuliert, wird der Andere zum Träger von Bedeutungen und damit zu jenem einen, unverwechselbaren Anderen, mit dessen ‚Geburt' die dialogische Konstitution des Selbst einhergeht. In einem weiteren Schritt hatten wir sodann mit Lacan zwischen der imaginären Beziehung und der begehrenden Intersubjektivität unterschieden: Während die imaginäre Relation in der Faszination und ständigen Rivalität mit der eigenen Spiegel-Imago verhaftet bleibt, bedingt der Eintritt in das symbolische Universum der Sprache von Anfang an einen gewissen Verzicht auf den eigenen Narzißmus. Anders ausgedrückt: Schon das erste Sprechen setzt einen Mangel voraus, der in der Differenz zum Anderen kommunikativ erschlossen wird und von da aus in eine Dialektik der Anerkennung einmündet. Winnicott schließlich hat den Übergang aus der illusionären Verschmelzung zu einem Stadium, in dem das Subjekt mit dem Anderen als einem Phänomen außerhalb des eigenen Selbst in Beziehung steht, mit dem kindlichen Spiel in Zusammenhang gebracht. Das Spiel im Sinne Winnicotts (1953) fällt weder mit dem bloß ‚subjektiven' Bereich der Phantasie zusammen, noch läßt es sich mit der äußeren Wirklichkeit zur Deckung bringen. Vielmehr erschließt das Spiel einen „intermediären Raum", der durch die Verwendung von „Übergangsobjekten" gekennzeichnet ist und der von außen nicht in Frage gestellt werden darf. Sich in ein Spiel ‚verlieren' zu können, setzt deshalb die Erfahrung von Vertrauen voraus. In einem weiteren Sinn können auch die Träume unserer Patientin und vor allem die darin enthaltenen, rätselhaften ‚Zeichen' als „Übergangsphänomene" gedeutet werden, als Szenen eines Spiels, in das der Therapeut schrittweise miteinbezogen wird (vgl. auch Stewart 1973; Grolnick 1978). Winnicott selbst hat angedeutet, „daß schöpferisches Spielen in Beziehung zu Traum und Leben steht" (1971, S. 42). Träumen erscheint dieser Auffassung zufolge nicht mehr nur als ein innerpsychisches Phänomen. Es kann darüber hinaus als eine erweiterte Form von ‚Kommunikation' verstanden werden. Diese Sichtweise spiegelt sich sehr deutlich in Winnicotts Interpretation des therapeutischen Prozesses, die wir hier noch einmal zitieren: „Psychotherapie hat mit zwei Menschen zu tun, die miteinander spielen. Hieraus folgt, daß die Arbeit des Therapeuten dort, wo Spiel nicht möglich ist, darauf ausgerichtet ist, den Patienten aus einem Zustand, in dem er nicht spielen kann, in einen Zustand zu bringen, in dem er zu spielen imstande ist." (Ebd. S. 49)

Es darf also durchaus offen bleiben, ob den rätselhaften Zeichen in den Träumen unserer Patientin bereits vorher eine bestimmte Bedeutung zukam oder ob diese Bedeutung erst im Nachhinein ‚erfunden' worden ist. Erinnern wir uns in diesem Zusammenhang auch der Bemerkung Lochs (1976), wie destruktiv sich unter Umständen bestimmte Deutungen auf den therapeutischen Prozeß auswirken können und welche kreativen Möglichkeiten im Gegensatz dazu jener Bereich von Nicht-Sinn in sich birgt, dem sich beide Gesprächspartner unbefragt aussetzen. Dann wird auch besser verständlich, worin die Qualität des „neuen Objekts" besteht: Es wird weniger durch das *Sein* des Analytikers repräsentiert als durch seine Bereitschaft, sich „verwenden" zu lassen, wie Winnicott es ausdrückt – oder, wie man auch sagen könnte, durch seine Bereitschaft, sich auf die Unwägbarkeit des Dialogs einzulassen. Gegenüber dem dialogischen Verlauf der therapeutischen Beziehung muß aber jedes deutende Verstehen nachträglich bleiben. Und eben diese Verzögerungswirkung des Sprechens ist es, welche der Übertragung die ihr eigentümliche Zeitgestalt verleiht. Freud (1914g) hat diese Zeitgestalt in ihren Extremen als ‚Wiederholen' und als ‚Erinnern' erkannt. Wie im folgenden Kapitel gezeigt werden soll, handelt es sich dabei um ein dialektisches Wechselverhältnis, das nur aufgrund eines gemeinsamen Bezugs zur Sprache erfaßt werden kann.

10. Übertragung und Geschichtlichkeit – zur Dialektik der Wiederholung im therapeutischen Prozeß

Bereits mehrfach wurde im Verlauf der vorliegenden Untersuchung das Verhältnis von ‚Übertragung' und Lebensgeschichte angesprochen. Die Psychoanalyse hat dieses Verhältnis vorwiegend unter dem Aspekt der Wiederholung behandelt. Gleichwohl ist das, was der Interpretation als ‚Wiederholung' zugänglich wird, auch selbst ein vieldeutiges Phänomen. Wir hatten bereits angedeutet, daß sich die Wiederholung nur scheinbar in der Realität erschöpft, die sie reproduziert. Würde sie nicht gleichzeitig eine gegenüber ihrem Ursprung veränderte Situation entstehen lassen – es wäre niemals möglich, in der Wiederholung etwas anderes zu sehen als eine reine Gegenwart. Um die Gegenwart aber in bezug auf eine Geschichte zu virtualisieren, aus der sie hervorgegangen ist, muß in der Übertragung selbst bereits ein Kern von Deutung, von ‚Übersetzung' erschlossen sein. Dieses Angewiesensein auf Interpretation, die nicht erst nachträglich zu ihr hinzukommt, verbindet die Übertragung mit der Lebensgeschichte. In diesem Sinn unterscheidet Binswanger (1928) zwischen „Lebensfunktion" und „innerer Lebensgeschichte", und enthüllt die menschliche Existenz für Ricoeur einen besonderen Seinstypus, den er „Interpretiertsein" nennt.

In seinem Buch „Lebensgeschichte und Dialog in der Psychotherapie" (1985) hat neuerdings Schelling den Versuch unternommen, tiefenpsychologische (Freud, Jung) und anthropologisch-hermeneutische (Dilthey, Binswanger) Deutungen von ‚Biographie' miteinander ins Gespräch zu bringen. Im Anschluß an Diltheys These „Geschichte ist Erinnerung" geht Schelling besonders auf die psychotherapeutische Gesprächssituation ein. Er spricht sich für ein dialektisches Verständnis von ‚Lebensgeschichte' aus und charakterisiert das Verstehen biographischer Bedeutungszusammenhänge als ‚kommunikative Erfahrung', die vom Therapeuten-Interpreten erfordert, die eigene Subjektivität als Konstitutiv in den Verstehensprozeß einzubeziehen.

Ähnlich wie Wyss (1961; 1976; 1982) vertritt auch Schelling in Abgrenzung zu klassisch psychoanalytischen Auffassungen den Standpunkt, daß ‚Verstehen' nicht allein Sinnvermittlung über den Weg objektivierender Interpretation bedeuten kann, selbst wenn diese mit Habermas (1968) als „Tiefenhermeneutik" zu charakterisieren wäre. ‚Verstehen' im Sinne eines veränderungswirksamen, kommunikationserweiternden *Geschehens* setzt vielmehr die dialogische Resonanzbereitschaft *beider* Gesprächspartner voraus und ist nur in einer Atmosphäre begegnender Intersubjektivität zu leisten. Damit wird ein Verstehensbegriff optiert, der weiter greift als das deutende Rekonstruieren der Vergangenheit. Er trifft sich mit neueren Bestrebungen innerhalb der Psychoanalyse darin, daß er auch solche Bereiche wie die therapeutische Wirkung des „Erkannt-Werdens", des „Neubeginns" (M. Balint 1968) oder die dialogische Konstitution des Selbst (Spitz, Winnicott) miteinschließt. Als hermeneutische Voraussetzung eines solchen, erweiterten Verstehensbegriffes hatten wir mit Ricoeur (1961, S. 175) formuliert: „Tatsächlich wird ein Interpret nie dem nahekommen, was sein Text aussagt, wenn er nicht in der *Aura* des befragten Sinnes lebt."

„Die so entstehende ‚Gefährdung der Objektivität'" – so Schelling – dürfe nun aber nicht „in einer Sichtweise verstanden werden, die der Positivismus mit Hinweis auf das Muster ‚kontrollierter Beobachtung' suggerieren möchte." (1985, S. 25) Eine empirische Forschung, die ausschließlich nach den traumatischen Folgewirkungen der kindlichen Lebensgeschichte fragt, gehe schon von einem verkürzten Begriff von ‚Lebensgeschichte' und ‚Erinnerung' aus. Programmatisch entwirft Schelling die Aufgabe eines dialektischen lebensgeschichtlichen Denkens, wenn er zu bedenken gibt, daß nicht nur die ‚Vergangenheit' Wirkungen zu entfalten vermag und daß sich jeder Versuch einer Erinnerung an das, „wie es wirklich war", schon im Ansatz als gebrochen erweisen muß: „Unsere Vergangenheit ist immer schon Vergangenheit im Lichte unserer Gegenwart, und unsere Gegenwart ist ohne die Zukunft nicht zu verstehen." (Ebd. S. 26)

Im Anschluß an F. Morgenthaler (1978) und P. Ricoeur (1965) skizziert Schelling Ansätze zu einem dialektischen Verständnis des Erinnerns im therapeutischen Prozeß. Eine herausragende Rolle in der Deutung des Menschen komme dabei der Sprache zu: „In der Sprache legt sich der Mensch selbst aus, sprechend stellt er sein Verständnis von sich selbst und der Deutung seiner Welt dar, sprechend sucht er die Geschichte seiner selbst in sein eigenes Verständnis zu bringen." (Schelling 1985, S. 20)

An der Kreuzungsstelle zwischen der Gegenwart und der Vergangenheit, zwischen der Sprache und der Geschichtlichkeit des Menschen begegnet innerhalb der therapeutischen Gesprächssituation die in der Übertragung erschlossene Sinnerfahrung. Der Psychoanalyse Freuds kommt das Verdienst zu, diesen Zusammenhang erkannt und in die therapeutische Praxis übersetzt zu haben. Es liegt eine genuin hermeneutische Absicht in der Forderung, die Deutung müsse an die Übertragung anknüpfen. Mit anderen Worten: Der Sinngehalt der Symptome, Phantasien und Träume könne nur verstanden werden, wenn dieses Verstehen zunächst die Verstehenssituation selbst thematisch werden läßt. Deshalb konnte Binswanger (1926, S. 69) mit Recht sagen, Freud habe die Hermeneutik erstmals auf Erfahrung gegründet. Andererseits ist die Psychoanalyse mit ihren klassischen Übertragungskonzeptionen und einer bestimmten Interpretation des ,Wiederholungszwangs' der „positivistischen Suggestion nicht ganz entgangen." (Schelling 1985, S. 66) Wenn der Wiederholungszwang nichts anderes ist als eine „Äußerung der Trägheit im organischen Leben" (Freud 1920g, S. 246), und wenn andererseits die Übertragung aus „diesem Zwange zur Wiederholung" (Freud 1914g, S. 210) abgeleitet werden soll – wie könnte sie dann jemals die Reintegration einer ,Geschichte' ermöglichen?

Im Grunde genommen prallen hier zwei verschiedene Zeitauffassungen aufeinander: Der einen geht es um die Arbeit der Bewußtwerdung, das heißt um die fortschreitende Aneignung einer ,Geschichte'. Die andere betont die Wiederkehr des Verdrängten und mit ihr die Persistenz des unbewußten Wunsches im menschlichen Leben (vgl. hierzu auch Revers 1975). Ricoeur hat versucht, diesem Widerspruch eine dialektische Gestalt zu geben. Für ihn sind die beiden Bewegungen von Regression und Progression unauflösbar miteinander verschränkt: Zwar sei der Mensch „das einzige Wesen, das so lange an seine Kindheit gekettet bleibt. Er ist dieses Wesen, das von seiner Kindheit nach rückwärts gezogen wird; somit bildet das Unbewußte das Prinzip aller Regressionen und aller Stagnationen." (1962, S. 207) Aber gerade weil er einem *Schicksal* überantwortet bleibt, vermöge der Mensch diesem Schicksal eine Bedeutung zu verleihen, indem er es als seine *Geschichte* in die Zukunft hinein entwirft. Somit kann Ricoeur erklären: „Eine ἀρχή hat nur ein Subjekt, das zugleich auf ein τέλος hin ausgerichtet ist" (1966a, S. 99). Und er fügt hinzu: „einen Sinn, der bereits ,vor' mir konstituiert ist, kann ich mir nur aneignen, wenn ich als Subjekt von etwas angezogen werde, das mir vorausliegt" (ebd.).

Wir können uns an dieser Dialektik orientieren, wenn wir im folgenden nach der Zeitstruktur der Übertragung fragen. Dabei interessiert vor allem der Zusammenhang von Sprache, Intersubjektivität und der Konstitution von ,Geschichtlichkeit' im therapeutischen Dialog. Im Prinzip brauchen wir hier nicht einmal anders vorzugehen als in der analytischen Situation auch: Wenn die Interpretation – im strengen Sinn der Psychoanalyse – die Übertragung voraussetzt, dann kann umgekehrt auch gesagt werden, daß der Begriff der Übertragung seinerseits der Interpretation fähig ist, ja ihrer bedarf. Die Interpretation, die hier vorgeschlagen werden soll, geht von der Befragung zweier Formulierungen aus, die Freud uns hinterlassen hat.

In seinem Aufsatz „Erinnern, Wiederholen und Durcharbeiten" (1914g) bemerkt Freud, nachdem er gerade den ,Wiederholungszwang' eingeführt hat, daß wir die „Krankheit nicht als eine historische Angelegenheit, sondern als eine aktuelle Macht zu behandeln haben." (Ebd. S. 211)

Loch erläutert an diesem Satz die Rolle der Übertragung im therapeutischen Prozeß: „Die Übertragung", schreibt er, „gestattet demgemäß ,die Krankheit nicht als historische Angelegenheit, sondern als aktuelle Macht zu behandeln'" (1965b, S. 12).

Wir verstehen sofort, daß er dabei die Fragen der Technik, die Analyse der Widerstände im Auge hat, die Übertragung und Widerstand zum Drehpunkt jeder Behandlung machen. Doch was ist ein solcher Drehpunkt?

„Drehpunkt", heißt es dann bei Loch (ebd. S. 2), „ist doch derjenige Punkt, in dem ein Gebilde, ein System einerseits ruht, um den es sich andererseits herumdreht."

Wir nähern uns unserem Thema auf dem direktesten Weg, wenn wir den Wink, den Loch uns gegeben hat, wörtlich nehmen und den Freudschen Satz (genauer, die Lochsche Interpretation dieses Satzes) einfach *herumdrehen*. Er lautet jetzt:

„Die Übertragung gestattet, die Krankheit nicht als aktuelle Macht, sondern als historische Angelegenheit zu behandeln."

Wer wollte leugnen, daß er in dieser Form – herumgedreht – genausoviel Wahrheit enthält? Erst recht können wir uns dabei auf Freud berufen, der uns seinerseits, gleich im folgenden Satz, darüber aufklärt, daß die „therapeutische Arbeit (. . .) zum guten Teile in der Zurückführung auf die Vergangenheit besteht." (1914g, S. 211)

Wir haben es also, sobald wir mit der Übertragung in Berührung kommen, mit einer Dialektik zu tun, die – grob gesprochen – zur Folge hat, daß wir die Vergangenheit immer nur als gegenwärtige, die Gegenwart immer nur als vergangene verstehen können. In dieser dialektischen Spannung situieren wir den Begriff der *Wiederholung*.

Betrachtet man die zahlreichen Arbeiten, die sich mit der Übertragung auseinandergesetzt haben, so erscheint innerhalb der psychoanalytischen Literatur ein Konsens darüber zu bestehen, die Übertragung aus der Wiederholung abzuleiten. Wenn darüber hinaus in einem fast schon biologischen Sinn vom ‚Wiederholungszwang' die Rede ist (Freud 1920g; vgl. auch Toman 1956; Lipin 1963), dann ist aus dem Phänomen der Wiederholung bereits eine quasi-naturgesetzliche Konstante geworden. Das heißt, wir schneiden die Übertragung dann aus der intersubjektiven Beziehung heraus, in der etwas wiederholt wird – und sind damit aus dem Schneider: Übertragungsdeutungen sorgen nun dafür, daß der Analytiker sich nicht allzusehr zu beunruhigen braucht. Autoren wie Heimann (1950; 1960), Gitelson (1952), Wyss (1961; 1982), Szasz (1963) oder Thomä (1984a) haben eindringlich auf die Gefahren hingewiesen, die sich aus einer solchen, defensiven Verwendung des Übertragungskonzepts ergeben. Übertragungsdeutungen haben dann oft nur noch die Funktion von Gegenübertragungswiderständen: Gitelson (1952, S. 3) zitiert in seinem Beitrag einen unveröffentlichten Vortrag Th. Benedeks aus dem Jahre 1949, in dem die Autorin die Möglichkeit diskutiert, daß das „therapeutische Inkognito" vom Analytiker benutzt werden kann, sich vor einem Erkanntwerden durch den Patienten zu schützen. Und bereits 1953 formuliert R. Fließ: „Hinsichtlich bestimmter Interpretationsprobleme werden wir womöglich später einmal eine ganze Generation von Anfängern genannt werden. Eines dieser Probleme betrifft die Deutung desjenigen Übertragungsverhaltens, das als Reaktion auf die Gegenübertragung entsteht." (S. 273, zit. nach Loch 1965b, S. 3) Bemerkenswert in diesem Zusammenhang ist auch das Eingeständnis Winnicotts: „Ich bin selbst erschrocken, wenn ich daran denke, welche tiefen Veränderungen ich manchmal durch mein eigenes Bedürfnis zu deuten bei Patienten einer bestimmten Kategorie verhindert oder hinausgezögert habe. Wenn wir nur abwarten können, kommt der Patient ganz allein kreativ und mit größter Freude zu einem Verständnis, und ich kann diese Freude heute mehr genießen als früher das Gefühl, klug zu sein." (1969, S. 101)

Diese Bemerkungen bezeugen, welche eminente praktische Bedeutung unserem Problem für die Fragen der ‚Behandlungstechnik' zukommt. Kehren wir nun aber zurück zu der Ambiguität, die uns auf dem Feld der Übertragung begegnet und die das Konzept der Wiederholung miteinschließt:

Übertragung als Wiederholung – Wiederholung als Übertragung.

Die „Übertragung" schreibt Freud, „ist selbst nur ein Stück Wiederholung". Aber er fügt hinzu: „und die Wiederholung ist die Übertragung der vergessenen Vergangenheit" (1914g, S. 210).

Betrachten wir den ersten Teil dieses Satzes etwas genauer:

„Die Übertragung", heißt es, „ist (selbst) nur ein Stück Wiederholung . . ."

Das läßt sehr unterschiedliche Interpretationen zu. Zum Beispiel können wir lesen: Die Übertragung ist nichts anderes als Wiederholung. Wir können aber auch lesen: Sie ist nur *ein Stück weit* Wiederholung . . . Und der Rest läge dann jenseits.

Der zweite Teil des Satzes dreht die erste Aussage auf den Kopf, bewahrt aber ihre Vieldeutigkeit:

„Die Wiederholung ist die Übertragung der vergessenen Vergangenheit . . ."

Wird hier nur erklärt, was die Wiederholung inhaltlich ausmacht, nämlich Wiederholung einer „vergessenen Vergangenheit" zu sein? Allein diese Formulierung wäre paradox genug, um den Leser zu verblüffen. Denn sie besagt ja: Durch die Wiederholung wird etwas Vergangenes konserviert. Die Wiederholung *zeitigt* etwas, aber sie *zeigt* und *zeitigt* gerade jenes, das aus der subjektiven Zeit herausgefallen ist, nämlich die vergessene Vergangenheit. In diesem Sinn interpretiert Revers (1975, S. 216) das Verdrängte als eine Vergangenheit, „die nie Gegenwart werden konnte und daher – der Zukunft beraubt – versteinerte." Weil es *gewesen* ist ohne *geworden* zu sein – so die Argumentation Revers' –, bleibt das Verdrängte „zeitlos", dem lebendigen Wandel entzogen. Wie aber kommt es dann, daß die Wiederholung unter den Bedingungen der analytischen Situation in Veränderung umschlagen kann?

„Die Wiederholung", lautete die Formel, „ist die Übertragung der vergessenen Vergangenheit . . ."

Wir gehen jetzt noch einen Schritt weiter und lesen: Die Wiederholung ist selbst nichts anderes als Übertragung; sie setzt sich ins Werk in und vermittels der Übertragung. Mehr noch: Wir kämmen die psychoanalytische Theorie ein Stück weit gegen den Strich und behaupten, daß die Wiederholung den Übertragungswirkungen zuzurechnen sei. Die Wiederholung erscheint dann als ein Sinneffekt der Übertragung. Zumindest begegnet sie uns in der analytischen Situation niemals anders.

Das wirft die Frage auf, *von wo aus* dieses ‚wieder‘ der „Wiederholung" auf die Gegenwart der Sprechenden zukommt. Natürlich aus der Vergangenheit, aus der „vergessenen Vergangenheit". Aber diese Vergangenheit kann ja gerade nur als vergangene anerkannt werden durch eine Bewegung, die sie zugleich überschreitet, das heißt die sie in die Zukunft hinein als gewesene (mögliche) erschließt. Dieser Zusammenhang führt uns bis an die Grenze der Vorstellung, daß dieses ‚wieder‘ noch verborgen ist, weil es in der Zukunft liegt, weil es sich dort aufhält und wohnt nicht weniger als in der Vergangenheit, und weil es dort – in der Zukunft – eingeholt werden wird als ein bereits Gewesenes. Bei Lacan findet sich diese Vorstellung, die Vorstellung vom Unbewußten als einer *antizipierten Nachträglichkeit:* Das Unbewußte ist für ihn gewissermaßen *permanent in Verzug.* Genau dieses Paradox liegt für Lacan Freuds These (1915e, S. 145 f.) von der Zeitlosigkeit des Unbewußten zugrunde. Freud verwendet sehr oft dieses ‚wieder‘. Jedes Finden ist für ihn ein *Wieder*finden (vgl. 1905d, S. 126). Wenn wir an die gemeinsame Sprachwurzel von ‚wider‘ und ‚wieder‘ denken, können wir sogar den ‚Widerstand‘ hier miteinbeziehen. Freud spricht zum Beispiel von der „Wiederkehr des Verdrängten" (1896b, S. 387; 1915d, S. 115). Aber er kommt auch zu dem Schluß, daß die „eigentliche Verdrängung" ein „*Nach*drängen" ist (1915d, S. 109; Hervorhebung d. Verf.).

Was bedeutet dann, fragt Lacan (1953-54, S. 205), die „Wiederkehr des Verdrängten"? Und er gibt sich selbst die Antwort: „So paradox das scheinen mag, es gibt nur eine Art, sie zu erklären – das kommt nicht aus der Vergangenheit, sondern aus der Zukunft."

Wenn wir eingangs sagten, daß die Vergangenheit im analytischen Dialog immer schon *präsent* ist und daß andererseits die Gegenwart des Gesprochenen, der Gefühle, Phantasien und Wünsche, bereits im *Horizont des Vergangenen* auftaucht, wenn wir in diesem Wechselverhältnis die Eigenart des Übertragungsphänomens erkennen – dann ist die dialektische Spannung, die daraus resultiert, nur zu verstehen in Hinblick auf die Zukunft.

Ich wähle hier das Beispiel einer Patientin, die wegen der sehr heftigen Gefühle, die sie mir gegenüber verspürte, glaubte, nicht sprechen zu können. Nachdem sie längere Zeit geschwiegen hatte, phantasierte sie das Bild eines trotzigen kleinen Mädchens, das mit den Füßen aufstampft und den beschrittenen Weg nicht weitergehen will. Sie sagt, ich solle jetzt recht streng mit ihr sein, wie sie es vom Vater her kenne. Ich solle ihr Schweigen keinesfalls dulden und darauf bestehen, daß sie über ihre Gefühle reden müsse. Dann würde sie mich zwar wegen meiner Strenge hassen, aber es wäre ihr auch leichter, über die ihr peinlichen Regungen (der Verliebtheit) zu sprechen. Nach einer kurzen Pause begann sie, über ihr eigenes Ansinnen zu lächeln, und die Spannung des Schweigens lockerte sich.

Worauf ich hinauswill ist folgendes: Mit dem Bild des trotzigen kleinen Mädchens und dem daran gehefteten Wunsch nach väterlicher Strenge war die imaginäre Figur von Liebe, Verweigerung und Haß, die das Verhältnis zum Vater so lange gekennzeichnet hatte, nicht nur wieder heraufbeschworen, sondern auch im Ansatz schon zerbrochen und auf ein Neues hin geöffnet. Denn die Patientin wiederholt nicht nur, sie antizipiert auch etwas, und zwar paradoxerweise ein Vergangenes. Schon mit dem Heraufziehen der Erinnerung nämlich wird die Vergangenheit als eine unendlich an den Anderen verlorene entworfen: „Sie sollten jetzt so sein wie der Vater . . .‟ Indem sie dieses ausspricht, erkennt die Patientin bereits an, daß ich nicht so bin wie der Vater, daß sie mich nicht mehr in der gleichen Weise wie ein Geschütz gegen sich in Stellung bringen kann und daß sie fortan wird darauf verzichten müssen, ihre Liebe im Gewand des Trotzes und der Wut daherschreiten zu lassen. Wenn in ihrem Schweigen so etwas wie die *Zeit des Verstehens* liegt, dann deshalb, weil sich hier die Anerkennung der Begierde vollzieht. Schwingt doch in ihren Worten unausgesprochenermaßen mit: „Es wird gewesen sein . . . Ich werde so und so gewesen sein, und weil es jetzt wieder so sein soll, wie es damals war, wird es, wenn es wieder so ähnlich wird, schon etwas anderes gewesen sein.‟

Nun ist die Zeitform des „Es wird gewesen sein . . .‟ aus der Grammatik als Futur exakt bekannt. Blankenburg hat der Einbeziehung der Zukunftsdimension eine entscheidende Bedeutung dafür beigemessen, „ob man die Geschichtlichkeit der menschlichen Lebensgeschichte angemessen in den Blick bekommt‟ (1985, S. 71). „Die Eigentlichkeit unserer geschichtlichen Existenz‟, schreibt Blankenburg, „tritt nur hin und wieder wie ein ‚roter Faden‘ an die Oberfläche des Lebensablaufs. In der Form einer eigentümlichen Anamnesis (*Wieder*holung) wird sie uns bewußt und macht uns dann betroffen.‟ (Ebd. S. 73) In der Begegnung mit dem Kranken seien deshalb gerade auch solche Fragen wichtig, die „von einem antizipierten späteren Rückblick her gesehen‟ darauf abzielten, wofür das Durchmachen dieser oder jener Erkrankung später vielleicht einmal gut gewesen sein könnte. Solche Fragen, vermutet Blankenburg, appellierten an „schlummernde Coping-Bereitschaften und -Fähigkeiten‟ des Patienten (1984, S. 73). „Die damit virtuell sich eröffnende Futur II-Perspektive‟ sei somit „in hervorragendem Maße geeignet, Sensibilität für die Geschichtlichkeit zu wecken.‟ (1985, S. 68)

Wie aber kann nun die Perspektive einer zweiten Zukunft für die Deutung der Übertragung relevant werden?

Wenn wir in Zusammenhang mit der Übertragung von einer zweiten Zukunft sprechen, dann ist damit nicht so sehr das explizite Sprechen oder Fragen in dieser grammatikalischen Zeitform gemeint. Allzuleicht ergäbe sich die Versuchung, daraus eine behandlungstechnische Regel abzuleiten, der dann – wie allen ‚Regeln' – etwas unzweifelhaft Gekünsteltes anhaftete. Unser Augenmerk gilt hier vielmehr jenem, wie Blankenburg sagt, *virtuellen* Mitschwingen des Futur II in der Rede – jenem unausgesprochenen „Es wird gewesen sein . . .", in welchem die „vergessene Vergangenheit" als antizipierte Nachträglichkeit wieder anklingt. Dies mag manchmal vielleicht nur „atmosphärisch" (zur Phänomenologie des „Atmosphärischen" vgl. Tellenbach 1968) an einem aufkeimenden Gefühl, einem bestimmten Tonfall oder einer kaum spürbaren Veränderung im Klang der Stimme abzulesen sein. Leider ist die Stimme aber in der Psychoanalyse zu einem „verkannten Objekt" (vgl. Widmer 1983) geworden. Besteht doch die ganze Kunst des therapeutischen Sprechens darin, jenen Bereich des Unsagbaren aufscheinen zu lassen, in dem sich die Subjektivität des Sprechenden jenseits des Gesprochenen ereignet. Das Unsagbare bedarf aber der Sprache: Das Unsägliche einer Begierde, eines Hasses, einer Leidenschaft begegnet erst im Sprechen und durch das Sprechen hindurch. Darin unterscheidet sich der Mensch vom Tier, für das es kein Unsagbares geben kann. Und so gilt auch für die Dimension einer zweiten Zukunft, daß sie nur möglich wird – und eigentlich immer schon latent vorhanden ist –, wo sich zwei Menschen im Gespräch begegnen. Denn in der Eigenart der Sprache liegt es, durch den Gebrauch von ‚Zeichen' das unmittelbar Wirkliche verschwinden zu lassen, indem es benannt wird, und das Abwesende (Vergangene) wieder hervortreten zu lassen, weil es im Sprechen, in der Stimme des Anderen einen Statthalter gefunden hat. Erst mit dem Auftauchen von Sprache erfahren wir ‚Geschichtlichkeit' in einer dialektischen Gestalt, in der Anwesenheit zugleich Abwesenheit und Abwesenheit zugleich Anwesenheit bedeutet. Darin liegt der tiefere Gehalt des *Fort!-Da!*, mit dem das spielende Kind nicht nur in die Sprache, sondern auch in die Geschichte hineingeboren wird. Eben diese Wiederholungsphänomene waren es, die Freud (1920g) vom „Todestrieb", vom „Zauberrhythmus" des Lebens sprechen ließen. Wie wir bereits ausgeführt haben, hat Wyss (1980) die phylo- und ontogenetische Konstitution der Zeiterfahrung in engstem Zusammenhang mit den symbolischen Gestalten des Todes, des toten

Körpers, der Trennung und des Verlustes interpretiert. ‚Kommunikation‘, ‚Mangel‘ und ‚Geschichtlichkeit‘ bedingen sich dieser Auffassung zufolge gegenseitig. Und auch in Heideggers (1927) ‚Sein zum Tode hin‘ erscheint das ‚In-der-Welt-Sein‘ letztlich wie eine antizipierte Nachträglichkeit. Als deren Grundbedingung haben wir hier die kommunikative Erfahrung der Sprache herausgestellt. ‚Erinnerung‘ und ‚Gedächtnis‘ dämmen den „Strom der Rede" ein, von dem gesagt wurde, daß er in der Regel in das „Meer des Vergessens" mündet (vgl. Assmann, Hardmeier 1983, hintere Umschlagseite). Weil aber ‚Geschichte‘ Sprache voraussetzt, und weil die zu Sprache gewordene Geschichte eine schöpferische Leistung mehrerer Menschen darstellt – um zu sprechen muß man mindestens zu zweit sein –, gerade deshalb ist das Sprechen in der ‚Übertragung‘ niemals nur Wiederholung eines ursprünglich Realen, sondern auch ein Wieder-Einholen in die symbolische Realität der Sprache. Wiederholen heißt hier: schon ein bißchen voraus sein – so wie ich einen Gegenstand nur greifen kann, wenn ich wenigstens etwas über ihn hinauslange. Die Wiederholung ist deshalb keine lineare Gestalt. Sie zieht eine, wenn auch noch so geringe Schleife in die Zukunft und kommt aus dieser Krümmung in die Zukunft hinein auf die Gegenwart zurück. Die Psychoanalyse behält zwar recht, wenn sie am Widerstandscharakter der Übertragung festhält, wenn sie im Wiederholungszwang ein repetitives Schema erkennt, welches die Gegenwart unter das Regime der Vergangenheit stellen möchte, zum Beispiel auch im Sinne des Wiederbelebens früherer ‚Objektbeziehungen‘ und des Zurückgreifens auf alte Konfliktlösungsstrategien (vgl. Bibring 1943; Loch 1965a; 1985). Aber gerade weil die Übertragung der Vermittlung durch eine symbolische Wirklichkeit bedarf, erfordert die Konzeption des ‚Wiederholungszwangs‘ eine dialektische Interpretation. Lacan (1964, S. 150) hat dies sehr anschaulich in der Formulierung zum Ausdruck gebracht, die Übertragung sei Wiederholung „in bezug auf ein immer (schon; d. Verf.) Verfehltes (. . .). Wenn die Übertragung, durch solche Wiederholung hindurch, die Kontinuität einer Geschichte wiederherzustellen trachtet, so nur, indem sie eine Beziehung wiedererstehen läßt, die ihrer Natur nach synkopiert ist."

Möglicherweise liegt schon im Akt der Aufnahme des therapeutischen Gesprächs so etwas wie ein stillschweigendes Einverständnis darüber, die Gestalten der „vergessenen Vergangenheit" für einen signifikanten Anderen noch einmal aufzubauen und sie damit bereits als verlorene zu konstituieren – eben als solche, die irgendwann gewesen sein werden. Die Übertragung bezeichnet diesen Moment der Anknüpfung, der Verwicklung des Anderen, weil auf ihn „der Schatten des Objekts" (Freud 1917e, S. 203) fällt. Nehmen wir diese Formulierung Freuds zum Anlaß, um uns das Modell einer großen Sonnenuhr vorzustellen! Im Wandern des Schattens – der gerade noch da war, wo er jetzt schon nicht mehr ist – hätten wir dann ein ungefähres Bild von der Zeitlichkeit der Übertragung im therapeutischen Prozeß.

Gerade in neuerer Zeit haben verschiedene Autoren darauf hingewiesen, daß der therapeutische Verstehensprozeß einen wesentlichen Impuls auch aus dem empfängt, was durch den Patienten im Analytiker evoziert wird. Bereits 1955 hatte sich Kemper gegen eine Auffassung gewandt, die Übertragung und Gegenübertragung wie zwei voneinander getrennte Phänomene behandelt. Vielmehr sei es das durch die Übertragung des Patienten und die Gegenübertragung des Therapeuten „gemeinsam geschaffene ‚psychische Feld' (. . .), an dem sich der zur Heilung notwendige Wandlungsprozeß vollzieht." (Ebd. S. 448) Anders ausgedrückt: Als Repräsentant des Anderen wird dem Analytiker auferlegt, was R. Barthes (1978, S. 59 ff.) dem Semiologen anheimgestellt und in die schönen Worte gekleidet hat: Dem (sprachlichen) Zeichen zugewandt, wird er „von ihm in den Bann geschlagen und empfängt es, behandelt es, imitiert es bei Bedarf wie ein imaginäres Schauspiel. Der Semiologe wäre im Grunde ein Künstler (. . .): er spielt mit den Zeichen wie mit einem als solchen erkannten Köder, dessen Verlockung er auskostet, auskosten lassen und begreiflich machen möchte." Barthes sieht die Funktion des Zeichens – für unsere Zwecke müßten wir sagen: des Sprechens in der ‚Übertragung' – im „Auslösen des Imaginären". Darin unterscheidet sich die Semiologie von der klassischen Hermeneutik: „sie malt mehr, als daß sie nachgräbt, *via di porre* eher als *via di levare*. Ihre bevorzugten Gegenstände sind die Texte des Imaginären: Erzählungen, Bilder, Porträts, Ausdrucksweisen, Idiolekte, Passionen, Strukturen, die gleichzeitig mit einem Anschein von Wahrscheinlichkeit und einer Ungewißheit an Wahrheit spielen. Ich nenne ,Semiologie' gern den Verlauf der Operationen, bei denen es möglich wird (. ...), mit dem Zeichen zu spielen wie mit einem bemalten Schleier oder auch: mit einer Fiktion."

Damit hätten wir die ,Übertragung' in dreierlei Richtung noch näher zu charakterisieren: zuerst in Hinblick auf die Realität, auf das Reale der Gegenwart und auf das Reale der Vergangenheit, dann mit Rücksicht auf die imaginäre Intersubjektivität, die in ihr ausgebildet wird, zuletzt in bezug auf die symbolische Wirklichkeit, wie sie erst in der intersubjektiven Rede erschlossen wird und von da aus in eine Dialektik der Anerkennung (Hegel, Lacan) und des Bewältigens einmündet.

Soweit es das ,Reale' anbelangt, haben wir zu zeigen versucht, daß es keine Instanz geben kann, die die Realität unmittelbar oder kraft Autorität zu garantieren vermag. Freud konnte an Kant anknüpfen, als er formulierte: „Das Reale wird immer ,unerkennbar' bleiben." (1940a, S. 127) Uns geht es weniger um das philosophische Problem einer ,Wirklichkeit an sich', wenn wir den Vorrang der kommunikativen Beziehung, des Gesprächs, der analytischen Situation als solcher betonen. Hier betrifft die Rekonstruktion in der Tat nicht allein das Reale der Vergangenheit, nicht die ,materielle' und auch nicht allein die ,psychische Realität', von der Freud (1900a, S. 587; 1911b) spricht, sondern die intersubjektive Wirklichkeit, wie sie im Aufbau einer ,signifikanten Beziehung' schrittweise erschlossen wird. Das Gespräch bewegt sich dabei gewissermaßen tangential am Realen entlang, ohne es jemals erreichen zu können. Denn das Sprechen hört nicht auf, wenn das Reale benannt ist. In diesem Zusammenhang ist der Versuch von Sandler und Sandler (1984) interessant, Freuds erstes topisches Modell in Zeit-Beziehungen zu interpretieren: Anstelle der räumlich angeordneten Instanzen des „psychischen Apparates" (vgl. Freud 1900a; 1915e) ist nun von einem „Gegenwarts-" und einem „Vergangenheits-Unbewußten" die Rede. Die Autoren wollen die Übertragung „nicht länger als Verzerrung der Gegenwart durch die Vergangenheit" (Sandler, Sandler 1984, S. 824) verstanden wissen. „Übertragungsimpulse repräsentieren" in ihrer Sicht „erwachsene Formen infantiler Wünsche." (Ebd. S. 805) Für den Patienten sei es deshalb von größter Wichtigkeit, „das Gefühl haben zu können, daß sein Analytiker gefühlsmäßig mit ihm in Kontakt ist und mit ihm Schritt hält, auch wenn dies Gefühl durch Widerstand und negative Übertragungen dieser oder jener Art beeinflußt ist." (Ebd. S. 827)

Die imaginäre Intersubjektivität, die in der Übertragung ausgebildet wird, haben wir mit Winnicott (1953) als „Illusion" charakterisiert. Diese Illusion ist zuallererst die Illusion einer idealen Einheit, wie sie in der frühen Mutter-Kind-Beziehung noch mit der realen Abhängigkeit des Säuglings zusammenfällt. Aber von Anfang an legt sich auf die Geschlossenheit dieser Beziehung der Schatten eines ‚Mangels' (Wyss), welcher dem Kind die Konturen des Anderen wahrnehmbar macht. Bei Lacan (1949; 1953) waren wir schließlich der Unbedingtheit des Liebesanspruchs *(demande)* begegnet, der die erste Folge des Eintauchens des Wunsches in die Sprache war und der sich von hier aus in die imaginären Verdoppelungen des ‚Spiegelstadiums' hinein fortsetzt. Sie stehen in der analytischen Situation für den Widerstandscharakter der Übertragung. Weil es sich aber beim ‚Widerstand' nicht nur um eine Widerspenstigkeit des Patienten handelt, sondern um ein intersubjektives Phänomen und damit bis zu einem gewissen Grad auch um einen notwendigen Bestandteil des therapeutischen Prozesses, kann Loch die Gleichung aufstellen: „Übertragung ist nicht existent ohne Widerstand. Aber andererseits gibt es auch keinen Widerstand ohne Übertragung." (1965b, S. 5; vgl. auch Racker 1954; Stoffels 1986).

Worin die imaginäre Tendenz jeder Wiederholung besteht, hatte bereits Kierkegaard (1843) angedeutet, als er schrieb: „Die Liebe der Wiederholung ist die einzig glückliche. Sie hat nicht wie die der Erinnerung die Unruhe der Hoffnung, nicht die beängstigende Abenteuerlichkeit der Entdeckung, aber auch nicht die Wehmut der Erinnerung, sie hat die selige Gewißheit des Augenblicks." (Ebd. S. 330) Doch eben darin trügt sie. Denn strenggenommen gibt es überhaupt keine Wiederholung, und das einzige, was sich wiederholt, ist „die Unmöglichkeit einer Wiederholung." (Ebd. S. 379) Deshalb kann Kierkegaard über die Dialektik der Wiederholung sagen: „Die Dialektik der Wiederholung ist leicht; denn was wiederholt wird, ist gewesen, sonst könnte es nicht wiederholt werden, aber gerade daß es gewesen ist, macht die Wiederholung zu etwas Neuem." (Ebd. S. 351)

Wie wir zu zeigen versuchten, kann diese Dialektik nur auf einer symbolischen Ebene entfaltet und für den therapeutischen Prozeß fruchtbar gemacht werden. Aus diesem Grunde ist auch die Konstitution von ‚Geschichtlichkeit‘ so eng mit dem Auftreten von Sprache verknüpft. Sobald aber die Sprache an die „vergessene Vergangenheit" heranreicht, erschöpft sie sich schon nicht mehr in der Funktion der Erinnerung. Denn die Erinnerung ist jetzt bereits „ein abgelegtes Kleid, das, wie schön es auch sein mag, doch nicht paßt, weil man ihm entwachsen ist." (Kierkegaard 1843, S. 330)

Zu unserem Ausgangspunkt zurückkehrend können wir nun festhalten, daß die in der Übertragung erschlossene Sinnerfahrung zwar an die reale Vergangenheit heranreicht, jedoch niemals mit dieser identisch ist. Vielmehr werden im Spiel der Wörter immer wieder neue ‚Geschichten‘ kreiert, deren Wert vor allem darin liegt, daß sie Beziehungen stiften zwischen dem Ich und dem Anderen, zwischen der Vergangenheit, der Gegenwart und der Zukunft. „In dieser Sinngebung ereignet sich die geschichtliche Existenz des Menschlichen: im Dialog." (Wyss 1984, S. 111) Unsere Vergangenheit wäre dann – im Hegelschen Sinne – in der Übertragung *aufgehoben‘*, das heißt zugleich bewahrt und überschritten auf etwas hin, das gleichermaßen ‚noch nicht‘ wie ‚nicht mehr‘ ist.

Schließlich ist daran zu erinnern, daß der Begriff der ‚Übertragung‘ auch außerhalb der Psychoanalyse eine Auslegung und Bearbeitung erfahren hat, in der Biographik, der Texthermeneutik, in der Philologie und Philosophie. Einen ganz treffenden Hinweis verdanken wir etwa Dilthey, der in seinem Werk „Der Aufbau der geschichtlichen Welt in den Geisteswissenschaften" (1905-10) schreibt: „Wenn nun so aus der Stellung der Verständnisaufgabe die Präsenz des eigenen erlebten seelischen Zusammenhangs folgt, so bezeichnet man das auch als *Übertragung* des eigenen Selbst in einen gegebenen Inbegriff von Lebensäußerungen." (Ebd. S. 264)

Als besonders bedeutsam für die Zeitstruktur der Übertragung schien uns die Perspektive eines „Es wird gewesen sein . . .", wie sie erst in der Sprache und durch das Sprechen hindurch möglich wird. Hierzu bemerkt Lacan (1953, S. 143): „Ich identifiziere mich in der Sprache, aber nur indem ich mich dabei in ihr wie in ein Objekt verliere. Was sich in meiner Geschichte verwirklicht, ist nicht die abgeschlossene Vergangenheit (passé défini) dessen, was war, weil es nicht mehr ist, auch nicht das Perfekt dessen, der in dem gewesen ist, was ich bin, sondern das zweite Futur (futur antérieur) dessen, was ich für das werde gewesen sein, was zu werden ich im Begriffe stehe." Ein solches Verständnis stellt wiederum bestimmte Anforderungen an die Deutung, das heißt an die Geschichtlichkeit der Interpretationsleistung selbst. Lacan (ebd. S. 131 ff.) hat diesem Phänomen Beachtung geschenkt, wenn er von der „Resonanz der Interpretation" und der „Zeit des Subjekts in der psychoanalytischen Technik" spricht. Die Sensibilität dafür, wann der richtige Zeitpunkt für eine Deutung gekommen ist, läßt sich nun aber gerade nicht an technischen Regeln festmachen, nach Formeln vorausberechnen. Sie ist wesentlich von dem abhängig, was das Sprechen des Einen im Anderen evoziert und setzt eben jene zeitliche Spannung im Gespräch voraus, die wir mit den Begriffen der Nachträglichkeit des Unbewußten und der ‚virtuellen Futur II-Perspektive' (Blankenburg) zu erfassen suchten. Denn geschichtlich ist nicht allein das, was verstanden werden soll – die in den Symptomen sedimentierte Lebensgeschichte –, sondern das Verstehen selbst. So hat das Sprechen, das Fragen, das Deuten teil an einer Geschichtlichkeit, die es nachträglich erst begründet. „Was so beständig der Vergänglichkeit anheimfällt", sagt Dilthey (1905-10, S. 254), „dessen Deutung ist auch von der Stunde bestimmt."

11. Zusammenfassung und Schluß

Aufgabe der vorliegenden Untersuchung war eine Kritik der psychoanalytischen Übertragungskonzeption, die vor allem auf ihren intersubjektiven Bedeutungsgehalt hin befragt werden sollte. Aus der Stellung des Themas ergaben sich Anknüpfungspunkte an verschiedene Nachbardisziplinen: an die philosophische Anthropologie, die Hermeneutik und die strukturale Linguistik. Daneben sollten aber auch neuere Ansätze innerhalb der Psychoanalyse selbst miteinbezogen werden, wie sie uns etwa in Spitz' Spätwerk über den ‚Dialog‘, in Winnicotts Untersuchungen zu den ‚Übergangsphänomenen‘ und ‚-objekten‘ oder auch in der strukturalistischen Psychoanalysedeutung J. Lacans begegnen.

Einleitend wurden die historischen Wurzeln der ‚Übertragung‘ in der dynamischen Psychiatrie des 18. und 19. Jahrhunderts aufgewiesen und die Ausarbeitung des Übertragungskonzepts im Werk Freuds nachgezeichnet. Der folgende Abschnitt beschreibt sodann das Spannungsfeld, das zwischen den abstrakten Aussagen der ‚Metapsychologie‘ auf der einen Seite und der intersubjektiven Situation des therapeutischen Gesprächs andererseits liegt. Dieses Spannungsverhältnis betrifft insbesondere die Konzepte der ‚Übertragung‘ und des ‚Widerstandes‘. Für die Praxis ergibt sich hier eine wichtige korrektive Funktion, insofern die theoretischen Begriffe der Psychoanalyse im Verhältnis zum dialogischen Verlauf der hermeneutischen Beziehung stets nur eine relative Gültigkeit beanspruchen können (P. Ricoeur).

Alle Momente, die die Analyse dem Unbewußten zuschreibt, hängen in ihrer therapeutischen Effizienz letztlich davon ab, ob sie für einen Anderen signifikant sind. Aus diesem Sachverhalt leiteten wir die These ab, wonach das ‚Unbewußte‘ einen Bereich darstellt, der nur deshalb interpretativ erarbeitet werden kann, weil ihn zwei (oder mehrere) Menschen miteinander teilen. Aus dem gleichen Grund kann die in der Übertragung erschlossene Sinnerfahrung nicht abgelöst vom Verstehenshorizont der kommunikativen Rede beurteilt und in ihrer Bedeutung gewürdigt werden. ‚Wahrheit‘ begegnet hier in einer anderen Dimension als in der objektivierenden Gewißheit wissenschaftlicher Erkenntnis. Sie ist vorgängig an das dialogische Geschehen selbst gebunden und setzt eben jene Resonanz des Sprechens voraus, die das subjektive Meinen des einen oder anderen Gesprächspartner in Hinblick auf eine gemeinsame Sinnpräsenz überschreitet (H.-G. Gadamer). In diesem Sinn haben A. Lorenzer, D. Wyss und andere Autoren den therapeutischen Prozeß als Kommunikationserweiterung beschrieben: Der kommunikative Vollzug gewinnt hier Vorrang gegenüber dem erkennenden Verstehen. ‚Kommunikation‘ setzt aber eine intersubjektive Beziehung voraus, die sich von der Geschlossenheit einer ‚Objektbeziehung‘ unter anderem dadurch unterscheidet, daß sie die Differenz zum Anderen zu erschließen und zu bearbeiten hat.

Im Anschluß an J. Lacan haben wir darauf hingewiesen, daß die Anerkennung des Anderen nur auf dem Feld des Sprechens und der Sprache geleistet werden kann: Im Lesen der ‚Zeichen‘ konstituiert der Mensch seine Geschichte, in der symbolischen Ordnung der Sprache gewinnt er einen Zugang zum Anderen – und damit zu sich selbst. Wie wir zu zeigen versuchten, kann eine solche Interpretation in den Texten Freuds sehr wohl eine Legitimation finden. Denn es ist ein symptomgewordenes Sprechen, das die Analyse befreien will und ein zerbrochener Dialog, den sie wiederherzustellen trachtet.

Da die Psychoanalyse die Geschichtlichkeit des Menschen von der begehrenden Subjektivität her zu verstehen sucht, wurde in einem weiteren Abschnitt Freuds Auffassung der Liebe befragt. Hier ging es um den Nachweis, daß die Liebe von Anfang an an einer intersubjektiven ‚Dialektik des Begehrens‘ (Lacan) teilhat, daß sie weder auf ein ideelles Prinzip noch auf einen biologischen Instinktschematismus zurückgeführt werden kann. Diese Dialektik begegnet auch in der Doppelgestalt der Übertragungsliebe, die einerseits eine zuvor unterbrochene Kontinuität wiederherzustellen trachtet, weil sie das Subjekt mit seinem Begehren versöhnt, die andererseits aber zur stärksten Quelle des ‚Widerstandes‘ wird, weil sie in der Unbedingtheit des Liebensanspruchs eine ‚Aufhebung des Mangelleidens‘ (Wyss) ersehnt. Wir sind zu dem Ergebnis gekommen, daß die Aufgabe der Deutung hier eine doppelte sein wird. Sie muß darin bestehen, die Liebe des Patienten anzunehmen ohne ihren imaginären Anspruch zu erfüllen. Nicht in der Faszination des (Liebes-) Objekts zu erstarren, bedeutet dann, die Anerkennung des Anderen zu leisten, die Flüchtigkeit des Augenblicks in eine sprachliche Erzählung zu transponieren.

Diese Überlegungen führten zu der Frage nach den Vorbildern der Übertragung in der frühkindlichen Entwicklung. Hier waren es die Untersuchungen R. A. Spitz', D. W. Winnicotts und anderer Autoren, die zahlreiche Belege dafür erbrachten, daß ‚Kommunikation', Symbolbildung und ‚Zeichenstiftung' parallel zu den frühkindlichen Trennungserfahrungen entfaltet werden. Spitz sprach von einem „zirkulären Resonanzprozeß" zwischen Mutter und Kind, den er als eine „archaische Form des Gesprächs" beschreibt. Er betont die Vorgängigkeit des ‚Dialogs', durch den der Andere überhaupt erst zum Träger von Bedeutungen wird. Ein Dialog, so die Schlußfolgerung Spitz', kann aber nur mit einem lebendigen Partner geführt werden.

Diese Erkenntnisse sind für das Verständnis der Übertragung unmittelbar relevant, weil es auch in der analytischen Situation um die Errichtung einer ‚signifikanten Beziehung' geht. Als solche setzt sie die dialogische Resonanzbereitschaft beider Gesprächspartner voraus. Wir diskutierten die Konsequenzen, die sich daraus für die Bedeutung der ‚Gegenübertragung' ergeben.

Auch Winnicott hat sich mit den Anfängen der menschlichen Kommunikation befaßt. In seinen Untersuchungen zu den Vorläufern des kindlichen Spiels, den sogenannten ‚Übergangsphänomenen' und ‚-objekten', thematisiert er einen „intermediären Raum", der weder mit dem Außen der Objektwelt noch mit dem Innen der Triebbedürfnisse zusammenfällt. Nur wenn in diesem Raum Vertrauen spielerisch Gestalt gewinnt, können Möglichkeiten und Grenzen erkundet, Widersprüche akzeptiert und Verlusterlebnisse in das Selbsterleben integriert werden.

Wie an einzelnen klinischen Fragmenten aufgezeigt wurde, gilt dieser Zusammenhang nicht nur für das kindliche Spiel, sondern ebenso auch für die therapeutische Kommunikation. Wir untersuchten das Verhältnis von ‚Übergangsphänomenen' und ‚Übertragung' und leiteten daraus die

Forderung ab, daß die Deutung des Analytikers nicht in Widerspruch geraten darf zu seiner Bereitschaft, sich – wie das Übergangsobjekt – ,verwenden' zu lassen.

Mit seinen Thesen ,Das Unbewußte ist wie eine Sprache gebaut' und ,Das Unbewußte ist die Rede des Anderen' hat Lacan die Psychoanalyse genuin als ,Gesprächs-Therapie' zu begründen versucht: In den Fugen und Leerstellen des Sprechens geht es ihr darum, jene ,andere Rede' des Unbewußten freizulegen, die nur dialogisch erfahren, nicht aber in der Einsamkeit der Reflexion interpretativ eingeholt werden kann. Lacan unterscheidet zwischen Bedürfnis *(besoin)*, Anspruch *(demande)* und Begehren *(désir)*, zwischen Realem, Imaginärem und symbolischer Ordnung *(ordre symbolique)* sowie in bezug auf das therapeutische Gespräch zwischen einem ,wahren' und einem ,falschen' Sprechen. Seine Theorie des ,Spiegelstadiums' diente uns als Modell zur Deskription einer imaginären Intersubjektivität, wie sie für die ,Übertragung' zu einer wichtigen Verstehensgrundlage wird.

Ausgehend von den erarbeiteten Begriffen folgte eine kritische Auseinandersetzung mit den gängigen Übertragungskonzeptionen. Wenn die Übertragung bei zahlreichen Autoren als eine unangemessene Wiederholung der Vergangenheit in der Gegenwart beschrieben wird, so bleibt in solchen Definitionsansätzen der zugrundeliegende intersubjektive Prozeß zumeist unberücksichtigt. Gerade eine objektivierende Sichtweise, die die Übertragung einseitig am Begriff des ,Realen' festmacht, vermag vom Phänomen der intersubjektiven Bedeutungskonstituierung nur unzureichend Rechenschaft abzulegen. In Anlehnung an die Kritik Lacans und unter Bezugnahme auf die Theorie der Intersubjektivität bei Wyss versuchten wir die der Übertragung zugrundeliegende Beziehungsstruktur zu erfassen. Dabei zeichnete sich ab, daß die Übertragung die Subjektivität des Interpreten (Therapeuten) miteinschließt. ,Übertragung' kann nur stattfinden, wo der Wunsch aus seiner Einsamkeit heraustritt und im Anderen eine kommunikative Resonanz erzeugt. Nach der hier vorgeschlagenen Interpretation stellt die Übertragung nicht nur eine Wiederholung der Vergangenheit dar, sondern auch eine Symbolisierungsleistung, die von zwei Menschen gemeinsam erbracht wird. Um der verste-

228

henden Rekonstruktion offenzustehen, so lautet die Schlußfolgerung, muß in der Übertragung selbst bereits ein Kern von ‚Deutung' erschlossen sein.

Diese Überlegungen wurden an zwei Behandlungssequenzen konkretisiert und weiter ausgeführt. Am Beispiel einer zwangskranken Patientin interpretierten wir die Übertragung als ‚Einfädeln einer Intrige' (Ricoeur). Dabei ging es um den Nachweis, daß das im Symptom eingeschlossene „Tote" sich erst auf dem Feld der Übertragung wieder in Bedeutungsbeziehungen organisieren kann und dadurch seine verlorengegangene Symbolisierungsfähigkeit zurückgewinnt.

Die zweite Sequenz behandelt die Funktion des ‚Zeichens' im Traum und in der Übertragung. An einer längeren Traumserie wurde herausgearbeitet, wie Traum und therapeutischer Dialog gegenseitig strukturierend aufeinander einwirken. Aus dieser Wechselwirkung gehen bestimmte Sinneffekte hervor, die wir, soweit sie am Ort des Anderen entstehen, in ihrer Gesamtheit als ‚Übertragung' bezeichnen. Dabei ist es die Übertragung selbst, die inmitten der Wiederholung zugleich eine veränderte Beziehungssituation entstehen läßt.

Im abschließenden Kapitel wurde das Verhältnis von Übertragung und Geschichtlichkeit erörtert. Da die Übertragung je schon in der Sprache geschieht, rechneten wir die Wiederholung den Übertragungswirkungen zu. Daraus ergab sich zunächst eine Gegenposition zur klassisch-psychoanalytischen Auffassung, welche die Übertragung aus dem ‚Wiederholungszwang' ableitet. Wie gezeigt wurde, kann aber nur eine dialektische Interpretation des Wiederholungsphänomens (Kierkegaard) dem intersubjektiven Sachverhalt gerecht werden. Danach reicht die Übertragung zwar an die reale Vergangenheit heran, ohne aber jemals mit dieser identisch zu sein. Wiederholen bedeutet in der analytischen Situation immer auch: Wieder-Einholen in die symbolische Realität der Sprache. In ihr klingt die „vergessene Vergangenheit" (Freud) als antizipierte Nachträglichkeit wieder an. Demzufolge ist die Vergangenheit in der Übertragung *aufgehoben*' (Hegel), das heißt zugleich bewahrt und überschritten auf etwas hin, das gleichermaßen ‚nicht mehr' wie ‚noch nicht' ist. Abschließend wurden einige Schlußfolgerungen aufgezeigt, die sich aus der ‚Futur II-Perspektive' der Übertragung (Blankenburg, Lacan) für die Geschichtlichkeit der Interpretationsleistung selbst ergeben.

Literaturverzeichnis

Vorbemerkung

Die im Text angegebenen Seitenzahlen beziehen sich auf die in der nachfolgenden Literaturliste jeweils letztgenannte Ausgabe. Die Jahreszahlen der Erstausgaben wurden im Text deshalb bevorzugt verwandt, um eine entsprechende historische Einordnung zu ermöglichen. Einen Vergleich zwischen den gebräuchlichsten Editionen der Werke S. Freuds gestattet die von Meyer-Palmedo (1975) zusammengestellte Konkordanz und Gesamtbibliographie.

Abraham, K., Die Spinne als Traumsymbol, in: Internationale Zeitschrift für Psychoanalyse 8 (1922), S. 470—475.

Alexander, F., Über das Spiel (1956), in: Psyche 10 (1956/57), S. 11—28.

Assmann, A. und J.; Hardmeier, Ch. (Hrsg.), Schrift und Gedächtnis. Archäologie der literarischen Kommunikation I. München: Fink 1983.

Balint, A., Liebe zur Mutter und Mutterliebe (1939), in: Balint, M., Die Urformen der Liebe und die Technik der Psychoanalyse (1965). Bern, Stuttgart: Huber, Klett 1966, S. 116—135.

Balint, M., Charakteranalyse und Neubeginn (1932), in: Balint, M., Die Urformen der Liebe und die Technik der Psychoanalyse (1965). Bern, Stuttgart: Huber, Klett 1966, S. 187—202.

— Frühe Entwicklungsstadien des Ich. Primäre Objektliebe (1937), in: Balint, M., Die Urformen der Liebe und die Technik der Psychoanalyse (1965). Bern, Stuttgart: Huber, Klett 1966, S. 93—115.

— Ich-Stärke, Ich-Pädagogik und ‚Lernen‘ (1938), in: Balint, M., Die Urformen der Liebe und die Technik der Psychoanalyse (1965). Bern, Stuttgart: Huber, Klett 1966, S. 232—245.

— Übertragung und Gegenübertragung (1939), in: Balint, M., Die Urformen der Liebe und die Technik der Psychoanalyse (1965). Bern, Stuttgart: Huber, Klett 1966, S. 246—254.

— Wandlungen der therapeutischen Ziele und Techniken in der Psychoanalyse (1949), in: Balint, M., Die Urformen der Liebe und die Technik der Psychoanalyse (1965). Bern, Stuttgart: Huber, Klett 1966, S. 255—271.

— Therapeutische Aspekte der Regression. Die Theorie der Grundstörung (1968). Stuttgart: Klett 1970.

Barthes, R., Mythen des Alltags (1957). Frankfurt a.M.: Suhrkamp 1964.

— Die Imagination des Zeichens (1962), in: Barthes, R., Literatur oder Geschichte (1963/64). Frankfurt a.M.: Suhrkamp ²1969, S. 36–43.

— Die strukturalistische Tätigkeit (1963), in: Schiwy, G., Der französische Strukturalismus. Mode, Methode, Ideologie. Reinbek: Rowohlt 1969, S. 153–158.

— Elemente der Semiologie (1964). Frankfurt a.M.: Suhrkamp 1983.

— Die Sprache der Mode (1967). Frankfurt a.M.: Suhrkamp 1984.

— Das Reich der Zeichen (1970). Frankfurt a.M.: Suhrkamp 1981.

— Über mich selbst (1975). München: Matthes & Seitz 1978.

— Fragmente einer Sprache der Liebe (1977). Frankfurt a.M.: 1984.

— Leçon/Lektion. Antrittsvorlesung am Collège de France (gehalten am 7.1.1977 (1978)). Frankfurt a.M.: Suhrkamp 1980.

Bauriedl, Th., Beziehungsanalyse. Das dialektisch-emanzipatorische Prinzip der Psychoanalyse und seine Konsequenzen für die psychoanalytische Familientherapie. Frankfurt a.M.: Suhrkamp 1980.

Beckmann, D., Der Analytiker und sein Patient. Untersuchungen zur Übertragung und Gegenübertragung. Bern, Stuttgart, Wien: Huber 1974.

Benedek, Th., On the Dynamics of the Countertransference (1949 (unveröffentlichter Vortrag, zit. nach Gitelson 1952)).

Benedetti, G., Klinische Psychotherapie. Bern: Huber ²1980 (zit. nach Schelling 1985).

— Das Erleben des Psychoanalytikers in der Behandlung psychotischer Patienten, in: Prax. Psychother. Psychosom. 30 (1985), S. 72–79.

Bibring, E., Therapeutic Results of Psycho-Analysis, in: Int. J. Psycho-Anal. 18 (1937), S. 170–189.

— The Conception of the Repetition Compulsion, in: The Psychoanalytic Quarterly 12 (1943), S. 486–519.

Binswanger, L., Erfahren, Verstehen, Deuten in der Psychoanalyse (1926), in: Binswanger, L., Ausgewählte Vorträge und Aufsätze, Bd. 2. Zur Problematik der psychiatrischen Forschung und zum Problem der Psychiatrie. Bern: Francke 1955, S. 67 ff.

— Lebensfunktion und innere Lebensgeschichte (1928), in: Binswanger, L., Ausgewählte Vorträge und Aufsätze, Bd. 1. Zur phänomenologischen Anthropologie. Bern: Francke 1947, S. 50 ff.

— Über Psychotherapie (1935), in: Binswanger, L., Ausgewählte Vorträge und Aufsätze, Bd. 1. Zur phänomenologischen Anthropologie. Bern: Francke 1947, S. 132 ff.

Bion, W.R., Learning from Experience. London: Heinemann 1962.

— Elements of Psycho-Analysis. London: Heinemann 1963.

Blankenburg, W., Biographie und Krankheit, in: „Medicus Oecologicus". Der Arzt im Spannungsfeld zwischen Innen- und Außenwelt. Karlsruhe: Internationale Mediziner-Arbeitsgemeinschaft 1984, S. 45–96.

— ‚Geschichtlichkeit' als Perspektive von Lebensgeschichte und Krankengeschichte, in: Bühler, K.-E., Weiß, H. (Hrsg.), Kommunikation und Perspektivität. Beiträge zur Anthropologie aus Medizin und Geisteswissenschaften (Festschrift für Dieter Wyss zum 60. Geburtstag). Würzburg: Königshausen & Neumann 1985, S. 67–73.

Bollnow, O.F., Das Doppelgesicht der Wahrheit. Philosophie der Erkenntnis. Zweiter Teil. Stuttgart, Berlin, Köln, Mainz: Kohlhammer 1975.

Boss, M., Psychoanalyse und Daseinsanalytik. Bern und Stuttgart: Huber 1957.

Bräutigam, W., Beziehung und Übertragung in Freuds Behandlungen und Schriften, in: Psyche 37 (1983), S. 116–129.

Buber, M., Ich und Du (1923), in: Buber, M., Werke, Bd. 1. Schriften zur Philosophie. München, Heidelberg: Kösel, Lambert Schneider 1962, S. 77 ff.

— Zwiesprache (1930), in: Buber, M., Werke, Bd. 1. Schriften zur Philosophie. München, Heidelberg: Kösel, Lambert Schneider 1962, S. 171 ff.

— Elemente des Zwischenmenschlichen (1954), in: Buber, M., Werke, Bd. 1. Schriften zur Philosophie. München, Heidelberg: Kösel, Lambert Schneider 1962, S. 267 ff.

— Beiträge zu einer philosophischen Anthropologie, in: Buber, M., Werke, Bd. 1. Schriften zur Philosophie. München, Heidelberg: Kösel, Lambert Schneider 1962, S. 409 ff.

Buchholz, M.B., Psychoanalyse-Familientherapie-Systemtheorie: Kritische Bemerkungen zur These vom Paradigmenwechsel, in: Praxis der Kinderpsychologie und Kinderpsychiatrie 30 (1981), S. 48–55.

— Handlung, Selbst, Dialog. Zur Integration von Handlungssprache und Selbstpsychologie, in: Psyche 39 (1985), S. 1031–1057.

Bühler, K.-E., Über die biographische Methode in der Psychotherapie (Biographie und Intersubjektivität), in: Jahrbuch der Psychoanalyse 16 (1984), S. 221–238.

Caruso, I., Die Trennung der Liebenden. Eine Phänomenologie des Todes. Bern, Stuttgart: Huber 1968.

Chertok, L., The Discovery of the Transference. Towards an Epistemological Interpretation, in: Int. J. Psycho-Anal. 49 (1968), S. 560–576.

Chomsky, N., Aspekte einer Syntax-Theorie (1965). Frankfurt a.M.: Suhrkamp 1969.

Cobliner, W. G., Die Genfer Schule der genetischen Psychologie und Psychoanalyse: Parallelen und Gegensätze (1965), in: Spitz, R. A., Vom Säugling zum Kleinkind. Naturgeschichte der Mutter-Kind-Beziehungen im ersten Lebensjahr (1965). Stuttgart: Klett ³1972, S. 312–367.

Cohen, J., Structure du langage poétique. Paris: 1966 (zit. nach Schiwy 1969).

Condrau, G., Der Mensch und sein Tod. Zürich: Benzinger 1984.

— Die Bedeutung der Sprache in der Daseinsanalyse, in: Daseinsanalyse 3 (1986), S. 173–234.

Cramer, B., Realität als Problem der psychoanalytischen Erkenntnistheorie. Kritische Überlegungen auf Grund direkter Kinderbeobachtung, in: Jahrbuch der Psychoanalyse 16 (1984), S. 153–185.

Cremerius, J., Freud bei der Arbeit über die Schulter geschaut. Seine Technik im Spiegel von Schülern und Patienten, in: Humanität und Technik in der Psychoanalyse. Jahrbuch der Psychoanalyse, Beiheft 6 (1981), S. 123–158.

— Vom Handwerk des Psychoanalytikers: Das Werkzeug der psychoanalytischen Technik. Stuttgart, Bad Cannstatt: Frommann-Holzboog 1984, Bd. 1 und 2.

Csef, H., Zum Zeiterleben von Zwangskranken, in: Bühler, K.-E., Weiß, H. (Hrsg.), Kommunikation und Perspektivität. Beiträge zur Anthropologie aus Medizin und Geisteswissenschaften (Festschrift für Dieter Wyss zum 60. Geburtstag). Würzburg: Königshausen & Neumann 1985, S. 127–138.

Davis, M., Wallbridge, D., Eine Einführung in das Werk von D. W. Winnicott (1981). Stuttgart: Klett-Cotta 1983.

Derrida, J., Die Schrift und die Differenz (1967). Frankfurt a.M.: Suhrkamp 1976.

Dilthey, W., Der Aufbau der geschichtlichen Welt in den Geisteswissenschaften (1905–10). Frankfurt a.M.: Suhrkamp 1981.

Ehlert, M., Handlungssprache und Metapsychologie. Überlegungen zu R. Schafers „neuer Sprache" für die Psychoanalyse, in: Psyche 39 (1985), S. 981–1020.

Eigen, M., The Area of Faith in Winnicott, Lacan and Bion, in: Int. J. Psycho-Anal. 62 (1981), S. 413–433.

Ellenberger, H. F., Die Entdeckung des Unbewußten.Bern, Stuttgart, Wien: Huber 1973, Bd. 1 und 2.

Erikson, E. H., Kindheit und Gesellschaft. Zürich: Pan 1957.

Ermann, M., Krisen im psychotherapeutischen Prozeß. Vortrag, gehalten am 18.4.1986 anläßlich der 36. Lindauer Psychotherapiewochen (unveröffentlichtes Manuskript).

Ferenczi, S., Introjektion und Übertragung (1909), in: Sándor Ferenczi. Schriften zur Psychoanalyse (hrsg. v. M. Balint). Frankfurt a.M.: S. Fischer 1982, Bd. 1, S. 12–47.

— Schweigen ist Gold (1916), in: Sándor Ferenczi. Schriften zur Psychoanalyse (hrsg. v. M. Balint). Frankfurt a.M.: S. Fischer 1982, Bd. 1, S. 230–231.

— Rank, O., Entwicklungsziele der Psychoanalyse. Zur Wechselbeziehung von Theorie und Praxis. Wien, Leipzig, Zürich: Internationaler Psychoanalytischer Verlag 1924.

— Kontraindikationen der aktiven Psychoanalytischen Technik (1926), in: Sándor Ferenczi. Schriften zur Psychoanalyse (hrsg. v. M. Balint). Frankfurt a.M.: S. Fischer 1982, Bd. 2, S. 182–193.

Fischer, H. R., Die Psychoanalyse im Lichte der Wittgensteinschen Sprachspielanalyse (Analyse und Kritik der Konzeption Alfred Lorenzers), in: Z. f. Klin. Psychol. Psychother. 30 (1982), S. 320–331.

Flew, A., Transitional Objects and Transitional Phenomena: Comments and Interpretations, in: Grolnick, S. A., Barkin, L. (Hrsg.), Between Reality and Phantasy. Transitional Objects and Phenomena. New York: Jason Aronson 1978, S. 483–501.

Fließ, R., Countertransference and Counteridentification, in: J. Amer. Psychoanal. Ass. 1 (1953), S. 268–284.

Frank, C., Ganzheitliches Menschenverständnis am Beispiel von Binswanger. Pattensen: Wellm 1983.

Frank, M., Was ist Neostrukturalismus? (1983). Frankfurt a.M.: Suhrkamp 1984.

Freud, A., Das Ich und die Abwehrmechanismen. Wien: Internationaler Psychoanalytischer Verlag 1936.

Freud, S., Übersetzung von H. Bernheim, De la suggestion et de ses applications à la thérapeutique (Paris: 1886) unter dem Titel: Die Suggestion und ihre Heilwirkung (1888–89). Wien: 1888 und 1889.

— Besprechung von Auguste Forel, Der Hypnotismus (1889a), in: Wien. med. Wschr., Bd. 39, S. 1097 und S. 1892.

Freud, S., Psychische Behandlung (Seelenbehandlung) (1890a), in: Sigmund Freud. Studienausgabe (Stud.). Frankfurt a.M.: S. Fischer 1969—1975, Ergänzungsband, S. 13 ff.
- Zur Auffassung der Aphasien. Wien: 1891 (b).
- Übersetzung von H. Bernheim, Hypnotisme, suggestion et psychothérapie; études nouvelles (Paris: 1891) unter dem Titel: Neue Studien über Hypnotismus, Suggestion und Psychotherapie. Wien: 1892 (a).
- Breuer, J., Studien über Hysterie (1895d), in: Sigmund Freud. Gesammelte Werke (G.W.). London: Imago Publishing 1940—1952, Bd. 1, S. 75 ff.
- Weitere Bemerkungen über die Abwehr-Neuropsychosen (1896b), in: G.W., Bd. 1, S. 377 ff.
- Zur Ätiologie der Hysterie (1896c), in: Stud., Bd. 6, S. 51 ff.
- Die Traumdeutung (1900a), in: Stud., Bd. 2.
- Zur Psychopathologie des Alltagslebens (1901b), in: G.W., Bd. 4.
- Der Witz und seine Beziehung zum Unbewußten (1905c), in: Stud., Bd. 4, S. 9 ff.
- Drei Abhandlungen zur Sexualtheorie (1905d), in: Stud., Bd. 5, S. 37 ff.
- Bruchstücke einer Hysterie-Analyse (1905e (1901)), in: Stud., Bd. 6, S. 83 ff.
- Der Wahn und die Träume in W. Jensens ‚Gradiva‘ (1907a (1906)), in: Stud., Bd. 10, S. 9 ff.
- Der Dichter und das Phantasieren (1908e (1907)), in: Stud., Bd. 10, S. 169 ff.
- Bemerkungen über einen Fall von Zwangsneurose (1909d), in: Stud., Bd. 7, S. 31 ff.
- Die zukünftigen Chancen der psychoanalytischen Therapie (1910d), in: Stud., Ergänzungsband, S. 121 ff.
- Über ‚wilde‘ Psychoanalyse (1910k), in: Stud., Ergänzungsband, S. 133 ff.
- Formulierungen über die zwei Prinzipien des psychischen Geschehens (1911b), in: Stud., Bd. 3, S. 13 ff.
- Psychoanalytische Bemerkungen über einen autobiographisch beschriebenen Fall von Paranoia (Dementia paranoides) (1911c (1910)), in: Stud., Bd. 7, S. 133 ff.
- Die Handhabung der Traumdeutung in der Psychoanalyse (1911e), in: Stud., Ergänzungsband, S. 149 ff.
- Zur Dynamik der Übertragung (1912b), in: Stud., Ergänzungsband, S. 157 ff.
- Über die allgemeinste Erniedrigung des Liebeslebens (Beiträge zur Psychologie des Liebeslebens II.) (1912d), in: Stud., Bd. 5, S. 197 ff.
- Ratschläge für den Arzt bei der psychoanalytischen Behandlung (1912e), in: Stud., Ergänzungsband, S. 169 ff.
- Totem und Tabu (1912—13), in: Stud., Bd. 9, S. 287 ff.
- Weitere Ratschläge zur Technik der Psychoanalyse: I. Zur Einleitung der Behandlung (1913c), in: Stud., Ergänzungsband, S. 181 ff.
- Das Interesse an der Psychoanalyse (1913j), in: G.W., Bd. 8, S. 389 ff.
- Zur Einführung des Narzißmus (1914c), in: Stud., Bd. 3, S. 37 ff.
- Zur Geschichte der psychoanalytischen Bewegung (1914d), in: G.W., Bd. 10, S. 43 ff.
- Weitere Ratschläge zur Technik der Psychoanalyse: II. Erinnern, Wiederholen und Durcharbeiten (1914g), in: Stud., Ergänzungsband, S. 205 ff.

Freud S., Weitere Ratschläge zur Technik der Psychoanalyse: III. Bemerkungen über die Übertragungsliebe (1915a (1914)), in: Stud., Ergänzungsband, S. 217 ff.

— Triebe und Triebschicksale (1915c), in: Stud., Bd. 3, S. 75 ff.
— Die Verdrängung (1915d), in: Stud., Bd. 3, S. 103 ff.
— Das Unbewußte (1915e), in: Stud., Bd. 3, S. 119 ff.
— Einige Charaktertypen aus der psychoanalytischen Arbeit (1916d), in: Stud., Bd. 10, S. 229 ff.
— Vorlesungen zur Einführung in die Psychoanalyse (1916–17 (1915–17)), in: Stud., Bd. 1, S. 33 ff.
— Trauer und Melancholie (1917e (1915)), in: Stud., Bd. 3, S. 193 ff.
— Das Unheimliche (1919h), in: Stud., Bd. 4, S. 241 ff.
— Über die Psychogenese eines Falles von weiblicher Homosexualität (1920a), in: Stud., Bd. 7, S. 255 ff.
— Jenseits des Lustprinzips (1920g), in: Stud., Bd. 3, S. 213 ff.
— Massenpsychologie und Ich-Analyse (1921c), in: Stud., Bd. 9, S. 61 ff.
— Das Ich und das Es (1923b), in: Stud., Bd. 3, S. 273 ff.
— Kurzer Abriß der Psychoanalyse (1924f (1923)), in: G.W., Bd. 13, S. 403 ff.
— Notiz über den ‚Wunderblock‘ (1925a (1924)), in: Stud., Bd. 3, S. 363 ff.
— Selbstdarstellung (1925d (1924)), in: G.W., Bd. 14, S. 31 ff.
— Die Verneinung (1925h), in: Stud., Bd. 3, S. 371 ff.
— Hemmung, Symptom und Angst (1926d (1925)), in: Stud., Bd. 6, S. 227 ff.
— Zur Frage der Laienanalyse (1926e), in: Stud., Ergänzungsband, S. 271 ff.
— Fetischismus (1927e), in: Stud., Bd. 3, S. 379 ff.
— Das Unbehagen in der Kultur (1930a (1929)), in: Stud., Bd. 9, S. 191 ff.
— Über die weibliche Sexualität (1931b), in: Stud., Bd. 5, S. 273 ff.
— Neue Folge der Vorlesungen zur Einführung in die Psychoanalyse (1933a (1932)), in: Stud., Bd. 1, S. 447 ff.
— Die endliche und die unendliche Analyse (1937c), in: Stud., Ergänzungsband, S. 351 ff.
— Konstruktionen in der Analyse (1937d), in: Stud., Ergänzungsband, S. 393 ff.
— Abriß der Psychoanalyse (1940a (1938)), in: G.W., Bd. 17, S. 63 ff.
— Die Ichspaltung im Abwehrvorgang (1940e (1938)), in: Stud., Bd. 3, S. 389 ff.
— Aus den Anfängen der Psychoanalyse (1950a (1887–1902)); enthält den ‚Entwurf einer Psychologie‘ (1895); korrigierter Nachdruck der Paperbackausgabe des S. Fischer Verlages von 1962. Frankfurt a.M.: S. Fischer 1975.

Fuchs, W., Todesbilder in der modernen Gesellschaft. Frankfurt a.M.: Suhrkamp 1969.

Gadamer, H.-G., Was ist Wahrheit?, in: Zeitwende 28 (1957), S. 226–237.

— Wahrheit und Methode. Grundzüge einer philosophischen Hermeneutik (1960). Tübingen: J. C. B. Mohr (Paul Siebeck) [4]1975.
— Ethos und Ethik. Vortrag, gehalten am 13.4.1985 anläßlich der wissenschaftlichen Tagung der Deutschen Gesellschaft für Phänomenologische Forschung in Trier zum Thema: „Vernunft und Kontingenz. Möglichkeiten und Grenzen der Rationalität in der Phänomenologie.“

Gebsattel, V. E. Freiherr v., Die Welt des Zwangskranken (1938), in: Gebsattel, V. E. Freiherr v., Prolegomena einer medizinischen Anthropologie. Berlin, Göttingen, Heidelberg: Springer 1954, S. 74 ff.

– Aspekte des Todes (1949), in: Gebsattel, V. E. Freiherr v., Prolegomena einer medizinischen Anthropologie. Berlin, Göttingen, Heidelberg: Springer 1954, S. 389 ff.

Gehlen, A., Der Mensch. Seine Natur und seine Stellung in der Welt. Bonn: Athenäum 1950.

Gill, M. M., Die Metapsychologie ist keine Psychologie (1976), in: Psyche 38 (1984), S. 961–992.

– Analysis of Transference. Vol. 1. Theory and Technique. New York: International University Press 1982.

Gitelson, M., The Emotional Position of the Analyst in the Psycho-Analytic Situation, in: Int. J. Psycho-Anal. 33 (1952), S. 1–10.

Greenacre, Ph., The Role of Transference in Relation to Psychoanalytic Therapy (1954), in: Greenacre, Ph., Emotional Growth. Psychoanalytic Study of the Gifted and a Great Variety of Other Individuals. New York: International University Press 1971, Vol. 2, S. 627–640.

Greenson, R. R., Das Arbeitsbündnis und die Übertragungsneurose (1965), in: Psyche 20 (1966), S. 81–103.

– Technik und Praxis der Psychoanalyse, Bd. 1 (1967). Stuttgart: Klett 1973.

– Wexler, M., The Non-Transference Relationship in the Psychoanalytic Situation, in: Int. J. Psycho-Anal. 50 (1969), S. 27–39.

– Transference: Freud or Klein, in: Int. J. Psycho-Anal. 55 (1974) S. 37–48.

– Transitional Objects and Transference, in: Grolnik, S. A., Barkin, L. (Hrsg.), Between Reality and Phantasy. Transitional Objects and Phenomena. New York: Jason Aronson 1978, S. 203–209.

Grolnick, S. A., Dreams and Dreaming as Transitional Phenomena, in: Grolnik, S. A., Barkin, L. (Hrsg.), Between Reality and Phantasy. Transitional Objects and Phenomena. New York: Jason Aronson 1978, S. 211–231.

Habermas, J., Erkenntnis und Interesse (1968). Frankfurt a. M.: Suhrkamp [5]1979.

Hartmann, H., Die Grundlagen der Psychoanalyse (1927). Stuttgart: Klett 1972.

– Comments on the Psychoanalytic Theory of the Ego (1950), in: Hartmann, H., Essays on Ego Psychology. London: Hogarth Press 1964, S. 113–141.

– Technical Implications of Ego Psychology (1951), in: Hartmann, H., Essays on Ego Psychology. London: Hogarth Press 1964, S. 142–154.

Hartmann, K., Über psychoanalytische ‚Funktionstheorien‘ des Spiels, in: Jahrbuch der Psychoanalyse 2 (1961/62), S. 143–157.

Hegel, G. W. F., Phänomenologie des Geistes (1807). Ed. J. Hoffmeister. Leipzig: 1949 (zit. nach Loch 1981). Frankfurt a. M.: Suhrkamp [4]1980.

Heidegger, M., Sein und Zeit (1927). Tübingen: Niemeyer [7]1953.

– Vom Wesen der Wahrheit (1943). Frankfurt a.M.: Vittorio Klostermann [6]1976.

– Identität und Differenz. Pfullingen: Neske 1957.

– Unterwegs zur Sprache (1959). Pfullingen: Neske [7]1982.

237

Heimann, P., On Counter-Transference, in: Int. J. Psycho-Anal. 31 (1950), S. 81—84.

— Bemerkungen zur Gegenübertragung (1960), in: Psyche 18 (1964), S. 483—493.

Heraklit, Fragmente (hrsg. v. B. Snell). München und Zürich: Artemis [8]1983.

Hicklin, A., ‚Übertragene‘ und ‚nichtübertragene‘ Beziehungen aus der Sicht der daseins-analytischen Psychotherapie, in: Daseinsanalyse 3 (1986), S. 1—22.

Hoering, W., Kontingenz, in: Ritter, J., Gründer, K. (Hrsg.), Historisches Wörterbuch der Philosophie. Darmstadt: Wissenschaftliche Buchgesellschaft 1976, Bd. 4, S. 1027 ff.

Hoppe, K. D., Über den Einfluß der Übergangsobjekte und -phänomene auf die Symptombildung, in: Jahrbuch der Psychoanalyse 3 (1964), S. 86—115.

Isaacs Elmhirst, S., Transitional Objects in Transition, in: Int. J. Psycho—Anal. 61 (1980), S. 367—373.

Jacoby, M., Die Unterscheidung von Beziehung und Übertragung in der analytischen Situation, in: Zeitschrift für Analytische Psychologie und ihre Grenzgebiete 4 (1973), S. 181—192.

Jakobson, R., Halle, M., Fundamentals of Language. The Hague: Mouton 1956.

— Verschieber, Verbkategorien und das russische Verb (1957), in: Coseriu, E. (Hrsg.), Form und Sinn: Sprachwissenschaftliche Betrachtungen. Internationale Bibliothek für allgemeine Linguistik 13. München: Fink 1974, S. 35—55.

Janus, L., Zur Geschichte der psychoanalytischen Behandlungstechnik, in: Forum der Psychoanalyse 2 (1986), S. 1—19.

Jappe, G., Über Wort und Sprache in der Psychoanalyse. Frankfurt a.M.: S. Fischer 1971.

Jaspers, K., Von der Wahrheit. Erster Teil der Philosophischen Logik. München: Piper 1947.

Jones, E., Das Wesen des Verlangens (1922), in: Jones, E., Die Theorie der Symbolik und andere Aufsätze. Frankfurt a.M., Berlin, Wien: Ullstein 1978, S. 164—168.

— Das Leben und Werk von Sigmund Freud, Bd. 1. Die Entwicklung zur Persönlichkeit und die großen Entdeckungen. 1856—1900. Bern, Stuttgart, Wien: Huber 1960.

— Das Leben und Werk von Sigmund Freud, Bd. 2. Jahre der Reife. 1901—1919. Bern, Stuttgart, Wien: Huber 1962.

Jung, C. G., Die Psychologie der Übertragung (1946), in: C. G. Jung. Gesammelte Werke. Olten: Walter [2]1976, Bd. 16, S. 173 ff.

Kafka, F., Fragmente und lose Blätter. In: Kafka, F., Hochzeitsvorbereitungen auf dem Lande und andere Prosa. Frankfurt a.M.: S. Fischer 1966.

Kemper, W., Die Übertragung im Lichte der Gegenübertragung, in: Acta psychotherapeutica, psychosomatica et orthopaedagogica 3 (1955), Suppl. S. 447—454.

Kernberg, O. F., Borderline-Störungen und pathologischer Narzißmus (1975). Frankfurt a.M.: Suhrkamp 1983.

Kerz, J. Ph., Besprechung von R. Schafer, Eine neue Sprache für die Psychoanalyse, in: Psyche 39 (1985), S. 1058—1064.

Kessler, A., Das Reale als Moment der Phantasie. Eine These, in: Schöpf, A. (Hrsg.), Phantasie als anthropologisches Problem. Würzburg: Königshausen & Neumann 1981, S. 147—157.

238

Khan, M. M. R., Das Werk von D. W. Winnicott, in: Eicke, D. (Hrsg.), Die Psychologie des 20. Jahrhunderts, Bd. 3. Freud und die Folgen (2). Zürich: Kindler 1977, S. 348–382.

— Entfremdung bei Perversionen. Frankfurt a.M.: Suhrkamp 1983.

Kierkegaard, S., Die Wiederholung (1843), in: Kierkegaard, S., Die Krankheit zum Tode und Anderes (hrsg. v. H. Diem und W. Rest). Köln und Olten: Hegner ²1956, S. 327 ff.

Klauber, J., On the Relationship of Transference and Interpretation in Psychoanalytic Therapy, in: Int. J. Psycho-Anal. 53 (1972), S. 385–391.

Klein, M., The Importance of Symbol-Formation in the Development of the Ego (1930), in: Klein, M., Contributions to Psycho-Analysis 1921–1945. London: Hogarth Press 1968, S. 236–250.

— A Contribution to the Psychogenesis of Manic-Depressive States (1934), in: Klein, M., Contributions to Psycho-Analysis 1921–1945. London: Hogarth Press, 1968, S. 282–310.

— The Origins of Transference, in: Int. J. Psycho-Anal. 33 (1952), S. 433–438.

Kleist, H. v., Über das Marionettentheater (1810–11), in: Kleist, H. v., Werke in zwei Bänden. Berlin und Weimar: Aufbau-Verlag 1983, Bd. 1, S. 314–322.

Kohut, H., Narzißmus. Eine Theorie der psychoanalytischen Behandlung narzißtischer Persönlichkeitsstörungen (1971). Frankfurt a.M.: Suhrkamp ³1981.

Lacan, J., Vortrag über die psychische Kausalität (1946), in: Lacan, J., Schriften III. Olten: Walter 1980, S. 123 ff.

— Das Spiegelstadium als Bildner der Ichfunktion, wie sie uns in der psychoanalytischen Erfahrung erscheint (1949), in: Lacan, J., Schriften I. Olten: Walter 1973, S. 61 ff.

— Funktion und Feld des Sprechens und der Sprache in der Psychoanalyse (1953), in: Lacan, J., Schriften I. Olten: Walter 1973, S. 71 ff.

— Das Seminar von Jacques Lacan, Buch I. Freuds technische Schriften (1953–54). Olten: Walter 1978.

— Das Seminar von Jacques Lacan, Buch II. Das Ich in der Theorie Freuds und in der Technik der Psychoanalyse (1954–55). Olten: Walter 1980.

— Das Seminar über E. A. Poes ,Der entwendete Brief' (1956), in: Lacan, J., Schriften I. Olten: Walter 1973, S. 7 ff.

— Über eine Frage, die jeder möglichen Behandlung der Psychose vorausgeht (1957–58), in: Lacan, J., Schriften II. Olten: Walter 1975, S. 61 ff.

— Die Ausrichtung der Kur und die Prinzipien ihrer Macht (1958a), in: Lacan, J., Schriften I. Olten: Walter 1973, S. 171 ff.

— Die Bedeutung des Phallus (1958b), in: Lacan, J., Schriften II. Olten: Walter 1975, S. 119 ff.

— Subversion des Subjekts und Dialektik des Begehrens im Freudschen Unbewußten (1960), in: Lacan, J., Schriften II. Olten: Walter 1975, S. 165 ff.

— Das Seminar von Jacques Lacan, Buch XI. Die vier Grundbegriffe der Psychoanalyse (1964). Olten: Walter ²1980.

Lacan, J., Von dem, was uns vorausging (1966), in: Lacan, J., Schriften III. Olten; Walter 1980, S. 7 ff.

Lagache, D., Le problème du transfert, in: Revue française de Psychanalyse 16 (1952) S. 5—115.

Lampl-de Groot, J., Personal Experience with Psychoanalytic Technique and Theory During the Last Half Century, in: The Psychoanalytic Study of the Child 31 (1976), S. 283—296.

Lang, H., Die Sprache und das Unbewußte. Jacques Lacans Grundlegung der Psychoanalyse. Frankfurt a.M.: Suhrkamp 1973.

— Das verfälschte und das echte Gespräch, in: Lüth, P. (Hrsg.), Kommunikation in der Medizin. Aufsätze zu ihrer Theorie und Praxis. Stuttgart: Hippokrates 1975, S. 277—298.

— Zum Strukturbegriff der Psychoanalyse, in: Grathoff, R., Spondel, W. (Hrsg.), Merleau-Ponty und das Problem der Struktur. Stuttgart: Enke 1976, S. 155—203.

— Struktural-analytische Aspekte der Subjektivität, in: Kittler, F. A. (Hrsg.), Austreibung des Geistes aus den Geisteswissenschaften. Programme des Poststrukturalismus. Paderborn, München, Wien, Zürich: F. Schöningh 1980 (a), S. 188—203.

— Freud — ein Strukturalist?, in: Psyche 34 (1980 (b)), S. 866—884.

— Zwang in Neurose, Psychose und psychosomatischer Erkrankung in: Z. f. Klin. Psychol. Psychopath. Psychother. 33 (1985), S. 65—76.

Langer, S. K., Philosophie auf neuem Wege. Das Symbol im Denken, im Ritus und in der Kunst (1942). Frankfurt a.M.: S. Fischer 1984.

Laplanche, J., Pontalis, J.-B., Das Vokabular der Psychoanalyse (1967). Frankfurt a.M.: Suhrkamp ^{3}1977, Bd. 1 und 2.

Leclaire, S., Der psychoanalytische Prozeß. Versuch über das Unbewußte und den Aufbau einer buchstäblichen Ordnung (1968). Frankfurt a.M.: Suhrkamp 1975.

— Das Reale entlarven. Das Objekt in der Psychoanalyse (1971). Olten: Walter 1976.

Lefort, R., Lefort, R., Die Geburt des Anderen. Bericht einer Kinderanalyse aus der Lacan-Schule (1980). Stuttgart: Klett-Cotta 1986.

Leites, N., Interpreting Transference. New York, London: Norton & Company 1979.

Lévinas, E., Die Zeit und der Andere (1948). Hamburg: Felix Meiner 1984.

— Die Spur des Anderen (1963), in: Lévinas, E., Die Spur des Anderen. Untersuchungen zur Phänomenologie und Sozialphilosophie. Freiburg, München: Alber 1983, S. 209—235.

— Sprache und Nähe (1967), in: Lévinas, E., Die Spur des Anderen. Untersuchungen zur Phänomenologie und Sozialphilosophie. Freiburg, München: Alber 1983, S. 261—294.

— Die Spur des Anderen. Untersuchungen zur Phänomenologie und Sozialphilosophie. Freiburg, München: Alber 1983.

Lévi-Strauss, C., Les structures élémentaires de la parenté. Paris: Presses Universitaires de France 1949.

— Strukturale Anthropologie (1958). Frankfurt a.M.: Suhrkamp 1967.

— Das Ende des Totemismus (1962). Frankfurt a.M.: Suhrkamp 1972.

Lipin, Th., The Repetition Compulsion and ‚Maturational' Drive-Representatives, in: Int. J. Psycho-Anal. 44 (1963), S. 389—406.

Lipton, S. D., The Advantages of Freud's Technique as Shown in his Analysis of the Rat Man, in: Int. J. Psycho-Anal. 58 (1977), S. 225—273.

Little, M., Counter-Transference and the Patient's Response to it, in: Int. J. Psycho-Anal. 32 (1951), S. 32—40.

— On Delusional Transference (Transference Psychosis), in: Int. J. Psycho-Anal. 39 (1958), S. 134—138.

Loch, W., Voraussetzungen, Mechanismen und Grenzen des psychoanalytischen Prozesses. Bern, Stuttgart: Huber 1965 (a).

— Übertragung-Gegenübertragung. Anmerkungen zu ihrer Theorie und Praxis, in: Psyche 19 (1965 (b)), S. 1—23.

— Zur Theorie, Technik und Therapie der Psychoanalyse. Frankfurt a.M.: S. Fischer 1972.

— Über Begriffe und Methoden der Psychoanalyse. Bern, Stuttgart, Wien: Huber 1975.

— Psychoanalyse und Wahrheit, in: Psyche 30 (1976), S. 865—898.

— Triebe und Objekte — Bemerkungen zu den Ursprüngen der emotionalen Objektwelt, in: Jahrbuch der Psychoanalyse 12 (1981), S. 54—81.

— Briefliche Mitteilung (1985).

— Perspektiven der Psychoanalyse. Stuttgart: Hirzel 1986.

Löhr, G., Bemerkungen zu Roy Schafers Handlungssprache (orientiert an Kap. 6 von ‚Eine neue Sprache . . .'), in: Psyche 39 (1985), S. 1021—1030.

Loewald, H. W., On the Therapeutic Action of Psycho-Analysis, in: Int. J. Psycho-Anal. 41 (1960), S. 16—33.

Loewenstein, R. M., Developments in the Theory of Transference in the Last Fifty Years, in: Int. J. Psycho-Anal. 50 (1969), S. 583—588.

Lorenzer, A., Kritik des psychoanalytischen Symbolbegriffs (1970a). Frankfurt a.M.: Suhrkamp ²1972.

— Sprachzerstörung und Rekonstruktion. Vorarbeiten zu einer Metatheorie der Psychoanalyse (1970b). Frankfurt a.M.: Suhrkamp ³1985.

— Über den Gegenstand der Psychoanalyse oder: Sprache und Interaktion. Frankfurt a.M.: Suhrkamp 1973.

— Die Wahrheit der psychoanalytischen Erkenntnis. Ein historisch-materialistischer Entwurf. Frankfurt a.M.: Suhrkamp 1974.

— Sprachspiel und Interaktionsformen. Vorträge und Aufsätze zu Psychoanalyse, Sprache und Praxis. Frankfurt a.M.: Suhrkamp 1977.

— Sprache, Lebenspraxis und szenisches Verstehen in der psychoanalytischen Therapie, in: Psyche 37 (1983), S. 97—115.

Macalpine, I., The Development of the Transference, in: The Psychoanalytic Quarterly 19 (1950), S. 501—539.

Mahler, M. S., Perceptual De-Differentiation and Psychotic ‚Object Relationship', in: Int. J. Psycho-Anal. 41 (1960), S. 548—553.

Mahler, M. S., Pine, F., Bergman, A., Die psychische Geburt des Menschen. Symbiose und Individuation (1975). Frankfurt a.M.: S. Fischer 1980.

McDougall, J., Plädoyer für eine gewisse Anormalität (1978). Frankfurt a.M.: Suhrkamp 1985.

Merleau-Ponty, M., Phénoménologie de la perception. Paris: Gallimard 1945.

Meyer, J.-E., Die Todesthematik in der Entstehung und im Verlauf von Zwangsneurosen, in: Psychotherapie und medizinische Psychologie 25 (1975), S. 124–128.

Meyer–Palmedo, I., Sigmund Freud-Konkordanz und -Gesamtbibliographie. Frankfurt a.M.: S. Fischer 1975.

Minuchin, S., Familie und Familientherapie. Theorie und Praxis struktureller Familientherapie (1976). Freiburg: Lambertus 1977.

Modell, A. H., Gibt es die Metapsychologie noch? (1981), in: Psyche 38 (1984), S. 214–234.

Morgenthaler, F., Technik. Zur Dialektik der psychoanalytischen Praxis. Frankfurt a.M.: Syndikat 1978.

Muller, J. P., Ego and Subject in Lacan, in: The Psychoanalytic Review 69 (1982), S. 234–240.

Nacht, S., Viderman, S., Von der Präobjekt-Welt in der Übertragungsbeziehung (1960), in: Psyche 14 (1960/61), S. 711–717.

Nerenz, K., Zu den Gegenübertragungskonzepten Freuds, in: Psyche 39 (1985), S. 501–518.

Neyraut, M., Die Übertragung. Eine psychoanalytische Studie (1974). Frankfurt a.M.: Suhrkamp 1976.

Nunberg, H., Transference and Reality, in: Int. J. Psycho-Anal. 32 (1951), S. 1–9.

Orr, D. W., Transference and Countertransference: A Historical Study, in: J. Amer. Psychoanal. Ass. 2 (1954), S. 621–670.

Ovid, Metamorphosen (hrsg. v. E. Rösch). München: Heimeran [9]1980.

Pagel, G., Narziß und Prometheus. Die Theorie der Phantasie bei Freud und Gehlen. Würzburg: Königshausen & Neumann 1984.

— Das Phänomen Phantasie in anthropologischer und psychoanalytischer Sicht. A. Gehlen – S. Freud: ein Vergleich, in: Bühler, K.-E., Weiß, H. (Hrsg.), Kommunikation und Perspektivität. Beiträge zur Anthropologie aus Medizin und Geisteswissenschaften (Festschrift für Dieter Wyss zum 60. Geburtstag). Würzburg: Königshausen & Neumann 1985, S. 47–65.

Pankow, G., Körperbild, Übergangsobjekt und Narzißmus. Ein Beitrag zu vorkonfliktuellen Strukturen, in: Jahrbuch der Psychoanalyse 14 (1982), S. 84–109.

Peller, L. E., Libidinal Phases, Ego Development, and Play, in: The Psychoanalytic Study of the Child 9 (1954), S. 178–198.

— Freuds Beitrag zur Sprachtheorie, in: Psyche 28 (1974), S. 765–785.

Peters, U. H., Übertragung und Gegenübertragung. Geschichte und Formen der Beziehungen zwischen Psychotherapeut und Patient. München: Kindler 1977.

Piaget, J., Psychologie der Intelligenz (1947). Olten: Walter 1971.

— Der Aufbau der Wirklichkeit beim Kinde (1950). Stuttgart: Klett 1974.

Poe, E. A., Das vorzeitige Begräbnis (1844), in: Poe, E. A., Faszination des Grauens. 11 Meistererzählungen. München: dtv 1981, S. 103–121.

— Der Alb der Perversheit (1845a), in: Poe, E. A., Faszination des Grauens. 11 Meistererzählungen. München: dtv 1981, S. 137–145.

— Die Tatsachen im Falle Valdemar (1845b), in: Poe, E. A., Faszination des Grauens. 11 Meistererzählungen. München: dtv 1981, S. 147–159.

Racker, H., A Contribution to the Problem of Counter-Transference, in: Int. J. Psycho-Anal. 34 (1953), S. 313–324.

— Notes on the Theory of Transference, in: The Psychoanalytic Quarterly 23 (1954), S. 78–87.

Rapaport, D., Die Struktur der psychoanalytischen Theorie. Versuch einer Systematik (1960). Stuttgart: Klett ³1973.

Reich, A., On Counter-Transference, in: Int. J. Psycho-Anal. 32 (1951), S. 25–31.

Reider, N., Transference Psychosis, in: Journal of the Hillside Hospital 6 (1957), S. 131–149.

Reik, Th., Völkerpsychologische Parallelen zum Traumsymbol des Mantels, in: Internationale Zeitschrift für Psychoanalyse 6 (1920), S. 350–351.

Revers, W. J., Das Zeitproblem in Freuds Psychoanalyse, in: Z. f. Klin. Psychol. Psychother. 23 (1975), S. 214–223.

Richter, H.-E., Patient Familie. Entstehung, Struktur und Therapie von Konflikten in Ehe und Familie. Reinbek: Rowohlt 1970.

Ricoeur, P., Hermeneutik der Symbole und philosophische Reflexion I (1961), in: Ricoeur, P., Hermeneutik und Psychoanalyse. Der Konflikt der Interpretationen II (1969). München: Kösel 1974. S. 162–195.

— Hermeneutik der Symbole und philosophische Reflexion II (1962), in: Ricoeur, P., Hermeneutik und Psychoanalyse. Der Konflikt der Interpretationen II (1969). München: Kösel 1974, S. 196–216.

— Technik und Nicht-Technik der Interpretation (1964), in: Ricoeur, P., Hermeneutik und Psychoanalyse. Der Konflikt der Interpretation II (1969). München: Kösel 1974, S. 103–124.

— Die Interpretation. Ein Versuch über Freud (1965). Frankfurt a.M.: Suhrkamp 1974.

— Eine philosophische Freud-Interpretation (1966a), in: Ricoeur, P., Hermeneutik und Psychoanalyse. Der Konflikt der Interpretationen II (1969). München: Kösel 1974, S. 82–102.

— Das Bewußte und das Unbewußte (1966b), in: Ricoeur, P., Hermeneutik und Psychoanalyse. Der Konflikt der Interpretationen II (1969). München: Kösel 1974, S. 9–35.

— Hermeneutik und Psychoanalyse. Der Konflikt der Interpretationen II (1969). München: Kösel 1974.

— La narration et le rôle de la contingence dans le récit. Vortrag, gehalten am 11.4.1985 anläßlich der wissenschaftlichen Tagung der Deutschen Gesellschaft für Phänomenologische Forschung in Trier zum Thema: „Vernunft und Kontingenz. Möglichkeiten und Grenzen der Rationalität in der Phänomenologie".

Riesenberg, R., Das Werk von Melanie Klein, in: Eicke, D. (Hrsg.), Die Psychologie des 20. Jahrhunderts, Bd. 3. Freud und die Folgen (2). Zürich: Kindler 1977, S. 210–249.

Rombach, H., Zur Hermetik des Daseins, in: Bühler, K.-E., Weiß, H. (Hrsg.), Kommunikation und Perspektivität. Beiträge zur Anthropologie aus Medizin und Geisteswissenschaften (Festschrift für Dieter Wyss zum 60. Geburtstag). Würzburg: Königshausen & Neumann 1985, S. 13–19.

Romm, M., Transient Psychotic Episodes during Psycho-Analysis, in: J. Amer. Psychoanal. Ass. 5 (1957), S. 325–341.

Rosenfeld, H., Transference-Phenomena and Transference-Analysis in an Acute Catatonic Schizophrenic Patient (1952), in: Rosenfeld, H., Psychotic States. A Psycho-Analytical Approach. London: Hogarth Press 1965, S. 104–116.

– Psychotic States. A Psycho-Analytical Approach. London: Hogarth Press 1965.

Rycroft, Ch., The Nature and Function of the Analyst's Communication to the Patient, in: Int. J. Psycho-Anal. 37 (1956), S. 469–472.

Sandler, J., Holder, A., Kawenoka, M., Kennedy, H. E., Neurath, L., Einige theoretische und klinische Aspekte der Übertragung; in: Psyche 21 (1967), S. 804–826.

– Dare, Ch., Holder, A., Die Grundbegriffe der psychoanalytischen Therapie. Stuttgart: Klett 1973.

– Die Beziehung zwischen psychoanalytischen Konzepten und psychoanalytischer Praxis, in: Psyche 37 (1983), S. 577–595.

– Sandler, A.-M., Vergangenheits-Unbewußtes, Gegenwarts-Unbewußtes und die Deutung der Übertragung (1984), in: Psyche 39 (1985), S. 800–829.

Sartre, J.-P., Das Imaginäre. Phänomenologische Psychologie der Einbildungskraft (1940). Reinbek: Rowohlt 1971.

– Das Sein und das Nichts. Versuch einer phänomenologischen Ontologie (1943). Hamburg: Rowohlt 1962.

– Bewußtsein und Selbsterkenntnis. Die Seinsdimension des Subjekts (1948). Reinbek: 1973.

– Der Idiot der Familie. Gustave Flaubert 1821–1857. I. Die Konstitution (1971). Reinbek: Rowohlt 1977.

Saussure, F. de., Grundfragen der Allgemeinen Sprachwissenschaft (1916). Berlin: de Gruyter 1967.

Schafer, R., Eine neue Sprache für die Psychoanalyse (1976). Stuttgart: Klett-Cotta 1982.

– Die Handlungssprache – eine Alternative zur Metapsychologie (1978), in: Psyche 39 (1985), S. 961–980.

Schelling, W. A., Sprache, Bedeutung und Wunsch. Beiträge zur psychologischen Hermeneutik. Berlin: Duncker & Humblot 1978.

– Lebensgeschichte und Dialog in der Psychotherapie. Tiefenpsychologie, Anthropologie und Hermeneutik im Gespräch. Göttingen: Vandenhoeck & Ruprecht 1985.

Schenkel, W., Wozu die Ägypter eine Schrift brauchten, in: Assmann, A. und J., Hardmeier, Ch. (Hrsg.), Schrift und Gedächtnis. Archäologie der literarischen Kommunikation I. München: Fink 1983, S. 45–63.

Schiwy, G., Der französische Strukturalismus. Mode, Methode, Ideologie. Reinbek: Rowohlt 1969.

Schöpf, A., Sigmund Freud. München: C. H. Beck 1982.

Schott, H., Zum Begriff der Übertragung. Mesmerismus – Hypnotismus – Psychoanalyse, in: Prax. Psychother. Psychosom. 32 (1987), S. 178–183.

Sechehaye, M. A., Die symbolische Wunscherfüllung. Bern, Stuttgart: Huber 1955.

– Die Übertragung in der ‚Réalisation symbolique' (1956), in: Psyche 10 (1956/57), S. 482–496.

Segal, H., Introduction to the Work of Melanie Klein. London: Hogarth Press 1973.

Serota, H. M., The Ego and the Unconscious: 1784–1884, in: The Psychoanalytic Quarterly 43 (1974), S. 224–242.

Silverberg, W. V., The Concept of Transference, in: The Psychoanalytic Quarterly 17 (1948), S. 303–321.

Spitz, R. A., Wolf, K. M., The Smiling Response, in: Genet. Psychol. Monographs 34 (1946, zit. nach Spitz 1954).

– Anxiety in Infancy: A Study of its Manifestations in the First Year of Life, in: Int. J. Psycho-Anal. 31 (1950), S. 138–143. (zit. nach Spitz 1954).

– Die Entstehung der ersten Objektbeziehungen. Direkte Beobachtungen an Säuglingen während der ersten Lebensjahre (1954). Stuttgart: Klett 1957.

– Die Urhöhle. Zur Genese der Wahrnehmung und ihrer Rolle in der psychoanalytischen Theorie (1955), in: Psyche 9 (1955/56), S. 641–667.

– Übertragung und Gegenübertragung. Die psychoanalytische Behandlungssituation – eine genetische Untersuchung ihres Kräftespiels (1956), in: Psyche 10 (1956/57), S. 63–81.

– Nein und Ja. Die Ursprünge der menschlichen Kommunikation (1957). Stuttgart: Klett-Cotta [3]1978.

– Das Leben und der Dialog (1963a), in Spitz, R. A., Vom Dialog. Studien über den Ursprung der menschlichen Kommunikation und ihrer Rolle in der Persönlichkeitsbildung. Stuttgart: Klett 1976, S. 9–26.

– Die Evolution des Dialogs (1963b), in: Spitz, R. A., Vom Dialog. Studien über den Ursprung der menschlichen Kommunikation und ihrer Rolle in der Persönlichkeitsbildung. Stuttgart: Klett 1976, S. 66–89.

– Der Dialog entgleist. Reizüberlastung, Aktionszyklen und Ganzheitseffekt (1964), in: Spitz, R. A., Vom Dialog. Studien über den Ursprung der menschlichen Kommunikation und ihrer Rolle in der Persönlichkeitsbildung. Stuttgart: Klett 1976, S. 90–113.

– Vom Säugling zum Kleinkind. Naturgeschichte der Mutter-Kind-Beziehung im ersten Lebensjahr (1965). Stuttgart: Klett [3]1972.

– Vom Dialog. Sudien über den Ursprung der menschlichen Kommunikation und ihrer Rolle in der Persönlichkeitsbildung. Stuttgart: Klett 1976.

Stekel, W., Das Phänomen der Gegenübertragung, in: Psychotherapeutische Praxis 1 (1934), S. 67–72.

Sterba, R., Das Schicksal des Ichs im therapeutischen Verfahren, in: Internationale Zeitschrift für Psychoanalyse 20 (1934), S. 66—73.

— Zur Theorie der Übertragung, in: Imago 22 (1936), S. 456—470.

Stewart, H., The Experiencing of the Dream and the Transference, in: Int. J. Psycho-Anal. 54 (1973), S. 345—347.

Stierlin, H., Von der Psychoanalyse zur Familientherapie: Theorie, Klinik. Stuttgart: Klett 1975.

Stoffels, H., Umgang mit dem Widerstand. Eine anthropologische Studie zur psychotherapeutischen Praxis. Göttingen: Vandenhoeck & Ruprecht 1986.

Stone, L., The Psychoanalytic Situation. An Examination of its Development and Essential Nature. New York: International University Press 1961.

Strachey, J., The Nature of the Therapeutic Action of Psycho-Analysis, in: Int. J. Psycho-Anal. 15 (1934), S. 127—159.

Straus, E., Geschehnis und Erlebnis. Berlin: Springer 1930.

Szasz, Th., The Concept of Transference, in: Int. J. Psycho-Anal. 44 (1963), S. 432—443.

Tausk, V., Über die Entstehung des ‚Beeinflussungsapparates' in der Schizophrenie, in: Internationale Zeitschrift für ärztliche Psychoanalyse 5 (1919), S. 1—33.

Teichmann, G., Psychoanalyse und Sprache. Von Saussure zu Lacan. Würzburg: Königshausen & Neumann 1983.

Tellenbach, H., Geschmack und Atmosphäre. Medien menschlichen Elementarkontaktes. Salzburg: O. Müller 1968.

Theunissen, M., Der Andere. Studien zur Sozialontologie der Gegenwart (1965). Berlin, New York: de Gruyter ²1977.

Thomä, H., Schriften zur Praxis der Psychoanalyse: Vom spiegelnden zum aktiven Analytiker. Frankfurt a.M.: Suhrkamp 1981.

— Der Beitrag des Psychoanalytikers zur Übertragung, in: Psyche 38 (1984 (a)), S. 29—62.

— Der ‚Neubeginn' Michael Balints (1932) aus heutiger Sicht, in: Psyche 38 (1984 (b)), S. 516—543.

— Kächele, H., Zur Theorie und Praxis der Gegenübertragung. Die Gegenübertragung als Aschenputtel und die Geschichte ihrer Verwandlung, in: Jahrbuch der Psychoanalyse 17 (1985), S. 175—210.

— Kächele, H., Lehrbuch der psychoanalytischen Therapie. Bd. 1: Grundlagen. Berlin, Heidelberg, New York, Paris, London, Tokyo: Springer 1986.

Toman, W., Repetition and Repetition Compulsion, in: Int. J. Psycho-Anal. 37 (1956), S. 347—350.

Torok, M., Der Knochen des Endes. Einige Wegmarken zum Studium des Freudschen Verbariums. Vortrag zur Einleitung einer Diskussion zum Thema „Fin d'analyse — fin d'analystes", Confrontation (November 1977).

Tress, W., Zur intentionalen Sprache der Handlung als dem Fundament einer wissenschaftlichen Psychoanalyse, in: Jahrbuch der Psychoanalyse 18 (1986), S. 100—139.

Waelder, R., Introduction to the Discussion on Problems of Transference, in: Int. J. Psycho-Anal. 37 (1956), S. 367—368.

Waldenfels, B., Das Zwischenreich des Dialogs. Sozialphilosophische Untersuchungen im Anschluß an Edmund Husserl. Den Haag: Martin Nijhoff 1971.

Watzlawick, P., Beavin, J. H., Jackson, D. D., Menschliche Kommunikation. Formen, Störungen, Paradoxien. Bern, Stuttgart: Huber 1969.

Weber, S. M., Rückkehr zu Freud, Jacques Lacans Ent-stellung der Psychoanalyse. Frankfurt a.M., Berlin, Wien: Ullstein 1978.

Weiß, H., Pagel, G., Anmerkungen zu Freuds ‚Notiz über den ‚Wunderblock‘‘, in: Z. f. Klin. Psychol. Psychopath. Psychother. 32 (1984), S. 333–344.

— Weiß, C., Eine Welt wie im Traum — Sigmund Freud als Sammler antiker Kunstgegenstände, in: Jahrbuch der Psychoanalyse 16 (1984), S. 124 und 189–217.

— Die Sprache, die Wahrheit und der Andere, in: Nervenheilkunde 4 (1985), S. 233–237.

Weizsäcker, V. v., Studien zur Pathogenese, Leipzig: Thieme 1935.

— Der Gestaltkreis, Theorie der Einheit von Wahrnehmen und Bewegen. Leipzig: Thieme 1940.

Whitmont, E., Die ‚Magische Dimension‘ in Übertragung und Gegenübertragung (1959), in: Psyche 13 (1959/60), S. 457–477.

Widmer, P., Ein verkanntes Objekt in der Psychoanalyse: Die Stimme, in: Texte zur Theorie und Praxis der Psychoanalyse 3 (1983), S. 297–308.

— Zum Problem des Todestriebs, in: Psyche 38 (1984), S. 1060–1082.

Willi, J., Die Zweierbeziehung. Spannungsursachen — Störungsmuster — Klärungsprozesse — Lösungsmodelle. Reinbek: Rowohlt 1975.

Winnicott, D. W., Die Beobachtung von Säuglingen in einer vorgegebenen Situation (1941), in: Winnicott, D. W., Von der Kinderheilkunde zur Psychoanalyse. Frankfurt a.M.: S. Fischer 1983, S. 31–57.

— Übergangsobjekte und Übergangsphänomene (1953), in: Psyche 23 (1969), S. 666–682; sowie in: Winnicott, D. W., Vom Spiel zur Kreativität (1971). Stuttgart: Klett-Cotta [2]1979, S. 10–39.

— Bindfaden: Eine Technik der Kommunikation (1960a), in: Winnicott, D. W., Reifungsprozesse und fördernde Umwelt. Frankfurt a.M.: S. Fischer 1984, S. 200–206.

— Die Theorie von der Beziehung zwischen Mutter und Kind (1960b), in: Winnicott, D. W., Reifungsprozesse und fördernde Umwelt. Frankfurt a.M.: S. Fischer 1984, S. 47–71.

— Ich-Verzerrung in Form des wahren und des falschen Selbst (1960c), in: Winnicott, D. W., Reifungsprozesse und fördernde Umwelt. Frankfurt a.M.: S. Fischer 1984, S. 182–199.

— Ich-Integration in der Entwicklung des Kindes (1962), in: Winnicott, D. W., Reifungsprozesse und fördernde Umwelt. Frankfurt a.M.: S. Fischer 1984, S. 72–81.

— Die Lokalisierung des kulturellen Erlebens (1967a), in: Psyche 24 (1970), S. 260–269; sowie in: Winnicott, D. W., Vom Spiel zur Kreativität (1971). Stuttgart: Klett-Cotta [2]1979, S. 111–120.

— Die Spiegelfunktion von Mutter und Familie in der kindlichen Entwicklung (1967b), in: Winnicott, D. W., Vom Spiel zur Kreativität (1971). Stuttgart: Klett-Cotta [2]1979, S. 128–135.

Winnicott, D. W., Objektverwendung und Identifizierung (1969), in: Winnicott, D. W., Vom Spiel zur Kreativität (1971). Stuttgart: Klett-Cotta [2]1979, S. 101–110.

— Vom Spiel zur Kreativität (1971). Stuttgart: Klett-Cotta [2]1979.

Wittgenstein, L., Philosophische Untersuchungen (1947–49). Frankfurt a.M.: Suhrkamp 1971.

Wynne, L. C., Die Epigenese von Beziehungssystemen: ein Modell zum Verständnis familiärer Entwicklung, in: Familiendynamik 10 (1985), S. 112–146.

Wyss, D., Die tiefenpsychologischen Schulen von den Anfängen bis zur Gegenwart. Entwicklungen, Probleme, Krisen (1961). Göttingen: Vandenhoeck & Ruprecht [5]/1977.

— Strukturen der Moral. Zur Anthropologie und Genealogie moralischer Verhaltensweisen. Göttingen: Vandenhoeck & Ruprecht 1968.

— Beziehung und Gestalt. Entwurf einer anthropologischen Psychologie und Psychopathologie. Göttingen: Vandenhoeck & Ruprecht 1973.

— Lieben als Lernprozeß. Göttingen: Vandenhoeck & Ruprecht 1975.

— Mitteilung und Antwort. Untersuchungen zur Biologie, Psychologie und Psychopathologie von Kommunikation. Göttingen: Vandenhoeck & Ruprecht 1976.

— Zwischen Logos und Antilogos. Untersuchungen zur Vermittlung von Hermeneutik und Naturwissenschaft. Göttingen: Vandenhoeck & Ruprecht 1980.

— Der Kranke als Partner. Lehrbuch der anthropologisch-integrativen Psychotherapie, Bd. 1 und 2. Göttingen: Vandenhoeck & Ruprecht 1982.

— Biographie als Sinngebung des Sinnlosen?, in: Z. f. Klin. Psychol. Psychopath. Psychother. 32 (1984), S. 100–111.

Zacher, A., Der Krankheitsbegriff bei Viktor von Weizsäcker. Anthropologie des kranken Menschen. Unveröffentlichte Dissertation. Würzburg: 1978.

— Der Begriff des ‚ungelebten Lebens‘ im Werk Viktor von Weizsäckers, in: Psychotherapie und medizinische Psychologie 34 (1985), S. 237–241.

Zanker, P., Die vielen Gesichter des Kaisers Augustus. Eine politische Selbstdarstellung, in: Forschung, Mitteilungen der DFG 3 (1983), S. 13–17 und 32.

Zetzel, E., Current Concepts of Transference, in: Int. J. Psycho-Anal. 37 (1956), S. 369–376.

— Therapeutic Alliance in the Analysis of Hysteria (1958), in: Zetzel, E., The Capacity for Emotional Growth. New York: International University Press 1970, S. 182–196.

Zutt, J., Blick und Stimme. Beitrag zur Grundlegung einer verstehenden Anthropologie (1957), in: Zutt, J., Auf dem Wege zu einer anthropologischen Psychiatrie. Gesammelte Aufsätze. Berlin, Göttingen, Heidelberg: Springer 1963, S. 389–399.

Personenregister

Sachregister

Danksagung

Für die Überlassung des Themas und die Betreuung dieser Arbeit danke ich Dieter Wyss. Desgleichen gilt mein Dank Gundolf Keil und folgenden Personen, die meine Arbeit durch vielfältige Hinweise, Rat und Auskunft sowie durch die Überlassung von Manuskripten und Abbildungsvorlagen unterstützt haben: S. Bonomi (Padua), M. Ermann (München), H. Froning (Würzburg), H. Lang (Heidelberg), W. Loch (Tübingen), G. Pagel (Würzburg), W. A. Schelling (Zürich), A. Schöpf (Würzburg), H. Weitze (Würzburg) sowie den Mitgliedern des Arbeitskreises „Psychoanalyse, Hermeneutik und Strukturalismus". M. Jungbauer danke ich für die Sorgfalt, mit der sie die Drucklegung des Manuskripts betreut hat.

Mein besonderer Dank gilt meiner Frau, Carina Weiß.

Jahrbuch der Psychoanalyse
Beihefte

Kurt R. Eissler

**Psychologische Aspekte des Briefwechsels
zwischen Freud und Jung**

Jahrbuch der Psychoanalyse. Beiheft 7. 1982. 191 Seiten. Leinen

Rosmarie Berna-Glantz / Peter Dreyfus (Hrsg.)

Trauma – Konflikt – Deckerinnerung
Arbeitstagung der Mitteleuropäischen Psychoanalytischen
Vereinigungen vom 4. – 8. April 1982 in Murten

Jahrbuch der Psychoanalyse. Beiheft 8. 1984. 144 Seiten. Leinen

Peter Dettmering

Literatur – Psychoanalyse – Film
Aufsätze 1978 bis 1983

Jahrbuch der Psychoanalyse. Beiheft 9. 1984. 164 Seiten. Leinen

Tobias H. Brocher / Claudia Sies

Psychoanalyse und Neurobiologie
Zum Modell der Autopoiese als Regulationsprinzip

Jahrbuch der Psychoanalyse. Beiheft 10. 1986. 140 Seiten. Leinen